近世・近現代

文書の保存・管理の歴史

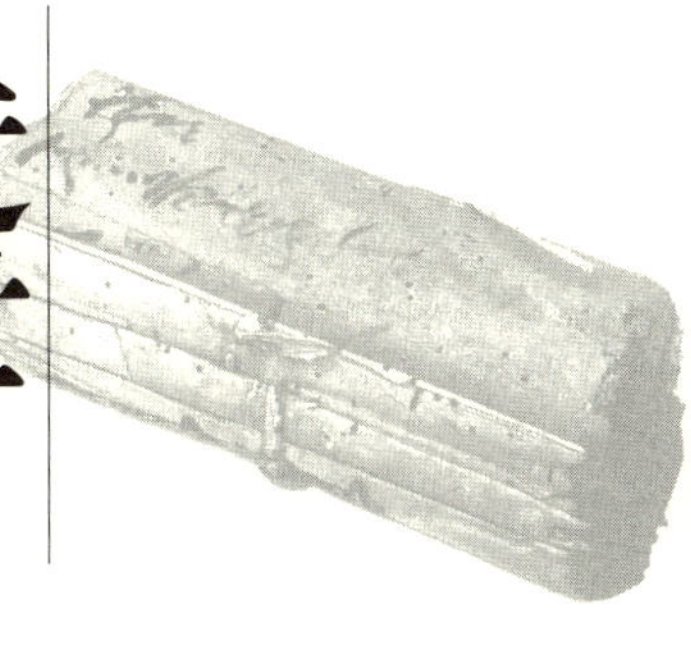

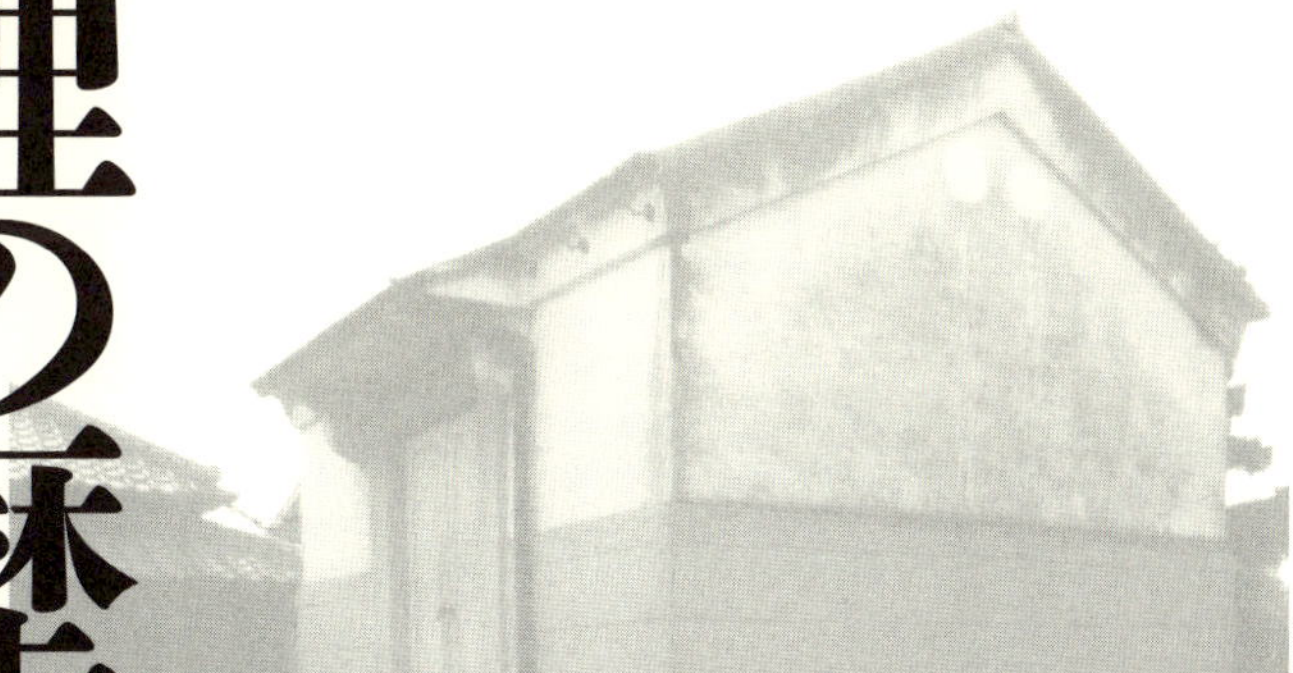

佐藤孝之・三村昌司［編］

勉誠出版

序言

近世・近現代の文書・歴史資料がどのように保存され、管理されてきたのか。そして、現在どのように利用・活用されているのか。すなわち、近世・近現代文書の保存・管理の歴史的な在り方と現状について、広く一般読者も含めて知っていただくことを目的に、本書は企画された。

日本において近世になると、もちろん段階的にではあるが、それ以前に比べ厖大な量の文書が、様々な主体のもとで作成され、残されることになった。明治以降では、いっそう多様な主体によって文書が作成され、管理されるようになっていった。そして、歴史研究の面では、その方法が多様化するなかで、文書史料をいかに後世に残そうとしたかという点も問われるようになってきた。本書では、この「いかに残そうとしたか」という問いを、さらに深めていくことにしたい。特に多様な文書史料が、多くの主体によって作成されるようになった近世・近現代を対象とすることで、この課題に迫りたい。

近世は文書支配の時代ともいわれ、一定のリテラシーの存在を前提に、村請制のもとで支配のための大量の村方（町方）文書が作成されることになった。文書支配の浸透の一方で、私的な文書の作成機会も増え、公的な文書と併せて「古文書」として現在まで伝わっていることは周知のとおりである。今、村方（町方）文書を例に述べたが、これに限らず近世における文書の作成、保存・管理の主体は様々であった。

さて、こうした近世文書について、現在まで引き継がれた文書の保存・利用の面とともに、近世という同時代における保存・管理の面にも関心が向けられており、近年ではアーカイブズ論の導入による新たな展開もなされている。そこで、本書の「近世編」では、それ以前の時代に比べ、量的にも膨大となり、内容的にも多様になった近世文書について、いくつかの文書の作成、保存・管理の〝場〟を対象に、それぞれの〝場〟における文書の保存・管理システムの特徴、その変遷等について検討を加えたい。

明治以降は、いっそう多様な主体のもとに文書が作成・管理されるようになった。その多様性ゆえに、近現代の歴史資料を古文書学として体系化する「近代史料学」は構築が困難だともいわれてきた。

ただ近年では、様々なアプローチによって、近現代に作成された歴史資料をいかに理解するかというだけではなく、アーカイブズ学や被災歴史資料保全活動のように「近代史料」という枠組みを問い直そうとする研究潮流も進展している。また、デジタルアーカイブのような近現代特有の形態・方式で受け継がれる歴史資料の意味も、ますます重要になってきている。

このような流れを踏まえて、本書の「近現代編」では、近現代の歴史資料の「残り方」「残し方」

に関して、興味深いトピックをいくつか選び出し、主に近現代の歴史資料をとりまく様々な「保管と管理」の〈いままで〉と〈これから〉を知ってもらいたい。

以上、本書では、近世・近現代文書が、それぞれの〝場〟においてどのように残されてきたのか、そうした文書の保存・管理の歴史を跡付けるとともに、現在の課題にも迫りたい。本書によって、江戸時代から現在に至る文書の保存・管理の歴史や、その現状について理解を深めていただければ幸いである。

二〇一九年一〇月

佐藤孝之
三村昌司

目次

近現代編

近世編

◉総論◉

近世文書の保存・管理史研究と近世編の概要

佐藤孝之

はじめに

天保年間に江戸幕府が作成した郷帳(天保郷帳)によれば、当時の全国の村数は六万三五〇〇か村余に及ぶが、これは支配(行政)の単位として、検地によって把握された村数である。江戸時代は文書支配の時代ともいわれるように、この村を単位として、年貢収取をはじめとする支配(行政)の展開に対応した様々な文書が作成され、授受された。こうした対領主関係の文書が作成されるとともに、一方で村は、村人の生活・生産の単位であり、村人の自治的組織としての機能も持ち合わせており、そうした面に関わる文書も作成・授受された。時代が降れば、広域的な行政や自治組織運営に関わる文書も増え、これら公文書とともに私文書の作成・授受の機会もまた増えた。それらの文書、特に行政文書は、主として村の名主・庄屋のもとで作成・授受・保管された。そして、それらの文書には、毎年決まって作成された文書も少なくなく、江戸時代を通じて一か村あたり膨大な行政文書が作成されたことになる。そのなかには、村方文書・地方《じかた》文書として現在まで伝来しているものも多い。

一方、江戸時代には、幕府（将軍）や藩（大名）・旗本等、武家のもとにおいても相当な数量の文書が作成・授受された。幕府の各部署はもちろん、二六〇余あったといわれる藩――その規模は一万石から一〇〇万石まで幅広いが――、それら各藩でもその行政は文書によって担われた部分が大きかった。藩主に関わる文書から、藩の各部署のもとで作成・授受された文書、国元のみならず江戸藩邸での作成・授受にかかる文書等々、少なからぬ藩行政に関わる文書が作成・授受された。藩の諸機関のみならず、家臣の家で作成・授受された文書も存在する。こうした武家文書についても、現在に残されているものだけでも大量になる。

右には、村方文書・武家文書について言及したが、これ以外にも朝廷・公家関係、寺院・神社関係、商人・職人関係等々、さまざまな〝場〟で文書が作成され、授受されたことは言うまでもない。勿論、それらの文書がすべて現在まで残されているわけではないが、現存するものだけでも膨大な分量に及ぶことは、改めて指摘するまでもなかろう。それらは、人為的な廃棄や自然災害などによる消滅から免れ、偶然に残されたという面もあるが、それだけではない。それらの文書が作成・授受された江戸時代において、保存の手が加えられ、管理のための手立てが施され、さらには利用に供されてきたという、文書の保存・管理・利用の歴史があったのである。

一、近世文書の保存・管理史研究の概略

筆者は一九七〇年代に学生・院生時代を過ごし、多くの村方文書の調査・整理に携わった経験を持つ。その頃は、史料保存利用機関の設置も殆どなく、大方は村の名主・庄屋を勤めた家に伺い、そこに保存されている文書群を調査・整理するものであった。そのころの文書整理の方法として、文書を主題別に分類する方法が一般的に

とられていた。例えば、A：支配、B：村制、C：土地、D：貢租、E：戸口……というように文書を分類し、主題別に収納するという方法である。しかし、この方法では、複数の項目にわたる内容をもつ文書をどう扱うかという問題が生じるとともに、より深刻な問題として、何か関連があって一袋に入れられ、或は一綴りにされていた複数の文書をバラバラにしてしまうことになり、伝来秩序を破壊してしまうことになる。まさに、江戸時代に必要があって行われた文書の保存・管理の歴史を考慮しない方法であったといえる。目録上での分類はともかく、伝来秩序を無視した整理・収納は、個々の文書を理解する上にも、文書群としての性格を理解する上にも、大きなマイナスとなる行為であった。

こうしたなかで一九八〇年代後半から、記録史料学に基づく現状記録や原秩序の尊重を重視した方法論が提起され、実行されるようになった〔大藤・安藤 一九八六、国文学研究資料館史料館 一九八八、ほか〕。そして、こうした新しい文書整理の方法とともに、史料管理史あるいは文書管理史といわれる研究分野が開拓されてきた。高橋実氏の整理によれば〔高橋 二〇一二〕、「文書群の階層構造の再構成とそれを生み出した機関・組織の機能の解明作業に際し、その背景に存在する文書保存規定・文書管理制度の歴史及び実態を研究する」ことが文書管理史研究であり、一九九〇年代前半に独自の研究分野として展開した。そして、当初は村方文書に関する研究が多かったが、九〇年代後半以降は藩政文書や近代地方文書などにも文書管理史研究は広がり、幅と奥行きのある各種の研究が展開したという。

こうして、史料（文書）管理史研究への関心の高まりによって、江戸時代の村や町における文書の保存・管理の態様を明らかにしようとする研究が進展した。一方で、村方・町方文書以外の史料群を対象とする研究の必要性も認識され、幕府の諸機関や諸藩における文書の保存・管理に関する検討も試みられるようになった。そうした成果として高木俊輔・渡辺浩一氏による編著をあげることができよう［高木・渡辺 二〇〇〇］。ここでは、そこに収載された個々の論考については取り上げないが、同書は史料が作成・授受され保管されるにいたる過程の分析（史料のライフサイクル論）、および集団や家が文書を群としていかに保管していたのか（史料保管史）を主要なテーマとしてまとめられている。そして、扱っている対象も、村方文書・町方文書、幕府勘定所・町奉行所・寺社奉行所、松江藩郡奉行所、近代における史料管理等々、幅広く取り上げられている。同書では当時の研究状況を、「社会集団の実務的な文書管理と日本近世特有の文書保管の複合構造の特質は何かという点に関心が移行しているのではないだろうか」としている。

二〇〇〇年代に入ると、文書管理（保管）史研究はさらに多様に展開し、深化していった。近世に関わっては国文学研究資料館による一連の共同研究の成果が注目されるところである［①国文学研究資料館 二〇〇八、②同館 二〇一五、③同館 二〇一六］。このうち②では、幕府に関しては勘定所・長崎奉行所・京都町奉行所を対象に幕政文書の整理と管理について、諸藩に関しては松代藩・尾張藩・土佐藩・熊本藩・対馬藩を対象に藩政文書・記録の管理と伝来、弘前藩江戸藩邸・岡山藩・萩藩・鳥取藩・対馬藩・薩摩藩を対象に藩政文書の記録管理と編纂担当者について、それぞれ検証が加えられている。③は松代藩真田家に絞り、アーカイブズ資源学という観点から、藩庁の組織構造と記録管理、藩庁と藩庁外の記録管理システム、大名家伝来文書群と記録管理、伝来と管理の四編にわたって検討している。また、アーカイブズの構造分析を踏まえた目録編成・検索システムについても、国文学研究資料館によって成果が取り纏められており［国文学研究資料館 二〇一四］、そこでは商家文書・名主文書・藩士家文書・神社文書等を事例に検討がなされている。

これら国文学研究資料館の一連の成果以外にも、例えば大石学氏は、幕府文書を公文書行政という視点から位置づけ〔大石二〇一三〕、その編著には幕府をはじめ各方面の文書管理の在り方に関する多数の論考が収められている〔大石編二〇〇八〕。また、渡辺浩一氏は、その著において、近世都市における文書管理の態様について、在方町・陣屋町・城下町等を取り上げてそれぞれ検証し、その類型化を試みている〔渡辺二〇一四〕。さらに、文書社会の担い手としての「筆耕（筆工）」に着目した研究〔冨善二〇一七〕や、村方文書の利用によって地域社会特有の知識＝「地域〈知〉」が構築されたことを論じた研究〔工藤二〇一七〕などの成果も現れている。

なお、渡辺浩一氏は、文書の作成・利用・保管・再利用の総体を表す用語として「文書実践」、ある集団が近世社会固有の価値体系の中に自らを位置づけ、存続していくために保持していくことが不可欠の文書を「存在証明文書」としているが〔渡辺二〇一四〕、これは近年の西村慎太郎氏にも引き継がれている〔西村二〇一九、および本書収録西村論文〕。

この他の多くの成果については、ここでは割愛させていただくが、記録史料（アーカイブズ）学研究と、それに基づく史料管理（保管）史研究が多様に展開し、近世に関しては村方・町方文書に加えて、幕府・諸藩を対象とした研究が蓄積されてきていることを再度確認しておこう。

二、近世編収録論文の概要

このように、近世文書の保存と管理の在り方についての研究が進展しているが、そうしたなかで本書近世編では、江戸時代のさまざまな〝場〟における文書（史料）の保存と管理の在り方、その特徴・問題点等について展望し、一般の理解を深めることを目的とする。とはいえ、多様な近世文書の全体を対象とするのは一概には困難であり、ここでは幕府文書、藩政文書、村方文書、商家文書について取り上げることとする。以下では、本書近世編収録の各論文について、その概要を紹介しておきたい。

①小宮木代良「江戸幕府右筆所日記について」

江戸幕府の記録のうちから、二四〇年間にわたって作成された「祐筆所日記」(以下「日記」とする)を取り上げて、先ずその作成担当者の推移、作成過程と記事内容について検討している。その結果、「日記」の記事は各部署から提出される「書付」に基づいて記されるが、「日記」には前例記録として残すという目的があり、そのために「書付」から選び出され必要に応じて加工された文面になっていると指摘している。次に、「日記」の保管と保存に関して、直近五年分以外は紅葉山文庫へ移管され、さらに御用済みとされたものは右筆所と百人組二重櫓へ移管されたこと、損傷の進行や災害による焼失といった保存状態への危機感から複本作成事業が実施されたこと、その際に遠隔地での保管が提案されたこと、などが明らかにされている。さらに、「日記」と『徳川実紀』編纂との関係に言及し、「殿中御沙汰書」との対比も含め、「日記」の性格を分析している。

②鈴木　満「秋田藩の藩庁伝来文書と文書管理制度の展開」

秋田藩庁伝来文書とは、秋田藩庁から秋田県庁と旧秋田藩主佐竹家が引き継いだ史料をいうのであるが、このほかの史料群のなかにも混在しているという。そうした背景を説明したうえで、とくに系図改関係史料の残し方とその推移を検討し、秋田藩の文書管理制度の特質として、役所の文書管理担当は中下級の家中で、上級家中は文書管理制度の枠外であったとしている。また、秋田藩においては「法」の組織的な保管がなされていないこと、会所・御用所・右筆所・勘定所・文書所といった役所で日記（日次記）が作成されたが、それらは記録所以外で保管されたため殆どが散逸したこと、部類記や別記といった日次記以外の日記については記録所から佐竹家に伝わり、多くが残っている等の指摘が見られる。そして、秋田藩庁伝来文書が各所に分散しているなかで、藩の文書管理制度を論じる困難さにも言及している。

③胡　光「大名家文書の構造と伝来過程――高松松平家文書を中心として」

高松藩主松平家に伝来した高松松平家文書を、藩庁文書とは区別して、大名家文書として分析している。ここでは記録史料のみならず、書画や武器・武具、陶磁器等の「生活資料」をも含めて捉え、その保存・管理の「場」である蔵にも注目している（蔵の資料論）。かつて財団法人松平公益会で管理していた松平家文書は、四つの蔵に収められていた。そのうち「一の蔵」には、美術品などの最も大切な「家宝」とともに、代々の「領知判物」等の重要文書も収められていた。さらに、収納箱の分析により、「一の蔵」収納の重要文書は、江戸時代には高松城天守閣の穴蔵に保管されていたこと、およびこの穴蔵に収納されるに至った経過、すなわち重要文書保管の歴史も明らかにしている。そして、大名家文書を大名道具のひとつとして捉える必要性とともに、文書・記録の保管の場である蔵や収納箱の分析が必要であり、これを「資料空間論」として考えることを提唱している。

④西村慎太郎「近世村方文書の保存と管理」

近世村方文書の保存に関して、文書収納の蔵（帳蔵・宝蔵・郷蔵等）、箱・簞笥（帳簞笥）など様々なケースを紹介し、収納に際し関連する文書が一括されることが多いとして、現在の我々がそうした歴史的経緯を無視・破壊することのないよう「原秩序尊重の原則」を確認する。文書の管理に関しては、甲斐国巨摩郡青柳村を対象に、同村の引継目録を取り上げている。同村にとって何が重要であったのかといった検討を通じ、特徴の一つとして、地域存立の基盤となった文書が大切に保管されてきた点を指摘している。すなわち、そうした文書は村のアイデンティティに関わる際に「存在証明文書」として利用されたとしている。近世の村々では文書・記録の保存・管理が推進されたが、その一方で、近世においてそもそも文書が散逸した状況をどのように評価すべきか、近世文書の「非」管理史の方法論の模索も必要との問題提起がなされている。

⑤柳澤　誠「丹波国山国郷における文書保存・管理・利用」

京都北方に位置する山国荘（山国郷）は、江戸時代には一二か村（一〇か村とも）の村があったが、これら村々によって共通に保存・管理されてきた文書群を取り上げる。近世山国郷の総鎮守である山国神社には、中世以来の山国荘全体に関わる文書が伝来している。山国郷には、中世以来の名主《みょうしゅ》の系譜をひく有力百姓によって構成される宮座があり、そのため山国郷の関係文書が同神社に伝来したのは当然と思われていた。しかし、その山国神社文書のなかには、比賀江村の四宮御霊神社の別当寺であった高田寺の宝蔵に収められていた文書群が存在する。この宝蔵は名主《みょうしゅ》仲間の共同文庫であり、近世に何度か作成された文書目録の作成の経緯、収納文書の選択の在り方、宝蔵文書の形成過程を検討し、江戸時代には山国郷全体に関わる文書は、そのほとんどが高田寺宝蔵に保管されていたことを指摘する。一村に限られない地域の文書の保存・管理について明らかにしている。

⑥末岡照啓「近世住友家文書の伝来と保存・管理」

銅山・銅吹業および両替商として著名な住友家を対象に、同家文書の伝来過程と保存・管理について明らかにしている。まず、近代における家史編纂にともなう文書の収集・保存・管理について触れ、現在の住友史料館に引き継がれている住友家文書の伝来経緯と内容を紹介する。そのうえで、近世における住友家の文書の保存・管理について検討を加えている。住友家は大坂に本店を置いていたが、重要文書は革製の手文庫である「革文庫」に収められていたこと、享保九年の大坂大火後には非常持ち出しの船簞笥が備えられたことを指摘している。そして、住友家における文書保存の特徴として、原文書を筆写し公用記録・業務記録として残す記録主義であり、このことが原文書をあまり残さなかった理由と推測している。一方で、日常の取引が済むと廃棄ないし再利用され、残されなかった文書も多いとして、残されなかった文書にも目を向けるべきことを提起している。

＊　＊　＊

以上、各論文の概要を紹介した。もちろん詳細はそれぞれの論文の直接当たっていただくこととし、最後に次の点を指摘しておきたい。すなわち、④で散逸した文書に関わる文書の「非」管理史の方法論の模索が提起されており、⑥でも残されなかった文書に留意すべきことが指摘されている点である。何がどのように保存・管理されてきたのかは、逆に見れば何が保存・管理の対象にならなかったのか、という問いにもなる。②では秋田藩では何を残すか一定しないとのことであり、⑤でも宝蔵に納置される文書の選択が指摘されている。当然、残されなかった文書が存在したことになり、そうした文書に眼差しを向けることは、文書の保存・管理の歴史を考えるうえで、今後留意すべき視点となるのではないだろうか。①における日記記事の記載に当たり、原史料からの選択・加工があったとの指摘も、併せ考えるべき要素となろう。

また、資料の保存・管理の〝場〟である蔵や収納箱については、これまで村や町の事例の検討が進んでおり、④でも触れているが、⑤では連合村の「文庫」の存在が明らかにされていて興味を惹く。さらに、③で高松松平家文書を事例に、大名家文書を大名道具のひとつとして捉え、同時にその収蔵の場である蔵や収納箱についても一体のものとして分析するという、「資料空間論」という資料論としての重要な視点が提示されている。

さて、本書収録の各論文によって、近世におけるそれぞれの〝場〟における文書の保存・管理と、それが伝来し現在に至った経緯等について一望することができた。ただし、重ねての指摘になるが、近世文書が作成・授受され保存・管理された〝場〟は、各論文で扱った以外にも多様に存在している。本書が、そうした近世文書に関する保存・管理の歴史を理解するための糸口となり、研究の更なる進展に多少なりとも寄与できるとすれば幸いである。

引用・参考文献

大石学 二〇一三『近世日本の統治と改革』吉川弘文館
大石学編 二〇〇八『近世公文書論――公文書システムの形成と発展』岩田書院
大藤修・安藤正人 一九八六『史料保存と文書館学』吉川弘文館
工藤航平 二〇一七『近世蔵書文化論――地域〈知〉の形成と社会』勉誠出版
国文学研究資料館史料館編 一九八八『史料の整理と管理』岩波書店
国文学研究資料館編 二〇〇八『藩政アーカイブズの研究』岩田書院
国文学研究資料館編 二〇一五『幕藩政アーカイブズの総合的研究』思文閣出版
国文学研究資料館編 二〇一六『近世大名のアーカイブズ資源研究――松代藩・真田家をめぐって』思文閣出版

国文学研究資料館編 二〇一四『アーカイブズの構造認識と編成記述』思文閣出版
高橋実 二〇一二「近世地域文書管理史研究の現状と課題」関東近世史研究会編『関東近世史研究論集』1村落、岩田書院
高木俊輔・渡辺浩一編 二〇〇〇『日本近世史料学研究——史料空間論への旅立ち』北海道大学図書刊行会
冨善一敏 二〇一七『近世村方文書の管理と筆耕——民間文書社会の担い手』校倉書房
西村慎太郎 二〇一九「相馬中村藩の地域支配と文書実践」『国文学研究資料館紀要　アーカイブズ研究篇』一五
渡辺浩一 二〇一四『日本近世都市の文書と記憶』勉誠出版

江戸幕府右筆所日記について

小宮木代良

はじめに

与えられたテーマは、「江戸幕府の記録類について」であるが、巨大な行政機構である江戸幕府内部において日々作成された文書および記録はとてつもなく膨大であるとともに、さまざまな部局ごとに作成されていたため、それを紙数の限られている本稿で一括して論ずることは難しい。当時においても、部局を超えて、膨大な情報を一括して認識することは、相当に困難であったはずである。しかし、一方で、江戸城という空間における日々の出来事のうち重要な情報を、総括してひとつの日記にまとめていこうとする試みが存在した。そのようにして作られた日記が、寛永八年（一六三一）から幕末の分まで伝存している。本稿では、この日記の作成過程と伝来、保存について紹介する。

この日記は、当時、「御右筆日記」「表右筆方日記」「表御右筆方御日記」等の様々な呼称で呼ばれていたが、これは、直接の作成者が江戸幕府右筆であったことによる。現在、江戸幕府日記という呼称が用いられていることが多いが、きちんとした説明なしにこの呼称が使われる場合、幕府内で作成された様々な日記全体を表す場合との区別がつきにくい。すべての幕府関係日記を、とりあえずこの名称でよぶことは可能であり、すでに、その混同が見られる。江戸幕府全体を代表する正式の記録という意味をこめて、近世中期以降、時折「御日記」という呼称が使われていることもあるが、それを現時点で使うわけにもいかない。今後の幕府記録に対する研究を分かりやすいものにするためにも、当該の日記については、江戸幕府右筆所日記と呼ぶのが適当であると考える（以下、本稿では右筆所日記と略記する。後述するように諸種の写本が伝存するが、本稿では、主に姫路酒井家本と内閣文庫本に拠る）。

一、江戸幕府右筆所日記の作成過程

約二四〇年間にわたる右筆所日記の作成の実態については、近年の研究の中で、少しずつ詳細な過程が分かってきている［小宮二〇〇六①②、山本二〇一一等。以下、とくに註記をしない場合は、小宮二〇〇六①による］（図1）。

作成開始から間もない寛永十四年（一六三七）七月から同十六年（一六三九）二月分までの右筆所日記には、毎日の記事の日付の下に、その日の当番右筆の名前が記載されている。当番は、一日を「昼」と「泊」で一人ずつ交替し、一一人でのローテーションが組まれている。また、寛永十四年（一六三七）から慶安四年（一六五一）分にかけての毎日の記事の末尾には、「右、市橋三四郎ニ相尋、記之、」「右、松平伊豆守依教詞、記之、」等の記載がある。この「相尋」「依教詞」という表記は、記事の材料そのものの伝達を意味している場合から、右筆でまとめた日記文面の確認である場合まで、幅をもって解釈できる。「相尋」等をした相手は、目付が圧倒的に多いが、高家や奏者番、時には老中も含まれる。

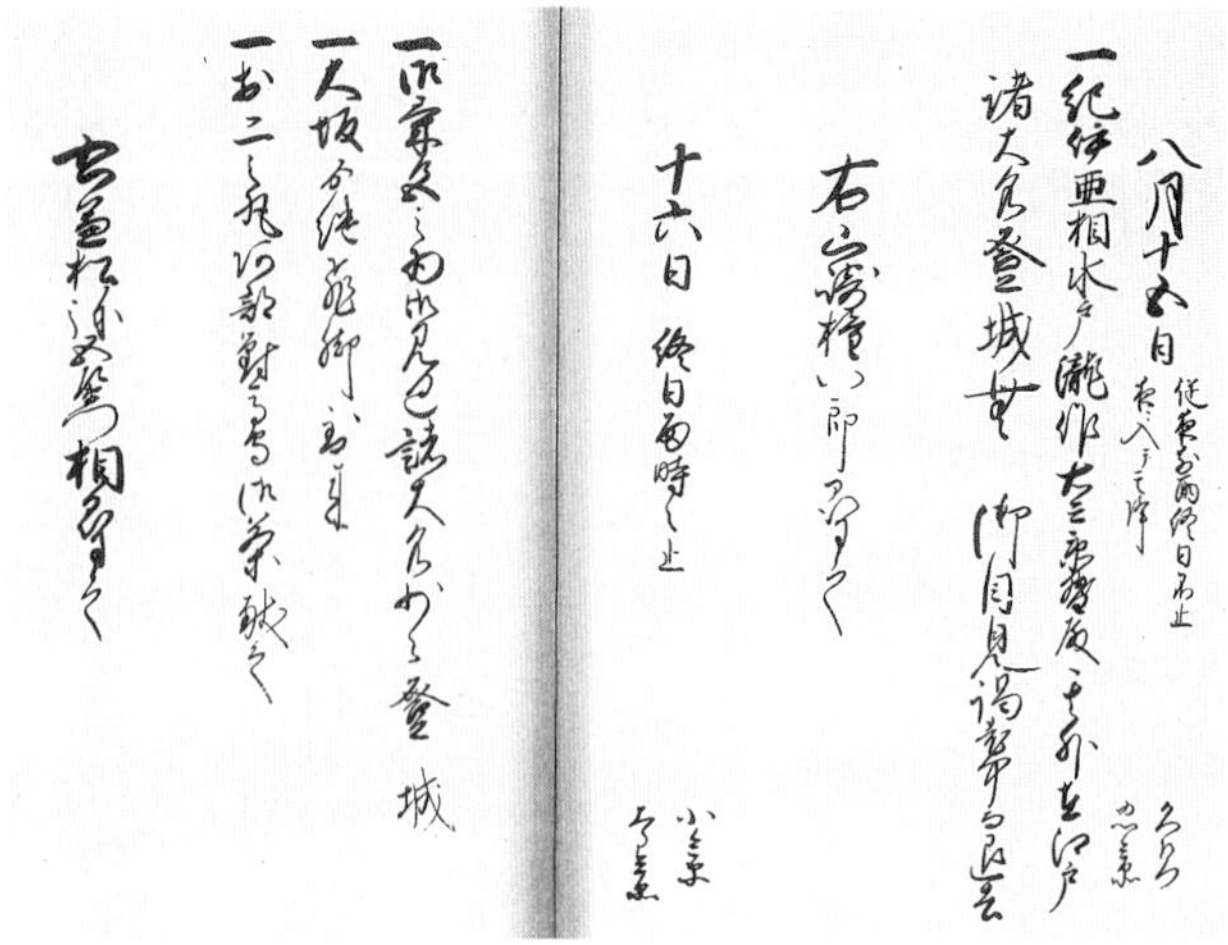

図1　江戸幕府右筆所日記　姫路酒井家本（姫路市立城郭研究室所蔵）
寛永十五年八月十五日〜十六日分

以上から、初期の右筆所日記作成においては、少なくとも右筆と目付（高家・奏者番・老中等のプラスアルファも含む）が大きな役割を果たしていることが推測される。しかし、記事の材料がどのような手順を経て集約されたか、かつ、そこから日々の記事が作成されていく中で、右筆と目付等の両者がそれぞれどのような役割を持たされていたのかについて、この時期についてはこれ以上の手かがりはない。

寛文十二年（一六七二）六月二十六日の記事では、右筆日記役が、それまでの小島重俊・神尾高久の二人から、久保正貞・杉浦勝成の二人に替わったとある（『右筆所日記』）。小島は、先の寛永十四年から同十六年にかけての当番右筆の中にもいたベテランであるが、他の三人も右筆としての経験は長い。この時期、二人だけで日記役を勤めていたとすれば、日記作成における経験と専門性が求められていたとも考えられる。

それに続く時期、この日記の作成に関わる具体的な指示が、宝永六年（一七〇九）一月十八日に出されたことが確認できる。そこでは、「右筆所の日記疎脱多ければ、今より細密に記録すべしと、表右筆組頭（天和元年に奥右筆が新設され、従来の右筆は表右筆と呼ばれる）大橋左兵衛重豊に仰付らる」（『徳川実紀』）とある。この八日前の一月十日、三十年間将軍であった綱吉が死去していた。大橋への指示と同じ十八日には、その法事の準備のためであろうか、「於上野御法事日記申合、双方（本丸と西丸か）ニ而委細記」すようにとの指示が、儒者人見又兵衛行充・表右筆飯高善左衛門胤寿・表右筆岡四郎左衛門・西丸表右筆岡本勘右衛門の四名に出されている（『柳営日録』）。大橋へ「右筆所の日記疎脱多」しとの指摘が行われたのは、将軍薨去時の先例およびその記録の仕方を、それまでの右筆所日記から急遽調べようとしたことと関係があるのかもしれない。

さらに、その翌月、老中小笠原佐渡守長重から大目付仙石丹波守久尚に対し、以下のような指示が出された［山本二〇一二］。

一日記方御右筆日記録可申儀、承合之節、委細可申聞、且、日記付可申と存儀等於有之は、日記役御右筆之面々不承合候共申聞様可相心得旨諸役所え可申渡之旨、大目付仙石丹波守え佐渡守申渡之、

（『御触書寛保集成』二九一二）

ここでは、①日記方右筆との間の「承合」の時に、日記に記録すべき記事についての委細を大目付より指示すべきこと、②右筆所日記に記すべきであると判断した記事については、日記役右筆との「承合」をせずとも上申してよい旨を各役所へ伝えるべきこと、この二点が命じられている。これも、綱吉の葬儀と新将軍家宣への将軍宣下という政権移行期の慌ただしさのなか、今回の諸儀礼を中心とした記録を「今より細密に記録」することが危ぶまれたために急ぎとられた措置とも考えられる。さらに、同年四月二十一日には、大橋重豊と、もう一人の表右筆組頭飯高七左衛門勝成が、免職の上、逼塞を命じられ、他の本丸表右筆も御目見遠慮となっている

(『柳営日録』)。処分理由は、右筆所日記の作成にあたり、西丸右筆も含めての勤務の態勢を不十分なままに放置していたからということであった(『寛政重修諸家譜』)。

その後、いわゆる正徳の治の進行中の正徳二年(一七一二)正月には、以下のような指示が出されている(／は改行を示す、以下同じ)。

(正月廿一日)

寺社奉行、／森川出羽守、／大目付／仙石丹波守、／御目付／鈴木飛驒守／同／堀田源右衛門、／右、日記御用被仰付之、(若年寄)久世大和守承り、可相勤之、

(同月廿五日)

一左之書付久世大和守被相渡之、

日記改之儀、被　仰出、久世大和守、森川出羽守、仙石丹波守、鈴木飛驒守、堀田源右衛門被　仰付候間、組中支配之事、日記ニ可記儀有之時ハ具ニ書付、丹波守・飛驒守・源右衛門三人之内へ可被差出候、

正月

(『年録』)

「日記御用」あるいは「日記改」が、若年寄久世、寺社奉行森川、大目付仙石、目付鈴木、同堀田に命じられ、日記に記すべきことについては、このうちの大目付と目付である三名の内に差し出すようにと指示している。宝永六年以来の一連の流れの中で、日記記載内容判断の職務の中心が、右筆から大目付・目付に移動していることが確認できる。これらの動きの背景には、あるいは、幕府の諸儀礼の整備を重視する新井白石の意向もあったか

もしれない。儀礼の整備にあたり、まず重視されたのが、正確な記録としての右筆所日記であり、その厳格化のためには、目付・大目付の関与の拡大が目指された。

その後、正徳の治が終わり、吉宗期初期の享保三年（一七一八）閏十月七日には、以下のような指示が出された。

久世大和守《（老中）》、石川近江守《（若年寄）》被相渡候書付、
組中支配之事、其外日記ニ可記義有之時者、前々之如く、委書付仕、無遅滞日記方御右筆へ差出候様、
向々江可被相達候、以上
（『年録』）

「組中支配之事、其外日記ニ可記義」については、「前々」のように「委《くわ》（しい）書付」にして、遅れないように日記方右筆へ差し出すように命じている。「前々之如く」という文言が、将軍家宣期における提出先の変更よりも前の時のやり方のようにということを表しているとすれば、提出先について旧に復したことになる。ところが、同じく吉宗期の元文二年（一七三七）二月十三日、以下のような達が、大目付・目付・表右筆組頭に出された。

表御右筆方之御日記、向後大目付・御目付世話仕候而為相認可申候、急度懸りニて不及候、大目付ハ月替りニ一人充、御目付ハ月番世話いたし、御作事《（法か）》其外記来り候儀共、無相違不洩様、認置候様ニ可仕旨被　仰出之、
（『年録』）

さらに、同月二十三日、以下のような達が、若年寄板倉勝清より申渡され、目付能勢頼一から触が出されていることが確認できる。

組中支配々之事、日記ニ而記義有之時者、如前々具ニ書付仕、無遅滞御日記方御右筆江差出候様、向々江可被相達候、享保三戌年、右之通相達候、弥右之趣相心得、向後御右筆江者書付不指出、大目付御目付之内書付出候様ニ可被申達候、但、只今迄御右筆へ書付出候向々も、大目付目付之内へ差出候様被達之、（『年録』）

この連続して出された達により、右筆所日記の「世話」は、大目付と目付が行うことが明記されるとともに、右筆への提出を停止し、提出先は大目付と目付のみであることを強調したことになる。享保三年令を再度掲出し、かつ、但し書きで、「只今迄御右筆へ書付差出候向々」について触れていることから推測できるように、現状においては、享保三年令があるにも関わらず、書付の提出が低調であり、元文二年令は、活性化をはかるとともに、大目付と目付に右筆所日記作成の重心を据えた体制とすることを宣言したものと考えられる。

この元文二年令の励行を命ずる達としては、延享三年（一七四六）と文政六年（一八二三）のものが確認できる。以下に文政六年三月令を示す。

堀田摂津守殿御渡御書付

組中支配之事、日記江可記儀有之時者如前々具書付仕、無遅滞大目付御目付之内江差出候様可被達候、右之趣先年相達候処、近来不被差出向も有之趣、相聞候、尤組中支配之事ニも不限、其役々ニ而日記江可記

儀有之候ハヽ、書付可被差出候、右書付向後無遅滞、朝比奈河内守・須田与左衛門・羽太左京三人之内江差出候様可被致候、
右之趣、向々江可被相達候、
三月
御目付触
（『年録』）

朝比奈は日記掛大目付、須田と羽太は日記掛目付であった。少なくとも、文政六年までは、元文二年令が生きていることが確認できる。この間、寛政三年八月には「御日記都て調方之儀、御日記方従御右筆突合に差越候節、可成丈手間取不申様取調、年々おくれに不相成様可被致候、尤御日記調方、清書之儀も、手間取不申様、御日記方御右筆江も相達候間、得其意、可被談候、」（『御触書天保集成』五一九〇）との触が、大目付・目付に対して出されている（山本英貴氏によれば、月番等でなく、大目付・目付の日記掛兼任が始まるのは、元文二年より延享三年までの間であると推定されている。以上［山本二〇一二］）。

寛政期から享和期にかけての大目付日記掛の実態については、大目付の日記である「井上日記」を分析した山本英貴氏による研究［山本二〇一二］がある。それにより、以下のことが明確にされた。

1．この時期、諸職よりの「御日記留」（前述の諸部局からの「書付」にあたる）は、日記掛大目付を窓口として提出され、不明な点があれば、当該職に問合書を提出し、下札等で回答を得ていた。

2．そして、この「御日記留」を日記方の表右筆に渡し、右筆所日記（山本氏は「江戸幕府日記」と呼ぶ）の下書

を作成させていた。

3．この下書は、日記掛大目付と目付部屋坊主が大目付宅、日記掛目付と目付部屋坊主が目付宅において、「御日記下調」を行い、文面の確認をした。

4．さらに、日記掛大目付と日記掛目付相互の間のクロスチェック形式で「清突合」を行った。

5．その上で、今度は、同掛大目付・同掛目付と日記方表右筆が同席して、「御日記寄合」を行ない、右筆所日記文面の確定を行った。

これは、先の寛政三年八月の触の指示内容とも矛盾しない。

以上、右筆所日記作成担当者について、その変化を概観した。確認できていない関連史料もあるはずなので、確実な推移の確認とはなっていないが、少なくとも、その当初から右筆と目付が大きな役割を持たされ、この両者の間での役割や責任分担の割合の変化が繰り返されていたということがいえる。その変化の契機は複合的な要因等からなると推測されるが、少なくとも家宣期の場合からは、殿中儀礼等の前例記録としての役割の重視という要因が想起される。その中で、元文二年の達は、大目付・目付への重心の移動を確定し、その後基本的には変化しなかったという点で、大きな意味を持っており、この時も「御作事《（法か）》其外記来り候儀共、無相違不洩様」（「御作事」とある部分は、前後の文脈から、「御作法」の写し間違いであると判断する）という前例記録としての役割が強調されている。

次に、右筆所日記の記事内容は、どのようなものであったか、家光期における右筆所日記をみると、①江戸城宛の継飛脚、②江戸城から諸方宛の継飛脚、③寄合（場所、参加者名等）、④将軍の御用日あるいは御前御用（参加者名等）、⑤任免（職名、被任免者、場所、伝達者名等）、⑥御使・賜物、⑦出御・対面・御礼・御目見等、⑧将軍御成、⑨その他儀礼・年中行事、⑩法令伝達、⑪改易・転封、⑫上使派遣、⑫その他、の記事からなっている。①から④については、その詳細な内容への言及は例外的であり、到着・発信や開催の事実のみが記されている。対して、⑤から⑨は、もっとも詳細な記述となっており、儀礼の進行順から礼物の数量にいたるまでが記してある。⑩⑪⑫については、案件により精粗があるが、その背景説明は少なく、江戸城内での当該案件処理に関わる手順・作法を中心としている。この時期に各部署からの書付の提出（それが右筆宛であったか目付宛であったかと関係なく）が一般的であったかについての確証はないが、右筆所自体の職務である①②についての情報以外の記事については、少なくとも、「尋之」という確認行為が目付を中心とする者たちに対してなされていたであろうことは、前述の通りである。①から⑫までの項目は、中後期においても基本的に継続している。

以上のような個別の情報が上申・提出されるにあたり、要求される内容については、どのような基準があり、各部署との間では、どのようなやりとりがなされたのか。延享三年（一七四六）から享和二年（一八〇二）まで五七年間の奏者番の廻状留を内容分類した「政要録」（東京大学史料編纂所蔵四一七三―三）の一部を以下に示す。前述のごとく、当該期には、元文二年以降、情報を記した書付の提出先は大目付・目付であり、かつ、大目付・目付の中に兼任の日記掛がすでに置かれていた。

①延享四年（一七四七）三月十八日

西
一日記方へ差出候書付、御老中方御逢候分、前々之通書付差出不及候、乍然献上物有之分者其品訳共書付認可差出候由、尤区々も有之候間、向後申合、同役一同ニ為心得差出候様可申通旨、河野覚右衛門（大目付）（勘）・神尾伊（大目付）

兵衛・奥山甚兵（西丸目付）、被申聞候段、人々名書者名書之上ニ献上物相認、右、何ニ付被差上之、或者何ニ付差上之旨、相認、於何席誰殿御逢候と申義、相除候様ニと之趣、御座候、此段拙者より可申通由被申聞候、

②同年三月二十日

一一昨日松因幡（奏者番）、西丸當番之処、河野豊州（勘右衛門と同一人）・神尾伊兵・奥山甚兵被申聞候、日記方へ差出候書付之儀、御本丸ハ如何可改哉与豊州へ相尋候処、御本丸も西丸之通可致様被申聞候、為御心得被進候、

③寛延元年（一七五〇）八月十八日

一西今日河野豊州より申聞候ハ、年始八朔万石以下後候献上、日記方江之書付、只今迄出不申候得共、向後申合、出シ候様被申聞候付、前々日記方江之書付出不申、就中西八月　御轉任　御着任之節後候献上より、年始八朔後候共、決而書付不差出筈、同役申合置候間、只今迄之通り出申間敷旨申達候処、左候へ而（ママ）者、御日記ニ洩候間、向後書付差出候様致度旨被申聞候、依之、今日之後候書付、明日可差出与存候、為御心得申進候、

④同年八月十九日

一明日　西丸紀伊守（奏者番）廻状之通、万石以上以下共八朔後候献上被請取候訳、日記方江之書付於　御本丸も同様ニ候哉与河野豊州江相尋候得ハ、當八朔より後候献上之分、向後日記方江書付被遣候様致度旨、此段同役中江相達呉候様被申聞候間、為御心得申進、

①②は、老中対面時、献上物があった場合の、奏者番から日記方大目付・目付への「書付」の提出の必要性の有無とその書式について、③④は、年始八朔の際、通常より遅れて献上がなされた分についての奏者番からの

「書付」提出について、それぞれ、大目付・目付日記掛との間でやりとりを重ねながら決めている様子がうかがえる。すなわち、日記に記載する記事の中身については、「御日記ニ洩候」という言い方からもうかがえるように、大目付・目付の日記掛から、ある程度の必要範囲をイメージしながら、各部局に対して、書付として提出すべき記事の範囲を要求していたと思われる。ここでも、江戸城内における儀礼的行為の前例記録としての役割が、右筆所日記に対して強く期待されている。

以上の右筆所日記の作成過程において注意すべきなのは、前例記録として残すということが目的とされているためか、日記に記される「事実」が、その直後の日記確定過程において事後的に認定されるという手続きを経ていることである。本来だと、より一次史料に近いはずの各部局から提出された「書付」自体は保存されていない。「日記御用取調書附」は、春慶箱に収納されていたとの記事がある（多聞櫓文書七〇〇五〇四）。「書付」から選び出され、必要に応じて加工修正された文面が、右筆所日記の記録として残されていく。右筆所日記の持つこのような側面が強くなっていくに従い、「事実」の認定という行為の重大性からも、大目付・目付の関与が強くならざるを得なくなったが、それは、一方では逆に現場における当初の「事実」から遠ざかる可能性をも増大させた。

二、江戸幕府右筆所日記の保管

作成された右筆所日記は、どのように保管されたのだろうか。宝永元年（一七〇四）九月、幕府紅葉山文庫を管理する書物方は、「表右筆方日記箪笥」九箱を、表右筆組頭蜷川親英・同大橋重豊・同飯高勝成から受け取った（『書物方日記』明和七年閏六月四日記事、寛政元年三月九日記事、天保十四年閏九月二十四日記事）。寛政七年（一七九五）

の『書物方日記』の記事には、当該箪笥の蓋書きが記されている。

壱番　寛永八年ヨリ同二十一年迄／二番　正保二年ヨリ慶安四年迄／三番　明暦三年ヨリ万治四年・寛文三年迄／四番　寛文四年ヨリ同十三年迄／五番　延宝元年ヨリ天和三年迄／六番　貞享元年ヨリ同五年迄／七番　元禄元年十月ヨリ同五年迄／八番　元禄六年ヨリ同九年迄／九番　元禄十年ヨリ同十二年迄

宝永元年に、当時右筆所におかれていたと思われる右筆所日記すべてのうち、直近の五年分ほどを除き、寛永八年（一六三一）から元禄十二年（一六九九）までの六九年間分が、紅葉山文庫に預けられたことがわかる。この扱いについては、書物方の役所に「預け置き候と申す迄のこと」（『書物方日記』享保元年六月記事）という認識であり、紅葉山文庫の目録外の扱いであった。

宝永六年二月二日には、この中から延宝四年秋の分の記事の提出が命じられている。これより前、綱吉後室浄光院が発病し、二月九日に薨じている。延宝四年八月には、家綱夫人浅宮が薨じているので、万一の場合の先例を調べた可能性も推測される。『書物方日記』のこの時期の部分は記事が粗いので確認できなかったが、宝永六年一月の綱吉薨去前後に、綱吉の葬儀等に関連して家綱薨去時の右筆所日記（延宝八年）の提出が行われていた可能性も否定できない。ちなみに吉宗への代替わり時の享保元年（一七一六）五月には、綱吉の将軍就任前後の延宝八年分・天和元年分日記が提出されている。

明和七年（一七七〇）閏六月四日、書物方より、表右筆組頭長野源次郎業峯に、「表御右筆方御日記、鑰有之九筥」について、右の書付を渡した。

右初而御預ニ成候年月不相知、以前ゟ御蔵有之候処、宝永二（元か）申年九月、表御右筆組頭蜷川彦左衛門・大橋左兵衛・飯高七左衛門封印ニ而受取、其以後折々御用ニ付、差出候節、其時ニ随而御右筆方封印ニ而受取候、然処、近年一向差出不申候ニ付、封印朽損し、切失申候、以上

（『書物方日記』）

宝永元年の書物方への預け置き以来、「折々」御用があり、差し出していたが、近年は、差出御用もあまりないという書物方の認識であった。同月十八日、今後の右筆所日記の風干については、紅葉山文庫全体の「御風干」の「序で」に書物方の判断で行い、風干終了後、封印を右筆所に請求するという段取りが確認された。この年は、それに従い簞笥九筥の風干が行われている。

しかし、五年後の安永四年（一七七五）十月三日、書物方と表右筆の間で以下のようなやりとりが行われた。

表御右筆簞笥九箱、組頭長野源次郎へ、虫喰之分一・二冊、於　御殿見せ候処、以来、此方封印相止可申候間、年々其方ニて御風干被成候様ニ被申聞候、（下略）

（『書物方日記』）

この間の詳細な状況については不明であるが、少なくともこの時期、日記自体の虫損の進行が問題化していることがわかる。

寛政三年（一七九一）四月、御日記掛目付中川勘三郎忠英・同曲淵勝次郎景露から、右筆所日記の複本作成についての上申がなされた（このことについては次章で詳述）時、「殊之外虫湌ミ強、所々文字も分兼候所も多相成」と述べられている。また、同年六月、右筆前田左兵衛は、「表御日記之儀、寛永年中より元禄迄之御帳之内、虫

滾糸損し切、表紙破損し表紙無之御帳も有之、」（以上「小役人帳」）としている。この時、複本作成事業が開始されることが既に決定しており、関連してか、同月十日には中川のもとへ最初の右筆所日記の貸し出しが行われている。中川への貸し出しは、このあと数年の間繰り返され、寛政九年八月二十四日の「先年拝借之御日記」返納の記事まで続く。また、この間、書物蔵修復等もあり、一時、右筆所日記の入った長持が二丸多聞へ移されることもあった（以上、『書物方日記』）。

なお、宝永期以降作成分の日記については、右の前田左兵衛の書付では、先の「寛永年中より元禄頃迄之御帳」の状況とともに、「正徳より宝暦之頃迄之御日記之内ニも虫入、殊之外損し候も有之候、」とある。文化七年（一八一〇）三月二十八日、表右筆組頭から「御日記長持之内取調物」のために、「御蔵」へ赴いて取調をする旨の申し入れがあった。このころも、右筆所日記は、書物方の蔵へ保管されていた。

天保十四年（一八四三）閏九月二十四日、書物方より若年寄堀田正衡に以下のような伺書が出された。

表御右筆日記之儀ニ付奉伺候書付

御書物奉行

御文庫ニ有之候表御右筆日記之儀者、宝永元申年九月廿六日、加藤越中守殿（若年寄）被成御下候御品ニ御座候、然処年数相立、過半虫入、文字難見分罷成候間、御用無之儀ニも御座候ハヽ、百人組二重御櫓内江納置度、此段奉伺候、伺之通被仰渡候ハヽ、御目付・表御右筆組頭江其段被仰渡可被下候、以上（下略）

（『書物方日記』）

すなわち、宝永元年以来紅葉山文庫に預けられていた右筆所日記を、もう御用済みであるならば、百人組二重櫓へ移動させたいとの伺いである。この伺いは、同年十一月三日に受け入れられたが、右筆側からの働きかけにより、虫食いの比較的少ない分百四十四冊については、別に「御留〆切」とされた。この「御留〆切」の意味は不明であるが、表右筆所へ下げ渡しにされている。残りの部分については、当初の伺い通り、同月十日「古表御右筆日記」並に「古表御右筆日記　但し虫食多ニ付冊数不相分　天保十四年卯年十一月十日調之　御書物奉行」との張り紙を付した長持に収めて目付へ渡された（以上、『書物方日記』）。

この時、「御留〆切」とされた分は以下の通りである。

寛永八年二冊／同九年三冊／同十年四冊／同十一年三冊／同十二年四冊／同十三年四冊／同十四年二冊／同十五年四冊／同十六年三冊／同十七年四冊／同十八年四冊／同十九年三冊／同二十年四冊／同二十一年四冊／正保二年四冊／同三年四冊／同五年一冊／慶安元年三冊／同二年四冊／同三年四冊／同四年四冊／明暦三年四冊／万治元年一冊／同二年四冊／同三年四冊／寛文元年二冊／同二年四冊／同三年三冊／同四年四冊／同五年四冊／同六年四冊／同七年四冊／同八年四冊／同九年四冊／同十年四冊／同十一年四冊／同十二年四冊／同十三年三冊／延宝六年二冊

（『書物方日記』）

こうして約一四〇年間紅葉山文庫に預けられていた右筆所日記（寛永八年から元禄十二年分まで）原本の一群は、それぞれ右筆所と百人組二重櫓へ移された。

こののち、天保十五年五月と安政六年（一八五九）十月には、江戸城本丸の火災が起きている。後述するように、文久ころ吹上御蔵にあった「御日記」には、大多数が焼失したあとのわずかな残りの原本が含まれていた可能性も否定できないが、明治三年（一八七〇）、明治政府より旧幕府日記文書のことを聞かれた静岡藩公用人は、

「日記類は先年ヨリ度々ノ火災ニテ欠本ニ相成、燼余并書継候分御座候処、右ハ西城并吹上御蔵へ相納置其儘引渡」（『公文録』）したと答えている。いずれにしても、幕府右筆所日記の原本にあたるものは現時点ではその伝存が確認されていない。

三、江戸幕府右筆所日記の複製作成

前章で確認したように、右筆所日記原本の保存状況への危機感は、少なくとも明和期ころから存在し、寛政期にはとくに強く認識されるようになった。対応措置のひとつとしての複本の作成は、少なくとも三度行われようとしたことが確認できる。

まず、先述のごとく寛政三年に複本作成事業が提案されているが、それを述べた同年四月の目付御日記調掛中川忠英・同曲淵景露連名の上申は以下の通りである（「小役人帳」、［高橋一九九六、山本二〇一一］）。

表御日記之儀、中古以来次第ニ紙員も多相成候故歟、殊之外虫浪ミ強、所々文字も分兼候所も多相成申候、右に付、追々年数も経候者、尚更事実分兼候儀も多相成哉、其上決而無之儀ニ者御座候得共、万々一非常之儀も有之、一旦滅失仕候者、数百年之儀永々断絶仕、相知不申候様可相成哉と奉存候、尤他所ニ御扣も有之儀ニ御座候哉相弁へ不申候得共、及見候所、御殿之内ニ有之候而已ニ而、其余御扣も無之儀と奉存候、一旦滅候而ハ万端相知不申候様ニ相成候儀ハ、乍憚甚御手薄成と奉存候、既寛永八年より御日記有之候得共、明暦炎上之節、焼失仕候由ニ而残欠多、只今以明暦以前之儀者相知不申候儀も多御座候、寛永より明暦迄者僅

之年数ニ御座候得者、当時如何様ニも補闕可相成義ニ御座候処、既ニ一旦焼失仕候而者、全備不仕儀と奉存候、
況其後数百年之儀ニ至候而ハ、誰覚居可申様も無之、甚安心不仕儀ニ御座候、依之、中鳥子紙ニ十三行程ニ
も書写被　仰付可成丈嵩不申様仕立、大坂御城中又ハ日光　御神庫之内江被遣置候ハヽ、万々一非道之儀有
之候節も永々御日記亡候儀無之可然と奉存候、右写手之儀ハ小普請組之内より手跡宜者十人程も出役被　仰
付、小普請金御免被成下、写之儀被　仰付候者可然哉、左候ハヽ、御用相済候節も別段御手当等被下候ニ及申
間敷奉存候、尤医師溜辺ニ而写させ、勿論写方等之儀ハ私共より申談候様仕候者可然哉、尤皆出来仕候上者、
年々清書仕候節、一同相認候様仕、可然と奉存候、其余御国絵図之類、諸役所御大礼之留書等、大概ハ御扣
無之儀と奉存候、是又一旦滅失仕候以後御大礼之様子変候も如何敷儀と奉存候間、此等も向々役所江被　仰
付、前書之振合ニ書写被　仰付候ハヽ、可然哉ニ奉存候、
右之趣心付候付、御内々奉申上候、書中諱避之文も有之恐入候儀ニ者有之候得共、当時私共御日記調掛被
仰付候付、永世之儀熟考仕候処、不安御儀ニ奉存候間、不省恐、此段御内々奉申上候、以上

四月　曲淵勝次郎
中川勘三郎

この上申で示されている問題意識の核心は、保管分の損傷の進行および今後の災害による焼失等により、「事実」が不明になる危険性が高いということにある。それへの備えとしての控をあらたに作成し、遠方の大坂城や日光の神庫へ収めておくべきであると提案している。実際の写本作成事業にあたるのは小普請組の中から「手跡宜者」に命ずるとしている。

六月十日には、中川は、表右筆方にも掛け合いの上、紅葉山文庫に保管されていた右筆所日記の借り出しを開始している（『書物方日記』）。前述した御日記調方についての同年八月の大目付・目付宛ての指示書の前半には「出役之者認候御日記之儀、日々表御右筆所より請取、詰所引払候節、又候御右筆所え相納候様可被致候、」としている。この「出役」の者が、複本作成を命じられた小普請組士であるとすれば、この部分は右筆所日記の複本作成の開始を意味することが山本英貴氏によって指摘されている［山本 二〇一二］。

くだって天保十五年（一八四四）九月四日、「寛永八年ゟ寛政六年迄之御扣帳」が、「下げ遣わ」されるので、日記担当の表右筆がそれを筆写し、日記掛の大目付および目付とともに読み合わせをするようにとの指示が出された。これは、少なくとも弘化三年（一八四六）まで続けられている［山本 二〇一二］。前述のごとく、直前の天保十四年十一月に、元禄十二年以前分の原本は、紅葉山文庫から運び出され、状態のよいものだけが、表右筆所に「御留〆切」の上、下げ渡されていた。そして、半年後の五月に本丸御殿の火事が起こっている。したがって、原本については、この時すでに焼失していた可能性も否定できない。山本氏も推測しているように、「御扣帳」のさらにその写本の作成が急がれたのは、原本の焼失という事態を受けて、さらに複本を整備しておく必要が意識されたからであるかもしれない。この時の「御扣帳」は、先の寛政三年の複本作成によって作られていたものである可能性もあるが、現時点では確証がない。「御扣帳」の保管場所としては、山本氏のように紅葉山文庫に保管されていたと想定することも否定できないが、右筆所日記保管に対する書物方の消極的な姿勢から考えると、吹上等に収められていた可能性の方が高いと考える。「吹上御蔵」へは、文政ころ、新規に年々作成されている分の複本も収納されていた（多聞櫓文書三七八二四）。

最後に、江戸幕府旧蔵史料を多数保管する内閣文庫の所蔵典籍および史料の目録作成を担当された福井保氏は、

「右筆所では安政・文久ころに吹上にある日記多数を補写し複本を作った事実がある」と指摘されていた［福井一九八〇］。現存する多聞櫓本等で確認すると、さらに書写の作業が慶応年間にかけても行われていたことが確認できた（［小宮二〇〇六②］、多聞櫓文書七〇四二二二等）。多聞櫓本は、維新時、江戸城内多聞櫓に保管されていたものであるが、ここに残されていた右筆所日記写本群のうち、寛永九年から寛政二年にかけて点在する一ヶ月一冊分ずつの写本三八冊の表紙には、文久三年から慶応元年の間のいずれかの時期に「吹上御蔵ニ有之候御日記書写之儀骨折」により手当を受けた表右筆七名の名前が書写の作業を行った者として記されている（図2・3）。

以上の複本作成の動きと、現存する右筆所日記の諸写本の関係について検討すると、寛政三年の複本作成構想にあった大坂城や日光への複本保管については、現在、それに相当する写本の伝存は確認されていない。内閣文庫に現存する多聞櫓本のうち、右の三八冊とは別に、統一された表紙を持ち、通し番号を付された一連の日記（［一］承応元年一月〜十二月分より「百三十六」文化六年分まで点在）があり、このうち明暦三年七月〜九月分（通し番号「三二」）から貞享四年一月〜五月分（通し番号「二十三」）の二一冊は右筆所日記の写本であるが、どの時期に作成された複本であるかについては手がかりがない。

内閣文庫に残る中川本と呼ばれる右筆所日記写本の一群は「柳営録」とも呼ばれ、中川忠英の蔵書印が多く捺されており、彼の寛政期における複本作成への関与との関連が考えられる。ただし、中川本は、複本というよりは抄写本に近く、正式の複本とは別に個人的に作成されたものである可能性が強い。現存する中川本は、忠英の孫忠潔が、弘化三年に幕府に献納したものの一部であった。この中川本系統の写本は、幕府外にも数種類伝来している。

幕府外に流出した写本としては、右のもの以外に、姫路酒井家本幕府右筆所日記がもっともよく知られ、影印本も刊行されている［藤井二〇〇三〜二〇〇四］。

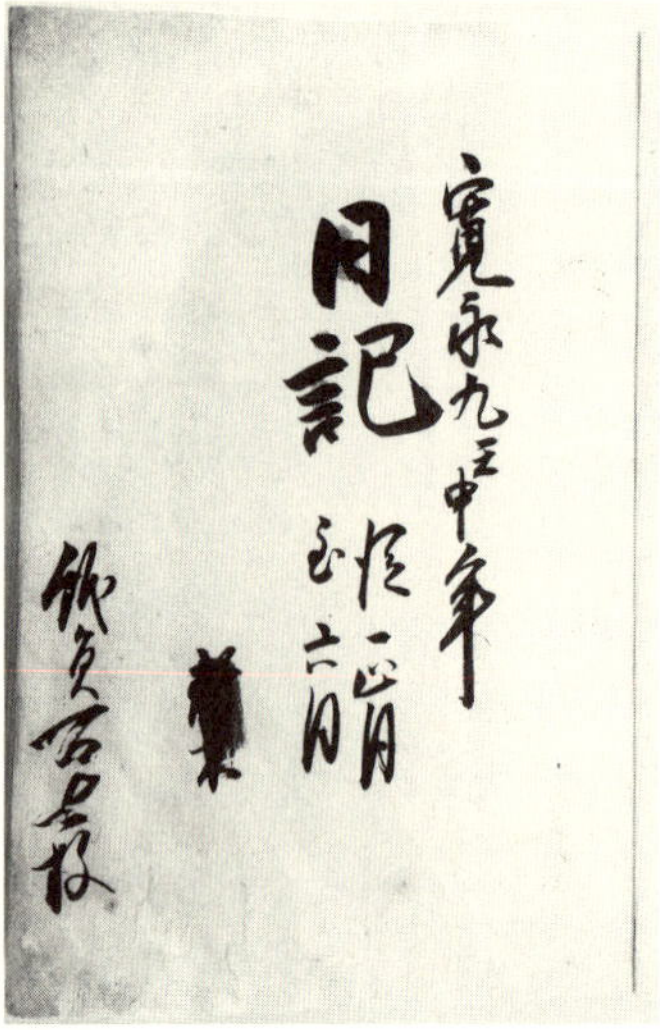

図２　江戸幕府右筆所日記　内閣文庫所蔵寛永９年分日記写本表紙部分（整理番号220-342-1）
表紙にある「鈴木」は、幕末、文久期から慶応元年までの間、右筆所日記の複本作成に関わっていた表右筆鈴木八右衛門である。あとから名前が抹消されているが、慶応2年の彼の出奔との関係もあるだろうか。

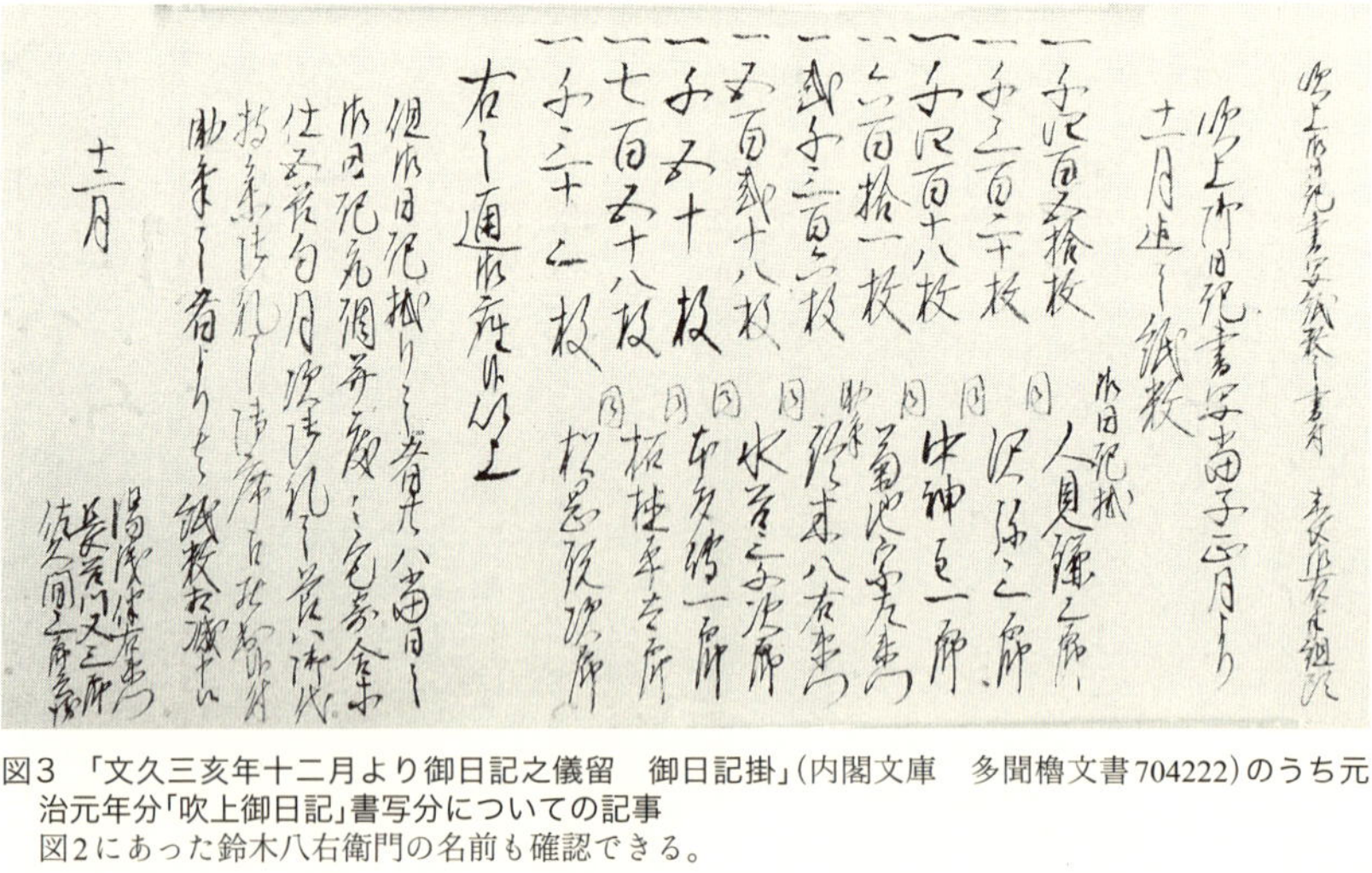

図３　「文久三亥年十二月より御日記之儀留　御日記掛」（内閣文庫　多聞櫓文書704222）のうち元治元年分「吹上御日記」書写分についての記事
図2にあった鈴木八右衛門の名前も確認できる。

四、江戸幕府右筆所日記と『徳川実紀』の編纂

図4は、『徳川実紀』の稿本である『柳営日次記』の明暦三年八月十八日記事の部分の写真を私が加工したものである。『徳川実紀』は、文化六年（一八〇九）より編纂作業が開始され、天保十四年に献上が行われている。その稿本である『柳営日次記』は、原稿用の用紙に、最初に土台となる「殿中御沙汰書」系の日記の本文を、白紙部分を多めにとりながら書き込む作業から始められている。図4では、太字の部分がそれにあたる。次に右筆所日記と対照し、右筆所日記の方にしかない記述を細字で書き込んでいる。あるいは、右筆所日記と「殿中御沙汰書」系の日記に違いがある場合は、もとの記事を抹消線で消し、横に細字で右筆所日記の記事を書き込む。私が図4上に四角で囲んだ部分は、右筆所日記との対照によって実紀編纂者が書き込んだ部分である。さらに、水戸日記や紀伊日記等、他の日記のみにある記事は細字で書き込まれている（左端の長円で囲んだ二行の部分）。

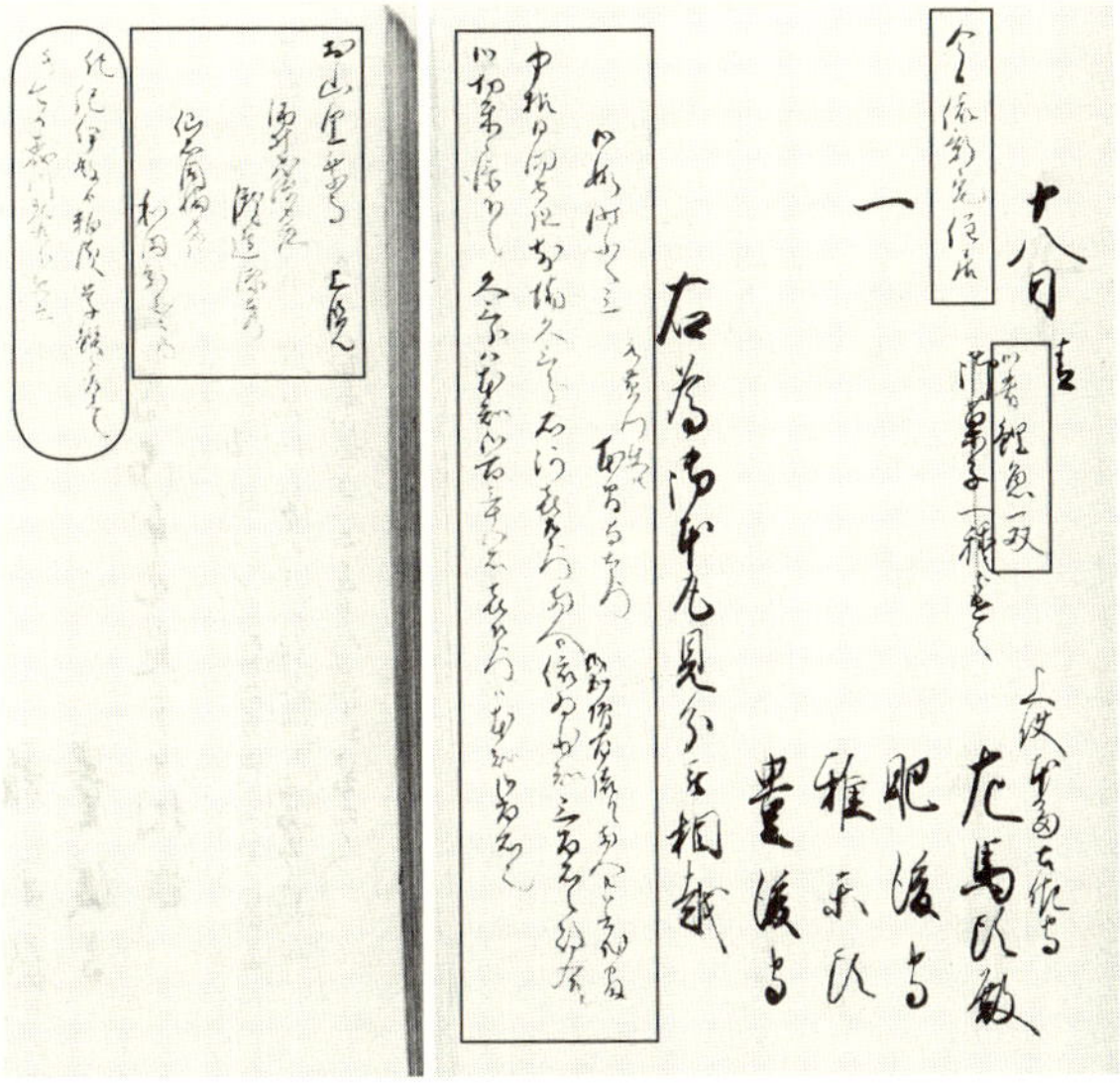

図4　柳営日次記（内閣文庫所蔵）　明暦三年八月十八日記事

「殿中御沙汰書」とは何か。これは、大規模な宮中儀礼や人事情報としての任免情報、将軍出御等、巨

大な政治行政空間である江戸城内の構成員に共通して通知する必要のあった情報が廻状等のかたちで城内に出まわっていたものを、それぞれの部局や関係者においてまとめていた記録である。部局や関係者の都合においてまとめられたものであり、幕府としては何ら責任を持たない記録である。したがって、正式の「御日記」としての意味付けが強くなっていた右筆所日記とは一線を画する。『徳川実紀』稿本である『柳営日次記』上での編纂作業については、編纂者自身が、「申さハ殿中御沙汰書を調直し候も同様」といい、そのためにもっとも間違いのない「表御右筆所」の「表御日記」を調べるとの方針をとった。

図4の中で、日付の左下にある部分に注目すると、将軍家綱から徳川綱重（文中「左馬頭」）へ贈られた「御菓子一種」の部分が消され、「御魚鯉魚一双」と替えられている。すなわち、「殿中御沙汰書」では前者だったのが、右筆所日記では後者となっていたことになる。現存するそれぞれの日記の写本もそのようになっている。何故このような違いが生じたのだろうか。右筆所日記の作成過程の検討から明らかなように、「殿中御沙汰書」とは決定的に異なり、右筆所日記には、目付等との間の日記記事の確定行程があった。時期により確定手順に変化があったとは思われるが、各部局から提出されるべき記事の範囲の確認や、突き合わせ作業が繰り返されていた。

前例集としての役割を期待されていた右筆所日記であってみれば、「事実」がどうであったかとともに、後世に残す記録とするためにはどのようにするべきかという判断もありえたと思われる。この事例は、単純な事実訂正の結果ということであった可能性も高いが、その場合も含め、記録における「事実」の確定のされ方に注意を払う必要があることを示している。

むすび

江戸幕府記録のうち、右筆所日記について、その作成のあり方、保管・複製等の経緯を紹介した。前例集としての価値がより強く意識されていくにつれて、「御日記」としての重要性への認識が強まったが、その保存状況への危機感が共有されるのは、原本の劣化が相当進んだあとであった。それでもなお、保管場所の問題をめぐっては、紅葉山文庫を管理する書物方の立場は、一時保管者以上のものではなかったように思われる。
『徳川実紀』の基本史料としても注目される当記録であるが、そもそもこれを一次史料と読んでよいのか。複本作成にあたって強調された「事実」確認の根拠ということについても、事後的に「事実」が確認・修正されるという過程を考えると、さらなる注意を要する。他の記録・史料との複合的な照合分析が必要であることはいうまでもない。

引用・参考文献

小宮木代良二〇〇六①『江戸幕府の日記と儀礼史料』吉川弘文館
小宮木代良二〇〇六②「書写する人びと」『本郷』六四
高橋実 一九九六「近世における文書の管理と保存」安藤正人・青山英幸編『記録史料の管理と文書館』北海道大学図書刊行会、第三章
福井保 一九八〇「江戸幕府日記」『国史大事典』二、吉川弘文館
藤井譲治監修 二〇〇三～二〇〇四 影印本『江戸幕府日記　姫路酒井家本　全二十六巻』ゆまに書房
山本英貴 二〇一一『江戸幕府大目付の研究』吉川弘文館

近世編

柳営日録・書物方日記・多聞櫓文書↓内閣文庫所蔵本
政要録↓東京大学史料編纂所蔵本
年録↓国会図書館所蔵本
小役人帳↓東京都立公文書館所蔵本

秋田藩の藩庁伝来文書と文書管理制度の展開

鈴木　満

はじめに

小論は秋田藩庁伝来文書と秋田藩の文書管理制度をとりあげるが、ここでは藩庁伝来文書を秋田県庁・旧秋田藩主佐竹家が秋田藩庁から引き継いだ史料としたい。佐竹家は源義光以来の系譜が明らかな家だが、秋田入封以前の史料のほとんどが家中から召し上げたもので（千秋文庫御文書一他）、文書所（後に記録所と改称）が管理しており、秋田藩成立以前の佐竹家伝来文書を想定しなくてもよい。

藩庁文書を藩庁所在の都道府県または市町村と旧藩主家にわけるのは、秋田藩以外でもある。秋田藩の場合、さらなる所蔵機関の移動等があるので、まずは藩庁伝来文書の現状とその課題を述べる。

次に、秋田藩の文書管理制度を検討する。菊池保男によれば、秋田藩では役所ごとに文書を保管した［菊池 一九九六］。そこで藩庁伝来文書に残る史料から役所の史料の残し方の変遷を探る。ついで、藩庁伝来文書に残らない分野から役所に残すようになる事例を指摘する。そして、史料の残し方を手がかりに秋田藩文書管理制度の特質を考察する。最後に、秋田藩の運営は文書管理制度の基礎にある文書主義だけでは成り立たないから、それを補完するシステムをとりあげる。

一、秋田藩庁伝来文書の概要と課題

廃藩置県後に秋田県庁と佐竹家にわけた秋田藩庁伝来文書のその後を概観するに先立ち、江戸藩邸旧蔵史料に言及する。藩邸旧蔵史料の一つに秋田県公文書館秋田県庁旧蔵古文書正保国絵図控がある。この国絵図控は、戊辰戦争期、江戸から久保田に移送中、敵対関係にある仙台藩が接収し、明治三十九年（一九〇六）、宮城県が秋田県に引き渡した。しかし、こうした伝来は特殊で、藩庁伝来文書は藩邸旧蔵史料をベースとしているとはいえない。ここでは江戸か久保田かを考慮に入れず、廃藩置県後の藩庁伝来文書のその後を述べる。

まず県庁伝来分は、明治三十三年（一九〇〇）、県庁が藩庁伝来文書の一部を秋田県立図書館の前身機関に貸し出す。その後も県庁・図書館間で返却・貸出があるようだが、詳細は不明である。平成五年（一九九三）、県庁・図書館いずれの藩庁伝来文書も秋田県公文書館に移管した。

公文書館では、県庁地下書庫にあった公文書を含む史料のうち、貴重書庫に収蔵した史料群を秋田県庁旧蔵古文書と命名した。廃藩置県以前の史料を貴重書庫収蔵としたが、絵図類は時期を問わずすべて貴重書庫に収蔵したので、秋田県庁旧蔵古文書には廃藩置県後の史料もある。

公文書館移管直前の図書館は、藩庁伝来文書を郷土資料（A記号）に配架した。郷土資料（A記号）とは図書館が郷土資料と判断した図書や歴史資料等を図書館独自の郷土資料分類に従って分類・配架したもので、その一部を公文書館に移管した。郷土資料（A記号）には藩庁伝来文書以外が混在するが、すべての出所は判明していない［菊池 一九九六］。

次に旧秋田藩主佐竹家分は、昭和十七年（一九四二）に佐竹義春が一部を小林昌二に、昭和二十六年（一九五一）に義春子息義栄が秋田別邸分を図書館に譲渡した。前者は現在小林設立の財団法人千秋文庫、後者は現在公文書館佐竹文庫である。ともに廃藩置県後の史料を含む。

藩庁伝来文書には、右と異なる伝来の史料がある。まず、菊池保男によれば、公文書館落穂文庫に県庁旧蔵史料が、同佐竹西家文書に佐竹家旧蔵史料があるという［菊池 一九九六］。次に、図書館合同文庫に県庁旧蔵史料がある（図1）。次に、公文書館東山文庫に佐竹家流出史料がある（図2・3）。次に、秋田県横手市大森の保呂羽山波宇志別神社別当家伝来史料である秋田県立博物館守屋家資料に土居崩・国絵図・目当山等の史料があり、藩庁伝来文書が混在しているようである。

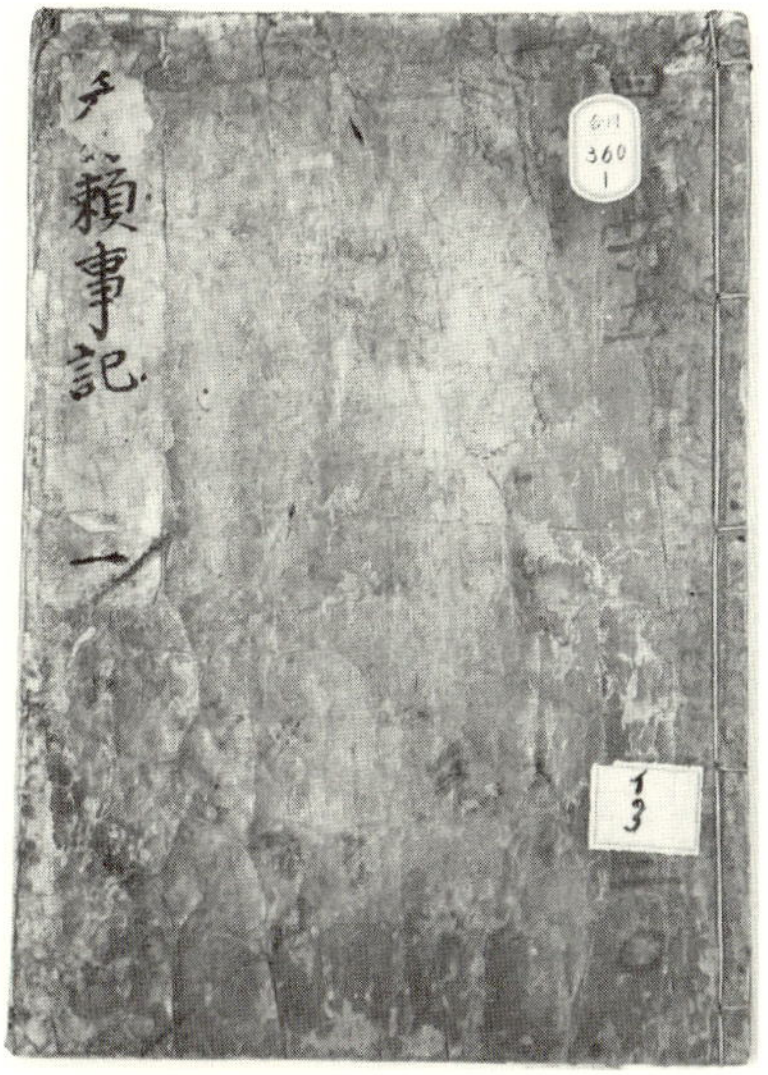

図1　秀頼事記一
（秋田県立図書館合同文庫）
右上の「四」（朱書）は、後述天保目録に見える分類である「第四部」の「四」である。天保目録によれば、この史料は「第四部」にあった。天保目録の分類を記した史料は図6・8等多数あるから、この史料は藩庁伝来文書である。後述宝永目録によれば、この史料は佐竹家の文庫にあり、元禄・宝永期の修史事業で文書所に移し、記録所が引き継いで廃藩置県に至る。右下の「二〇」（朱書）は、明治期に秋田県庁が付した整理番号である。

この他に原史料を確認できない散逸史料をあげる。東京大学史料編纂所が所蔵する佐竹家採訪史料で藍本所在不明が表1、佐竹家流出後の採訪史料で藍本所在不明が表2である。編纂所の謄写本・影写本・レクチグラフは、原本に準ずるものとしてよいであろう。な

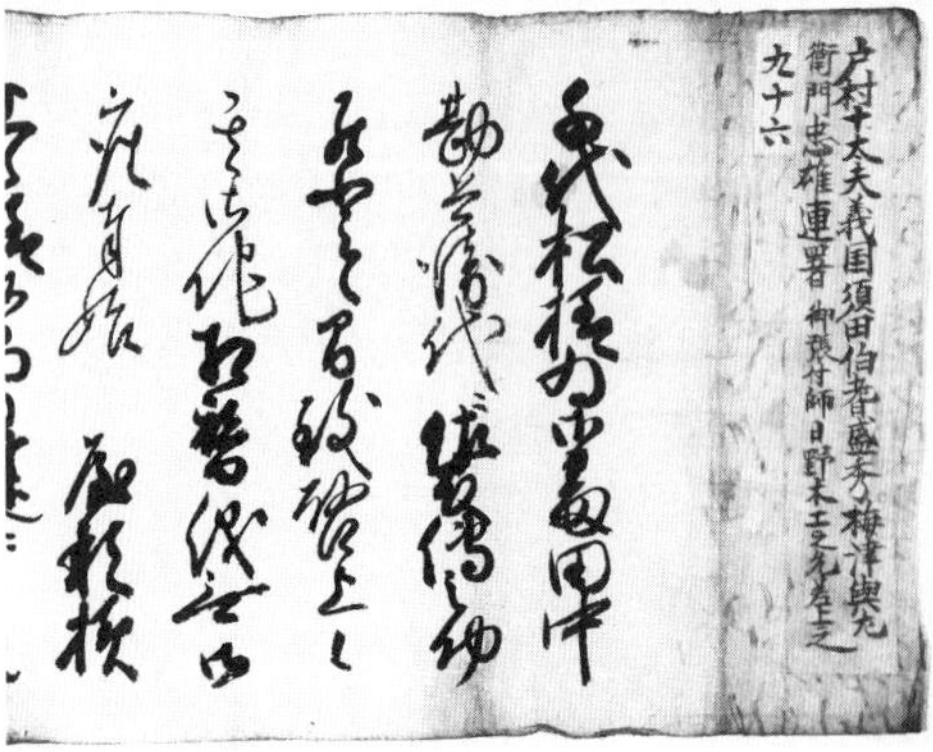

図3　梅津忠雄等連署状
（秋田県公文書館佐竹文庫）
文書所（記録所）は家中から召し上げた文書に「戸村十太夫義国須田伯耆盛秀梅津与左衛門忠雄連署　御張付師日野木工允差上之」（朱書）のように、文書名と献上者名を記す。写真の例は文書の右上だが、端裏の場合もある。この違いは文書の折りたたみ方によるもので、文書をひらかなくても文書名と献上者がわかる場所に記す。「九十六」（朱書）は千秋文庫所蔵文書目録の整理番号で、廃藩置県後に佐竹家が貼ったラベルである。これらの指標から、図2の文書は藩庁を経て佐竹家にあった史料と判断できる。

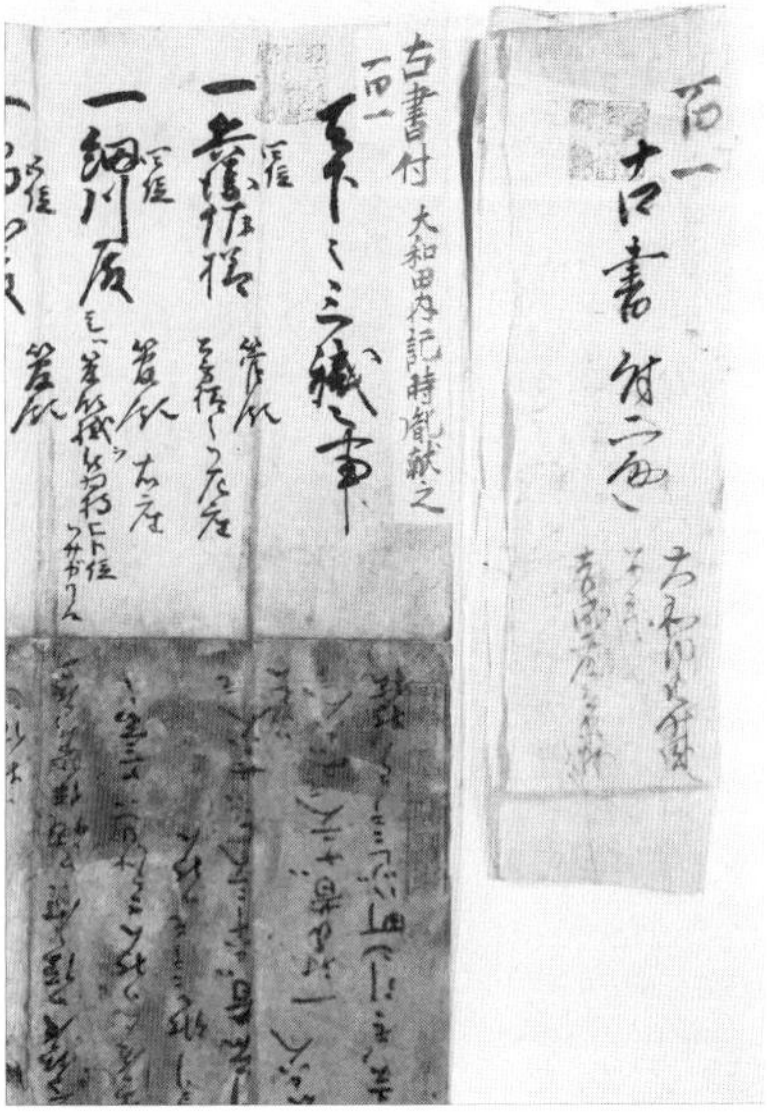

図2　古書付
（秋田県公文書館東山文庫）
史料二点が同一封紙にあるが、写真は封紙と一点目の文書の右上部分。二つにみえる「百一」（朱書）は、廃藩置県後の佐竹家での文書保管状態を記した千秋文庫所蔵文書目録の整理番号と一致する。東山文庫は、秋田の郷土史家東山太三郎収集史料。

お編纂所が明治十五年（一八八二）に秋田県蔵書を抄写した謄写本懐鑑日知録十冊は、藩庁伝来文書か不明である。

以上が藩庁伝来文書の原史料及び原本に準ずる散逸史料である。さらなる調査が必要だが、現在判明している範囲で藩庁伝来文書の課題を述べる。

第一に、藩庁伝来文書を特定した目録はない。そのため藩庁伝来文書という史料群の研究がない。藩庁伝来文書は、近世史研究者が行うのが適切だろう。しかし、たとえば表1・2のような史料は、近世史研究者の関心をひくものが多いといえない点が、近世史の立場からの藩庁伝来文書復元研究を困難にしている。

第二に、藩庁伝来文書の出所をみると、家譜編纂・文書改（文書の真偽や誰

表1　藍本所在不明の東京大学史料編纂所採訪の佐竹家旧蔵秋田藩庁伝来文書

No.	請求記号	史料名	備考
1	2015-118	正洞由緒記	佐竹家旧記八にもあり。
2	2040.5-9	大坂記	
3	2044-56	川井伊勢御誅伐一件	
4	2044-190	義宣家譜	秋田県公文書館佐竹文庫に一部あるも破損多し。
5	2071.08-9	天英公御書写	
6	2071.08-12	天英公御書写（梅津本）	
7	2075-892	今宮家系	
8	2075-1020	佐竹系図纂	
9	2075-1021	佐竹続系譜	佐竹系図類纂所収。
10	2075-1022	佐竹分流系図	
11	2075-1023	佐竹家臣之系図	
12	2075-1024	佐竹家中総系図	
13	2075-1026	佐竹氏総系図	
14	2075-1149	佐竹世系大成	
15	2075-1150-1	佐竹義俊義治考・佐竹義元始末考・山入始末・山入始末考・梅津主馬利忠覚書・和田昭為伝聞書	佐竹家旧記一所収。
16	2075-1150-2	正洞院差出証文写・大槻丹後差出御証文写・大和田内記差出証文写	佐竹家旧記二所収。
17	2075-1150-2	古先御戦聞書	佐竹家旧記二所収。
18	2075-1150-3	常州奥州旧采地目録	佐竹家旧記三所収。
19	2075-1150-3	芦名家御先代記并古老物語	佐竹家旧記三所収。
20	2075-1150-3	雑録	佐竹家旧記三所収。
21	2075-1150-4	御国替覚書	佐竹家旧記四所収。
22	2075-1150-4	御先祖御国替以来覚書	佐竹家旧記四所収。
23	2075-1150-4	川井氏覚書	佐竹家旧記四所収。
24	2075-1150-4	長倉氏覚書	佐竹家旧記四所収。
25	2075-1150-4	天英公時代御法度書写	佐竹家旧記四所収。
26	2075-1150-4	石川一久所蔵旧記	佐竹家旧記四所収。
27	2075-1150-4	高根六郎兵衛覚書	佐竹家旧記四所収。
28	2075-1150-5	佐竹家伝	佐竹家旧記五所収。
29	2075-1150-5	引渡廻座列座御改書付写	佐竹家旧記五所収。
30	2075-1150-5	御当家分流之面々	佐竹家旧記五所収。
31	2075-1150-6	秋田城之介分限帳	佐竹家旧記六所収。
32	2075-1150-6	那珂覚書	佐竹家旧記六所収。
33	2075-1150-6	仙道七郡古軍談	佐竹家旧記六所収。
34	2075-1150-7	古簡雑纂	佐竹家旧記七所収。
35	2075-1150-7	岡本元朝覚書	佐竹家旧記七所収。
36	2075-1150-7	御証文草稿	佐竹家旧記七所収。

37	2075-1150-8	佐竹義重北条対陣人数覚書	佐竹家旧記八所収。
38	2075-1150-8	須賀川覚書	佐竹家旧記八所収。
39	2075-1150-8	小田原征伐征討文書一	佐竹家旧記八所収。
40	2075-1150-9	佐竹世譜	佐竹家旧記九所収。
41	2075-1150-9	常州増井正宗寺蔵書四冊之内佐竹文書	佐竹家旧記九所収。
42	2075-1150-9	鶴岡八幡宮社参記	佐竹家旧記九所収。
43	2075-1150-9	戸部一閑覚書	佐竹家旧記九所収。
44	2075-1150-9	佐竹文書	佐竹家旧記九所収。
45	2075-1151	佐竹氏陪臣系図	
46	2375-3	諸家系図	
47	3071.24-1-6	10月2日佐竹義宣書状	佐竹文書六所収。
48	3071.24-1-6	9月26日佐竹義宣書状	佐竹文書六所収。
49	3071.24-1-6	文禄4年11月9日佐竹義宣制札	佐竹文書六所収。
50	3071.24-1-6	寛政8年9月6日秋田藩記録所覚書	佐竹文書六所収。
51	3071.24-1-6	享和元年9月14日秋田藩記録所覚書	佐竹文書六所収。
52	3071.24-1-6	5月3日梅津憲忠書状	佐竹文書六所収。
53	3071.24-1-6	9月12日梅津廉忠書状	佐竹文書六所収。
54	3071.24-1-6	8月14日梅津政景書状	佐竹文書六所収。
55	3071.24-1-6	12月晦日徳川家康御内書	佐竹文書六所収。
56	3071.24-1-6	9月23日徳川家康御内書	佐竹文書六所収。
57	3075-26	故本佐竹諸家譜	

※佐竹家旧記七所収大越家覚書・同九所収芦名白川覚書は、所三男氏持参文書坤（2071.36-16-2）、佐竹家旧記八所収雑記は所三男持参文書（3071.36-186）が善本。

表２　藍本所在不明の東京大学史料編纂所採訪佐竹家流出秋田藩庁伝来文書を含む史料群

No.	請求記号	史料群名	備考
1	2071.31-3	佐竹文書	すべて佐竹家旧蔵。
2	2071.36-16	所三男氏持参文書	すべて佐竹家旧蔵。
3	3071.36-186	所三男氏持参文書	すべて佐竹家旧蔵。
4	3071.56-18	竹内文平氏所蔵文書	佐竹家旧蔵を含む。
5	6800-77	佐竹文書	佐竹家旧蔵を含む。

※「羽生文書」（請求記号3071.24-6）は元禄期から天保期にかけて文書所（記録所）にあった史料だが、羽生家所蔵となった経緯は不明。

が家蔵するにふさわしいかの検討）・系図改（系図の確定作業）等を担当した文書所（記録所）保管史料が多く、この他に他藩との堺や元禄及びそれ以降の国絵図関係もまとまっている。また、佐竹家は常陸国から秋田に転封したので、福島県や北関東地方の国人の系譜を引く家中の占める比率が高い。そのため佐竹義宣秋田入封以前は秋田県外の歴史に関わる史料が多く、公文書館には秋田県外からの閲覧者が少なくない。しかし藩政文書をみると、たとえば金蔵では義宣入封以来の検地帳や家中に課した諸役等の配分帳等を保管した（佐竹文庫御文書幷御書物帳目録受取渡目録・郷土資料［A記号］郡村日記）が、これらは一つもない。このように残存が偏る理由はわからない。明治初期の公文書も一部の部署しかないことと関連するのだろうか。

本章の最後に各所蔵機関での史料閲覧を述べる。

まず、事前調査のための目録。公文書館・図書館・博物館の刊行目録は入手困難だが、秋田県内図書館・都道府県立図書館・国立国会図書館で所蔵している。編纂所は、史料編纂所図書目録・東京大学史料編纂所写真帳目録を刊行している。千秋文庫は佐竹文書目録を刊行しているが、所蔵史料全部を記すのは文庫編千秋文庫史料目録乾・坤及び秋田県立秋田図書館編秋田県歴史資料目録第十八集である。

次に、ホームページ上での史料検索ができるのは公文書館・図書館・編纂所で、公文書館では史料群ごとの目録をダウンロードできる。図書館と公文書館のデジタルアーカイブでは、両機関所蔵史料等の横断検索ができる。一部画像データを用意しているが、閲覧困難な大型絵図はおおむねデジタルデータ化している。博物館もデジタルアーカイブに参加しているが、検索できるのは画像データのあるものだけである。史料のデジタル化は編纂所も行っており、佐竹氏旧蔵分はホームページで閲覧できるものが多い。

二、秋田藩の文書管理制度とその特質

（一）役所での保管文書の変遷

秋田藩の文書管理制度を探る手がかりとして、まずは藩庁伝来文書のなかで点数の多い系図改関係史料の残し方とその推移を概観する（系図改に関わる先行研究は『秋田県公文書館研究紀要』所収論文に多数あるが、紙幅の都合上、諸説の紹介とその批判は省略する）。

元禄十年（一六九七）八月、秋田藩は家中に対し、伝来系図を系図改統括者岡本元朝宅に提出するよう命じる。しかし家中は、伝来した系図ではなく、作成した系図を提出する。提出系図は元朝宅から文書所に移され、元朝の属僚中村光得等が真偽の判断、宗家と分流の確定等を行うが、裁判に及ぶこともある（図4）。

提出系図は秋田県庁旧蔵古文書と郷土資料（A記号）にある（藩庁伝来文書の系図史料の概要は公文書館編系図目録Ⅰ・Ⅱを参照）が、端裏に本文と別筆で「居住地　姓通称」とある。文書所では提出系図を折りたたんだ状態で保管し、ひらかなくても誰の系図かをわかるようにした。そして同じ部分に別筆で「写済」と記しているものがある。文書所では家中の系図集を編纂したから、それに必要とする部分を写したという意味である（図5）。したがって藩庁伝来文書には提出系図と編纂系図両方残る。しかし一方しかない家もある。編纂系図だけ残る家は提出系図の散逸だろうが、提出系図のみ残る家は系図を編纂しなかったことを意味する。たとえば陪臣は、佐竹氏当主が佐竹一門の家臣となるように命じた、いわゆる「御付人」と、文書改で家蔵すべき文書がある者だけを陪臣系図に載せたので、提出系図のみの家が少なからずある。

系図改の成果は、佐竹氏分流系図三冊、佐竹氏族系図引証本一冊、諸士系図二五冊、陪臣系図二冊である。現蔵は後掲表5にあげたが、若干補足すると、陪臣系図は郷土資料（A記号）の他に、佐竹家にもあったが散逸した（表1の45）。佐竹家旧蔵分は、郷土資料（A記号）本の上下が逆である。

元禄・宝永期の文書所の文書管理は、光得が次の担当者吉成充輝等に引き渡した宝永七年（一七一〇）の御文書幷御書物帳目録受取渡目録（佐竹文庫、以下、宝永目録と略記）で判明する。宝永目録に列挙されている史料が文書所（記録所）史料のベースで、後に様々な史料が加わる。

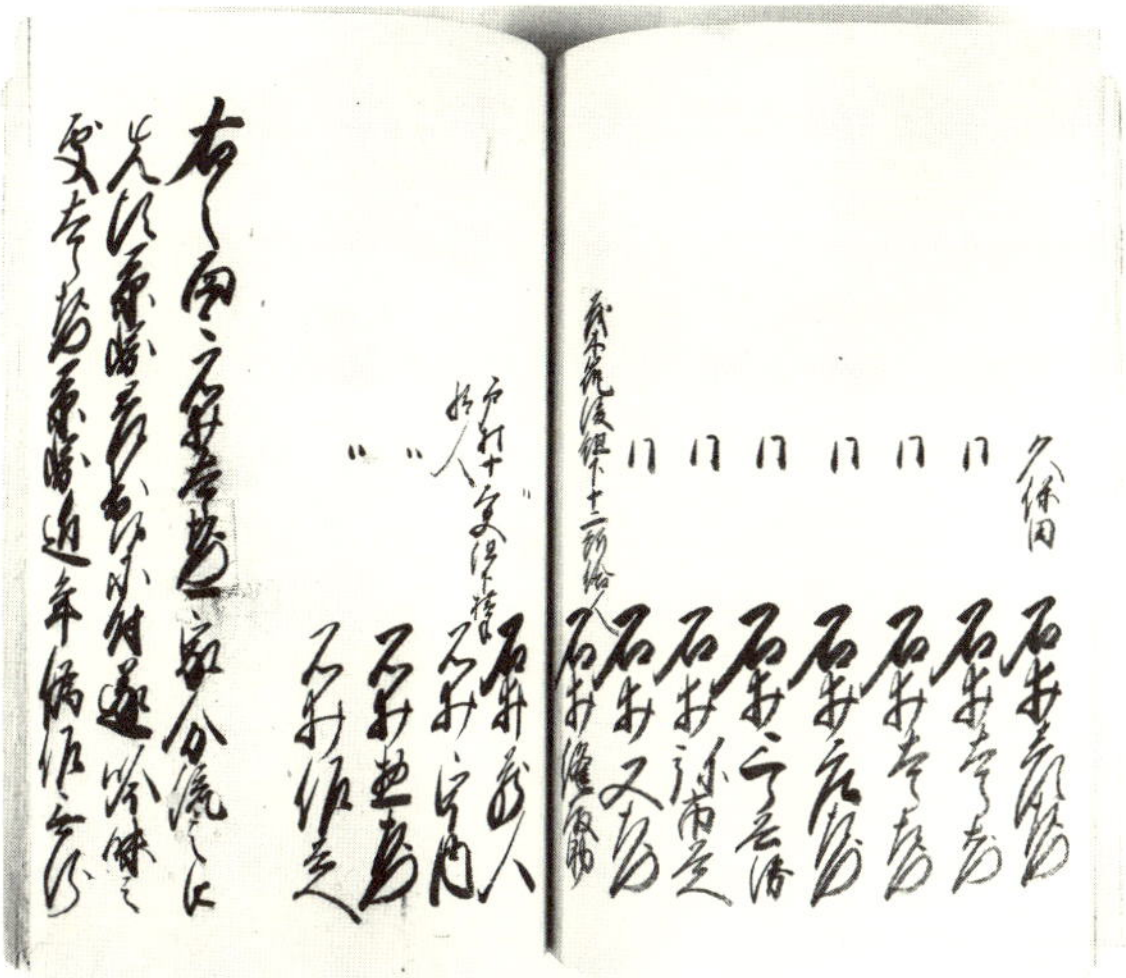

図4　御旗本被仰渡控（秋田県公文書館佐竹文庫）
系図改と文書改での文書所の判断の控をまとめた冊子である（享保期までの冊子の概要は［鈴木 1999］）。

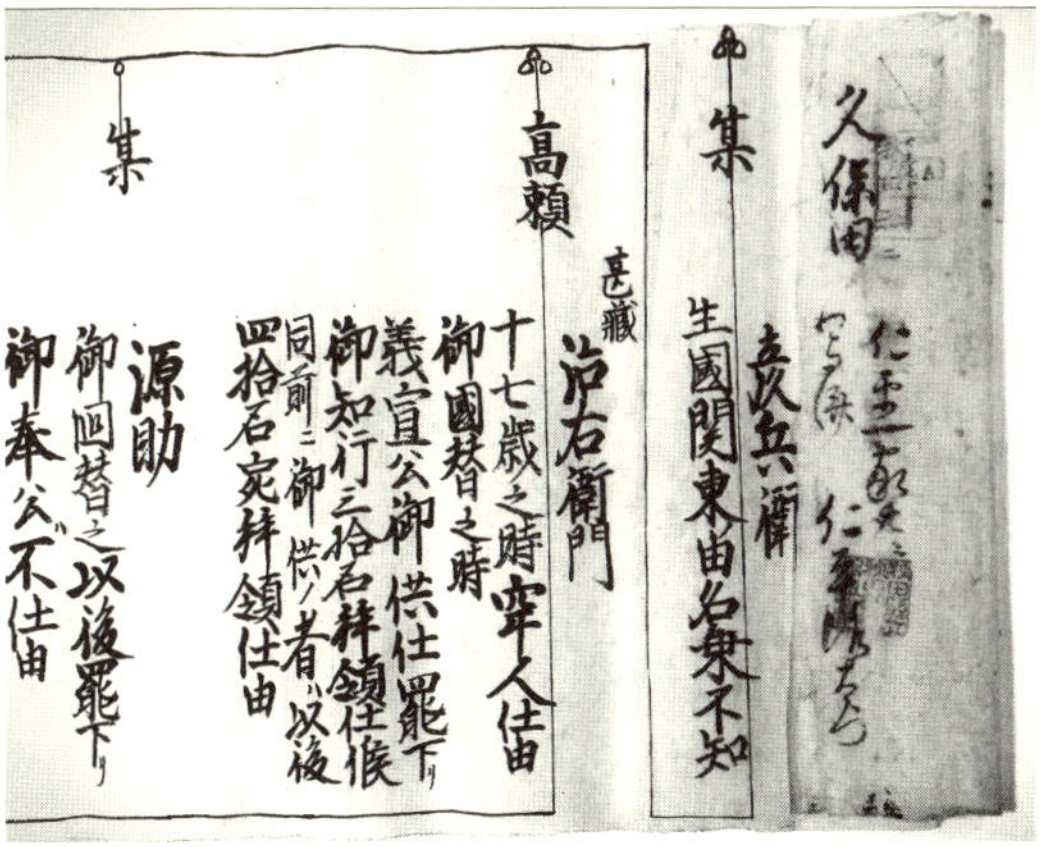

図5　仁平氏系図
（秋田県公文書館郷土資料［A記号］）
右側が端裏である。本文と別筆で「久保田　仁平一家共ニ、仁平清右衛門」とあり、これと別筆で「写済」とある。これらは文書所で記したもの。「仁平一家共ニ」は、一族分をとりまとめた系図という意味である。

表3　宝永目録の系図改関係史料

No.	史料	分類
1	採用した提出系図	雑書之分
2	裁判の請書	年々御用之留書
3	不正と判断した提出系図	仁ノ字・礼ノ字・智ノ字
4	裁判での家中提出文書	仁ノ字・礼ノ字・智ノ字
5	判決の控を1年分ごとにまとめた冊子	年々御用之留書
6	佐竹分流系図三冊	雑書之分
7	佐竹氏族系図引証本一冊	雑書之分
8	御旗本在々諸士系図数十冊	雑書之分
9	陪臣系図一冊	雑書之分

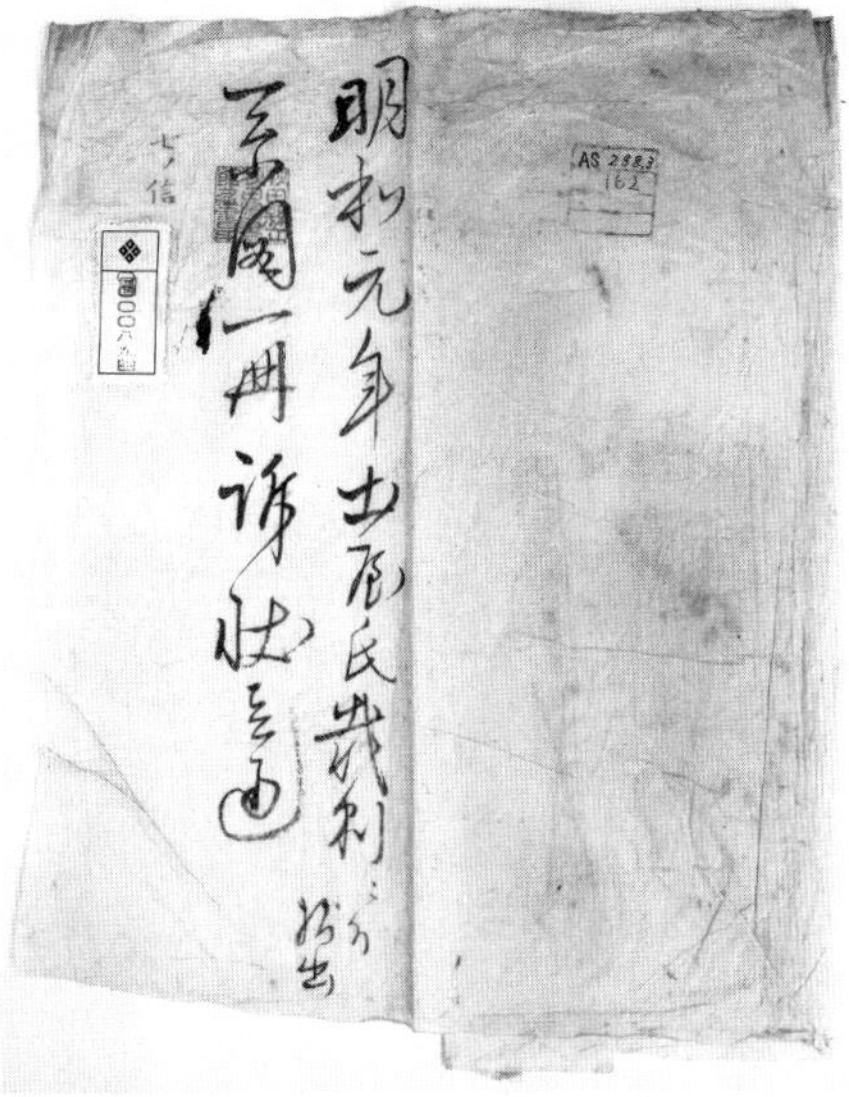

図6　土屋知虎が提出した文書の封紙
（秋田県公文書館佐竹文庫）
宝暦十三年（一七六三）、土屋知虎は文書改と系図改を求めた。その際、知虎が提出した訴状と系図をまとめた封紙である。「明和元年土屋氏裁判ニ付指出系図一冊・訴状一通」は記録所で記したもので、「明和元年」はすべてが完了した年ある。知虎の訴状は、文書改と系図改の経緯を記した秋田県庁旧蔵古文書土屋寺崎裁判書にも引用されている。左上の「七ノ信」（朱書）は、後掲天保目録の分類と同じである。

系図改関係は表3の通りである（8の御旗本在々諸士系図とは右の諸士系図のこと、後掲表5の3も同じ）。表3の8・9が現存の冊数と合わないのは、これらの編纂が終了していないからである。

表3に見える分類で系図改関係しかないものはなく、家中から召し上げた史料等が混在する。表3によれば、3・4はすべて同じ分類にない。また4では判決の控を含むもの（5にも同じ控がある）とないものがある。このように整然としないのは、修史事業未了のまま充輝等に引き継いだためだろうか。

下って一八世紀中頃に新たな系図提出や、系図をめぐる裁判が発生する。記録所は提出文書を案件ごとにまとめ（図6）、それらを引用した記録を作成する（表4の1～3）。前者は佐竹文庫、後者は秋田県庁旧蔵古文書にある。

新たに系図を提出した場合、記録所は系図草稿を作成したが、そのままで廃藩置県に至る。裁判で以前の編纂系図に変更があれば、それを諸士系図に記す。

下って明和三年（一七六六）に家中一斉の系図改と文書改を行う。系図は新たに作成して、記録所提出を命じる。しかし、安永の本丸焼失で提出した系図・文書の一部が焼失する。記録所は文書改のみを継続し、寛政五年（一七九三）、残った系図を家中に返却する。在々と文書改を受けた久保田居住の家中には、系図返却または系図焼失を述べた文書を発給する。久保田居住で系図のみ提出の家中は口頭で告げる。文書の控は宗家の座格や所属ごとにまとめるが、そのなかに口頭伝達分も記す。これら控は佐竹文庫にある［鈴木二〇一五］。なお郷土資料（A記号）に明和期家中作成の系図があるが、嫡庶争論等の理由で記録所が留め置いたものが多いようである。

下って文化二年（一八〇五）に家中一斉の系図改を行う。提出系図の書式を細かく指示して、記録所提出を命じる。問題なしと判断した提出系図は、そのまま保管する。これらのほとんどは、郷土資料（A記号）にある。また裁判に及ぶ場合もある。判決の控をまとめた冊子（図7）が秋田県庁旧蔵古文書にある（表4の4）。裁判での提出文書は残すものと位置づけられず、控もとらない。

文化期以降も家中からの系図提出がある。問題ない系図はそのまま保管する。これらはおおむね郷土資料（A記号）にある。また家系をめぐる裁判もある。判決の控だけを綴じるケースと提出文書の写を加える場合がある。これら控は、秋田県庁旧蔵古文書にある（表4の5～8）。

表4　系図改判決控

No.	資料番号	史料名
1	県 A-172	関系裁判
2	県 A-173	岩堀宗六同吉右衛門系図裁判書
3	県 A- 97	宝暦十三年土屋寺崎裁判控
4	県 A-151-1～3	裁判文化年中被仰渡控一～三
5	県 A- 84	御裁判控
6	県 A- 96	天保八年丁酉八月ヨリ御裁判被仰渡控
7	県 A-170-1～6	弘化二年横手給人小田部彦右衛門小田部五郎右衛門両家之筋改而吟味被仰付候取纏他
8	県 A-168	元治年中系譜一件記録

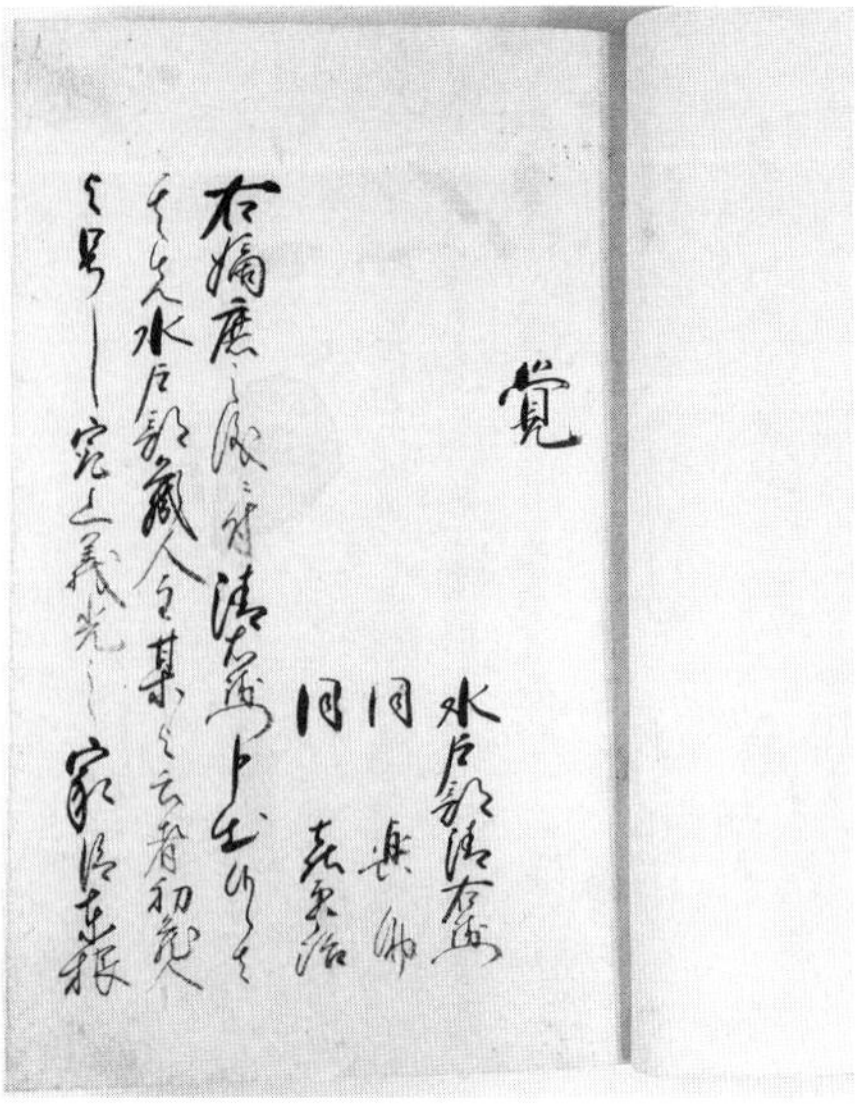

図7　文化年中被仰渡控
（秋田県公文書館秋田県庁旧蔵古文書）
文化の系図改で発生した裁判の判決の控をまとめた冊子の冒頭部分である。

天保期、記録所は御蔵書目録（佐竹西家文書、以下、天保目録と略記）を作成する。系図改関係史料は表5のとおりである。宝永目録と異なる分類を行ったのは、宝永から天保の間である。

表5の1～3は宝永目録では同じ分類であったが、天保目録ではばらばらである。1は2の引証本（引証本とは家譜や編纂系図の根拠史料をまとめた冊子）だが、両者を別に分類した理由がわからない。一方、宝永目録でばらばらだった裁判での提出文書が、天保目録では表5の4のように同じ分類にまとまっている。

以上、藩庁伝来文書で多くの史料を残す系図改関係を文書管理の視点から概観した。系図改は日常的な業務でないためか、関係史料の残し方に一貫性がない。また文書所（記録所）の史料は、宝永期から天保期の間に適切な分類・配置に改めたところと、逆に思える部分がある。

天保目録には幕末に至るまでの追記があるので、その時まで有効な分類である。そして、もと藩庁伝来文書には、表紙・端裏・封紙等に天保目録と同じ分類を朱で記す史料がある（図1・6・8）。他の分類に紛れないようにするためであろう。しかし、この分類は県庁と佐竹家に分ける基準にならなかった。また表5に系図改関係史料の現蔵を記したが、県庁と佐竹家の伝来分を一括して藩庁伝来文書と扱ってよいことが諒解できるであろう。

表5　天保目録の系図改関係史料

No.	分　類	系図改関係史料	左の史料の現蔵	分類内の他史料（括弧内は現蔵）
1	一部	佐竹氏族系図引証本一冊	郷土資料（A記号）	佐竹義敦までの家譜（佐竹文庫） 家中旧蔵文書（千秋文庫）等
2	二部	佐竹分流系図三冊	二冊郷土資料（A記号） 一冊佐竹家伝来後散逸	家中旧蔵系図記録（佐竹文庫・千秋文庫） 元禄宝永期収集史料（佐竹文庫） 御文書原本（千秋文庫）等
3	三部下	御旗本在々諸士系図二十五冊 陪臣系図二冊	郷土資料（A記号）	家蔵文書（郷土資料（A記号））等
4	七之内智部	争論での提出文書及び請書	佐竹文庫	家中旧蔵文書（佐竹文庫）等
5	九部	判決控を含む冊子	佐竹文庫 秋田県庁旧蔵古文書	土屋系御記録草稿（秋田県庁旧蔵古文書）等
6	廿九部	家々ゟ書き出し分 陪臣書き出し分	郷土資料（A記号） 秋田県庁旧蔵古文書	なし

系図改は今日残った史料から得られた文書管理だが、現在確認できない分野も同様だろうか。たとえば秋田藩の典礼故実等の史料を分類・配列した国典類抄は「法」を多く引用するが、その典拠は家中の日記と「法」を受容した家中が書き留めた控である（図9）。秋田藩では、「法」を組織的に保管していない。

役所による一元的な「法」保存の試みはある。郷土資料（A記号）の町触控は藩庁伝来文書で、明和からの「法」の控を収録している。しかしすべての「法」を網羅していない［今村 一九七三］。

「法」は控の保管だが、原本を保管するようにしたケースがある。家

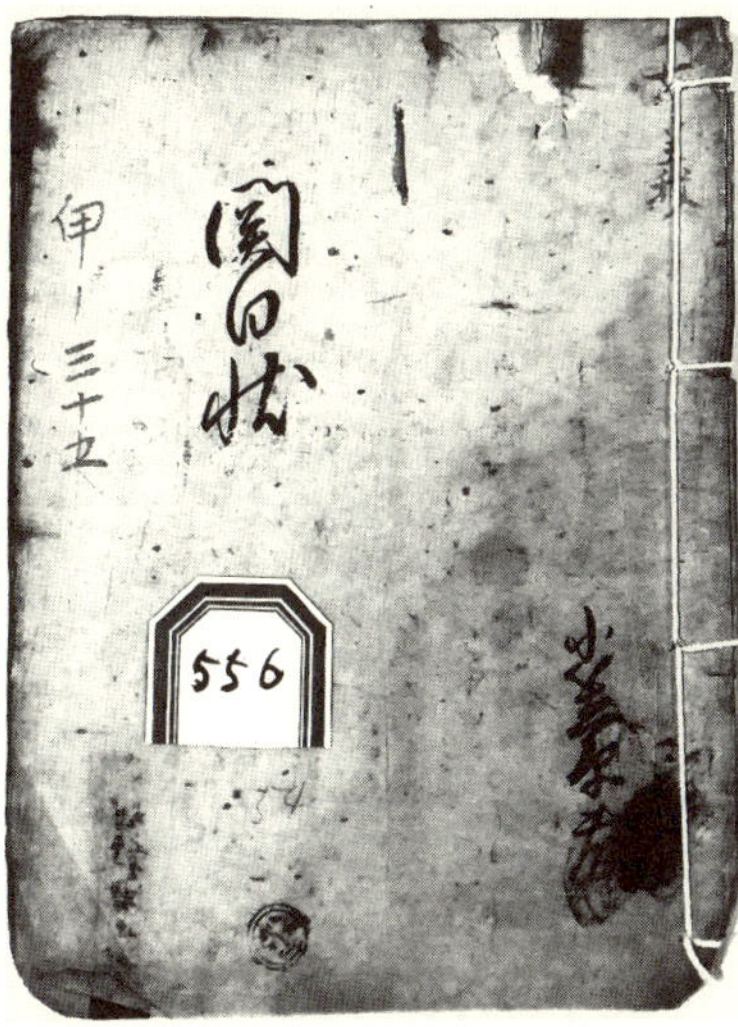

図8　関白状
（秋田県公文書館秋田県庁旧蔵古文書）
右上は糸と重なっているため読みづらいが、「七ノ義」（朱書）とある。この史料は宝永目録で「雑書之部」、天保目録で「七之内義部」だから、後者の分類を記している。左上の「甲ノ三十五」（朱書）は、明治以後の図書館の請求記号のようである。「556」は、公文書館移管直前の県庁の整理番号。

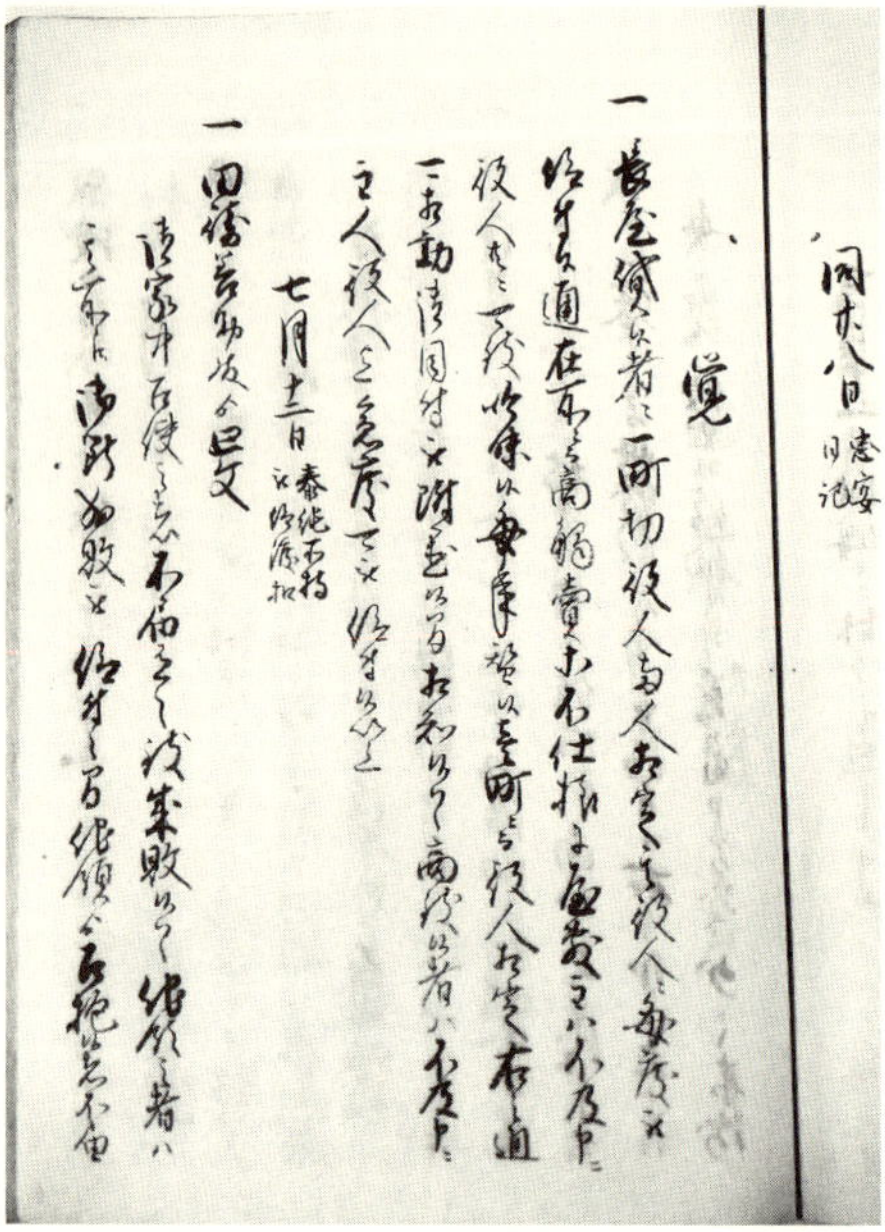

図9　国典類抄
(秋田県公文書館佐竹文庫)
末尾の七月十二日の「法」は「泰純所持被仰渡控」、つまり国典類抄の編者山方泰純所持の「法令」集によっている。この「法令」集は「田崎善助殿ち廻文」、つまり田崎善助からの回覧という意味だから、「法」を受容した側が書き留めたものである。

中の処罰内容を記した秋田藩条目という文書で、九代藩主義和家譜引証本御亀鑑から一例をあげる。

井口万三郎

その方儀、御金役勤中不埒の勤方これあり、不調法の至りに候、これにより厳重に仰せ付けらるべきに候えども、頗る御宥恕をもって蟄居仰せ付けらるもの也、

十一月

条目は目付等が読み上げるための文書で、義処期に発生した。八代藩主義敦期まで条目は原本も控も残さず、

家中の処罰は物書が執筆する「御勘当帳」にまとめた（国典類抄・渋江和光日記・宇都宮孟綱日記）。下って十代藩主義厚期、目付等が処罰を申し渡した後に条目正文を家老に戻し、それに物書が裏書をし、記録方右筆に渡している（宇都宮孟綱日記）。条目原本は現存せず、具体的な裏書の仕方は不明だが、条目原本を保管するようになる。

ところが「御勘当帳」への記載は続き、先例調査は「御勘当帳」で行う（宇都宮孟綱日記）。なぜ条目を保管するのだろうか。義和とその次の義厚家譜は家中の処罰記事が多数あり、それ以前の家譜と異なる（佐竹家譜）。条目原本保管は、家譜編纂の材料のためであろう。

このように秋田藩では、何を残すかは一定しない。その背景の一端を次節で検討したい。

（二）家老の文書と役所の文書、結果とプロセス

御亀鑑には、家中の加増その他の賞を記した次のような文書を多数収録する。

> 柳橋甚之允
>
> 右は大御番五十ヶ年懈怠無く相勤め候に付き、御賞として銀子三枚下し置かれ候、

条目同様に読み上げるための文書で、佐竹義処期に発生した（国典類抄）。最後の藩主佐竹義堯期、家老は申し渡した家中の賞を記録所に伝えている（宇都宮孟綱日記）。義和と義厚の家譜は、それ以前の家譜と異なり賞の記事が多くある（佐竹家譜）から、義和期に右のような文書を家老から記録所に渡したのであろう。

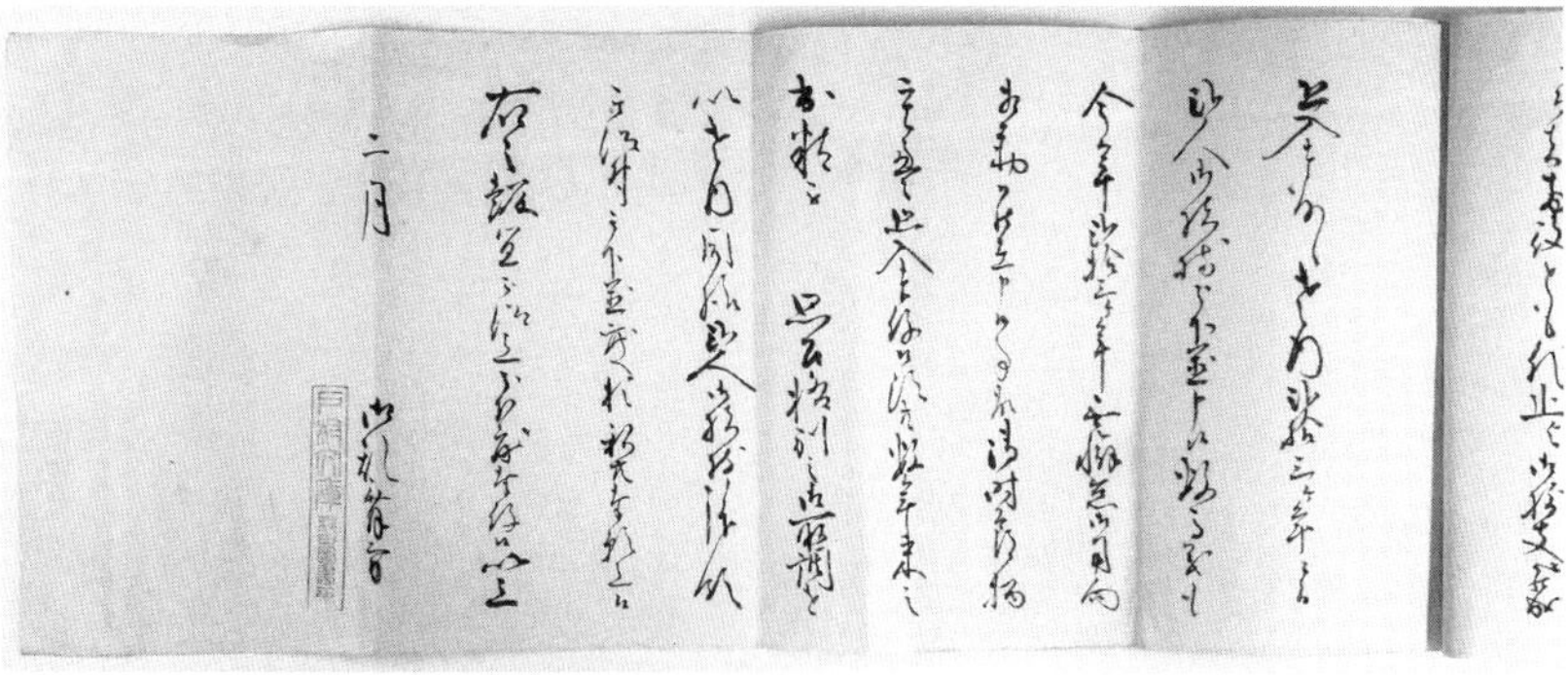

図10　秋田藩乱舞方願書（秋田県公文書館戸村家文書）
乱舞方が小貫宇右衛門家人鷹觜数馬に二人扶持を下し置かれたき旨の願書で、家老の伝来文書に残っている。なお、末尾に「戸村文庫　秋田図書館」の印がある（朱印）。この他にこれまでみた図版でも史料に整理番号等を直接書き込んだり、ラベルを貼っている例があるが、これらは今日行わないようになっている。

御亀鑑は賞罰の文書を多く引用するが、結論に至る経緯を記さない。経過を述べた史料を多く残すのが、秋田県公文書館戸村家文書である。戸村家文書によれば、役所等は賞の候補者を推薦する願書を、目付は処罰の対象となる事案を記した申上書等を提出するが、これらは家老にもたらされる。そして久保田の家老と江戸の家老が、藩主の意向を伺いながら、文書で意見を交換する。その際、奉行等から意見を求めることもある。意見がまとまると、家老が賞の原案や条目の草案を作成し、藩主が決裁する［鈴木二〇一四］。

家老執筆文書の正文は、受け取る側の月番家老が預かる。家老に提出された願書等も同様である（図10）。戸村家文書の家老執筆文書の正文は幕末期の家老戸村義効が受け取ったもので、義効の日記編纂未了のため正文が伝来したが、通常は日記に意趣文等を記すか、控を冊子にまとめたものが残る。

右から、秋田藩で家老が作成・授受した文書は役所が保管しないのが原則といえる。役所が「法」の控をとらないのも制定手続が賞罰同様だからである（宇都宮孟綱日記）。そして後に役所が保管する史料がある。

家老は、最高の座格引渡とそれにつぐ廻座のなかから任じる。

同様の座格で、家老でない場合はどうか。元禄・宝永期に文書所を統括した廻座の岡本元朝をとりあげる。元朝は相手番（後に家老）との兼帯で、通常は文書所に出仕しない。元朝は自宅で家中から系図・文書を受け取り、中村光得等から文書所の業務報告を受ける。また登城しない日の自宅で、元朝は梅津政景日記の抜粋作業をする（岡本元朝日記）。

家中提出の系図が藩庁伝来文書に残るのは、元朝が系図改の実務を担当した光得に引き渡したからである。藩庁伝来文書の文書所史料は、光得が集積したものである。

以上を要するに、秋田藩の役所の文書管理担当は中下級の家中で、役所に残るのは彼らが職務で集積した史料、上級家中は役所の文書管理制度の枠外、これが秋田藩の文書管理制度の特質である。

右の理由を支配構造から検討する。近世武家政権は、武装自弁の戦闘者との主従関係を権力基盤とする。従者は平時番方か役方かに編制され、職務費用自弁で仕える。ところが、中下級の家中が職務で使用する筆・紙等は藩が役所に支給しており（岡本元朝日記等）、職務費用自弁の原則がくずれ、役所と私宅の分離がはじまる。しかし上級家中は、役高を設定し、それに満たない場合には不足分を支給してでも職務費用自弁を維持する。そのため元朝のように私宅が役所の機能を持ち、役所の文書管理制度には組み込まれない。

職務費用自弁の原則は江戸幕府や他藩にもあてはまるが、それがどの程度まで貫徹したかは一概にいえない。ではあるが、将軍権力も藩主権力も西欧の絶対王権のような身分の平準化を進めないまま滅亡するから、秋田藩のような限界があると考える。

さて、賞罰に話を戻すと、役所には結論に至るプロセスは残らない。「御勘当帳」でも処罰決定に至る経緯を記さない（宇都宮孟綱日記）。それは家老担当の案件だけではなく、中下級家中が担当したケースも同様である。

さきに述べたように、系図改の裁判関係史料で残るのは提出文書と判決だけで、どのような過程で判決に至るのかはわからない。いくぶん詳しく記す秋田県庁旧蔵古文書「土屋寺崎裁判書」によれば、系図改と文書改は提出者と記録所とのやりとりを経て、記録所が原案を作成して家老に伺い、決定するという手順である。しかしこの記録でも原案の作成過程は記さず、伺いの後、どのように決定するものかもわからない。

これらを要するに、今日の裁判で評議の秘密のため、裁判官等の意見がどのように集約されて判決が確定するかが残らないように、役所の史料にはどのようなプロセスを経て事柄を決定したかを記さない。

(三) 役所日記と私日記

秋田藩で藩と家中の間の上申・下達は、原則として文書で行うから文書主義といえる。しかし、藩政文書を取り上げる場合、役所日記を無視できない。たとえば継目出仕での藩主への御目見の仕方は家中の格式に関わるが、こうした事柄の検証は役所日記を用いる。

元禄・宝永期、会所・御用所・右筆所・勘定所・文書所で役所日記を確認できる。当該期の家老岡本元朝は、正月の儀式での家中の座配変更を右筆所日記に、家中の死没を会所日記に書くよう指示しており、役所ごとに記すべき事柄が定まっていた。右筆所日記で家中の座格等の取り扱いを、会所日記で家中の出仕始や相続を、文書所日記である寺院の由緒書提出を確認した(岡本元朝日記・秋田県庁旧蔵古文書)。現存の役所日記として、郷土資料(A記号)右筆所日記(記録所抄出)、秋田県庁旧蔵古文書膳番所日記抜書等がある。

秋田藩では、いつ役所日記が発生したのだろうか。右筆所日記の初見は寛文十二年(一六七二)三月十三日(前出右筆所日記)だが、宝永目録では同年元日からの記事があるとする。前年十二月五日に死没した二代藩主佐竹義隆家譜の典拠に右筆所日記が見えない（佐竹家譜）から、右筆所日記は次の義処襲封の翌年正月にはじまるのであろう。その他の役所日記も義隆家譜の典拠にみえないから、義処期にはじまるのではないか。

役所日記の管理の例として、「御日記」とよばれる右筆所日記をとりあげる。右筆所日記は藩主の居所でその動静を日々記すから、久保田・道中・江戸の日記がある。したがって藩主在府中は久保田の日記がない。しかし、藩主在国中の江戸では日記を記す（国典類抄・義峯家譜引証本）。宝永目録によれば、久保田の右筆部屋は寛文十二年（一六七二）から天和三年（一六八三）までの藩主在国・在府・道中分を保管しており、久保田で一元管理していた。しかし宝永目録によれば、寛文十二年（一六七二）五月二十八日から七月までを欠き、文化元年（一八〇四）に完成した義敦家譜（御亀鑑）によれば、明和七年（一七七〇）から安永元年（一七七二）までが失われている（佐竹家譜）。

日記には日次記の他に、部類記や別記があるので、概観しておく。

藩編纂の部類記として国典類抄・秋田県庁旧蔵古文書元朝日記抄等がある。国典類抄は右筆所日記の他に多数の家中の私日記を引用し（その他の史料も含む）、元朝日記抄は岡本元朝日記を国典類抄にならった項目立てで分類する。これら部類記は藩政初期の梅津政景日記を除き、記主執筆時の役職を明記する。役職にもとづく担当業務がわかるからだろう。こうした部類記から、私日記は藩の必要に応じて提出するものであることがわかる。秋田藩では、役所日記と私日記が相並んで藩政で参照された。宝永・天保両目録に政景日記以下家中の日記がみえ、郷土資料（A記号）の私日記には藩庁伝来文書とそうでないものが混在している。たとえば郷土資料（A記号）の石井忠運日記と政景日記は天保目録に見える。しかし、前者は藩庁伝来文書だが、後者は天保目録の後に梅津家所蔵となり、梅津家が秋田県立秋田図書館（現在の秋田県立図書館）に寄贈し、秋田県公文書館に移管するという経緯である。

別記とみられるのが、佐竹文庫の藩主の叙任・婚礼・入部・葬儀、及び国目付下向等の、郷土資料（A記号）の享保期郷村調査等の、秋田県庁旧蔵古文書の国絵図等の日次記形式の記録である。しかし、たとえば義処葬儀の記録は右筆所日記等から中村光得が編纂しているから別記といえないが、たとえば義厚葬儀の記録では予め執筆者をきめて記す（宇都宮孟綱日記）から別記といえる。

藩庁伝来文書には部類記や別記が多く残り、役所日記のほとんどが散逸した。前者の多くが記録所から佐竹家という伝来を経たが、後者は記録所以外で保管したから、つまり藩庁伝来文書はもと記録所史料が多くを占めたからである。

おわりに

筆者の関心は藩庁伝来文書中の中世史料にあるが、中世史料がなぜ藩庁伝来文書にあるのかを知るためには秋田藩で行われた文書改を明らかにする必要がある。その範囲内で藩庁伝来文書をとりあげたことがある。しかし、文書改は秋田藩の文書管理制度を論じるにふさわしいと思えないので、まとまった史料が残っている系図改をとりあげ、たまたま業務で関わった戸村家文書整理と史料翻刻で得た知見を加えて小論をなした。

さきに述べたように、秋田藩の場合、藩庁伝来文書が各所に分散しており、調査が容易ではなく、所蔵機関の枠をこえた藩庁伝来文書という視点からの文書管理制度研究が欠如している。また、文書管理制度は現存の藩庁伝来文書に即すばかりでなく、家中の日記等からのアプローチにより解明していかなければならないであろう。

このように考えたのは、藩庁伝来文書の残存が偏っているからである。小論は、この二つの方法で秋田藩の文書の保存・管理システムとその特質を明らかにしようとした試みだが、紙幅の都合上、詳しい検討過程を省略せざるを得ず、かつ不十分な点が多い。後日の補正を期したい。

引用・参考文献

今村義孝 一九七三「解題」今村・高橋秀夫編『秋田藩町触集』下、未来社

菊池保男 一九九五「館蔵史料の伝来と再整理についての覚書」『秋田県公文書館研究紀要』創刊号

鈴木満 一九九九「『秋田藩家蔵文書』考」『秋大史学』四四号

鈴木満 二〇一四「戸村家文書について――秋田藩藩政文書研究の一視角」『秋田県公文書館研究紀要』二〇号

鈴木満 二〇一五「『佐竹家中家蔵文書』と文書改関係文書」『秋田県公文書館研究紀要』二一号

参照史料（刊本のみ）

秋田県立秋田図書館編 一九七八～一九八八『国典類抄』全一九巻

秋田県立秋田図書館・秋田県公文書館編 一九八八～一九九五『御亀鑑』全七巻

原武男編 一九八九『佐竹家譜』東洋書店

秋田県公文書館編 一九九六～二〇〇五『渋江和光日記』全一二巻

秋田県公文書館編 二〇〇六～二〇一三『宇都宮孟綱日記』全八巻

秋田県公文書館編 二〇一五年～『岡本元朝日記』第一巻～（全八巻の予定）

大名家文書の構造と伝来過程

――高松松平家文書を中心として

胡 光

はじめに

三百諸侯とも言われる近世大名家の伝来資料がそのまま城地に残っていることは稀である。丸亀・松山・宇和島・高知城に現存天守を有する四国においては、幕末期に讃岐三家・伊予八家・阿波（淡路含む）一家・土佐一家の計一三の大名家が存在したが〔胡 二〇一二〕、伝来資料がまとまった状態で現地に保存され、公開されているのは、高松松平家・宇和島伊達家・土佐山内家の三家に限られる。ここでは、大名家博物館や大名家資料を公開できる博物館がゆかりの地に建設されている。

また、阿波蜂須賀家文書が国文学研究資料館に、西条松平家文書の一部が国立歴史民俗博物館に保存されているほか、徳島城・今治城や丸亀市立・大洲市立・西条市立・愛媛県立・徳島県立の博物館・資料館・図書館においても散逸・分散した大名家伝来資料の一部を収集・保管している。

本稿では、香川県立ミュージアムで保存・公開されている高松松平家資料のうち、同家文書の構造と伝来過程の分析を行い、その歴史的意義を問うものである。

一、大名家文書をとりまく「資料空間」について

大名家文書とは、大名家で作成・収集された、古文書・古記録類をはじめ、典籍・書籍や絵図・地図類を含む広義の古文書や、広義の文献資料、あるいは記録史料と定義することができる。しかし、かつての古文書学研究では、文書の形式や内容だけが研究対象となり、文書伝来過程の歴史や、文書が作成され使用される「場」については検討されてこなかったため、大名家文書と藩庁文書が区別されていなかった〔日本古文書学会 一九八七ほか〕。近年では、記録史料学〔大藤・安藤 一九八六など〕や史料空間論〔高木・渡辺編 二〇〇〇〕が提起され、伝来した史料群としての重要性が認識されるようになり、大名家文書と藩庁文書を区別したアーカイブズ学が構築されている〔国文学研究資料館編 二〇一六〕。さらに、これらを実践的な文書館学（史料管理学）と捉え、古文書学の延長線上に史料学を位置づけ、文書研究の一分野として文書の歴史を問う文書存在論を提唱し、藩侯文書（大名家文書）と藩庁文書を区別した研究もある〔笠谷 一九九八〕。

記録史料学は、古文書学よりも史料の概念を拡大し、出所原則や原秩序尊重などの新しい調査・研究・管理方法を生み出した。史料空間論とは、史料学に空間論を取り入れた新しい視点であり、存在空間と認識空間の分析からなる。存在空間とは、史料管理論の延長線上にもある、記録文書がライフサイクルを経て蓄積される「場」であり、認識空間とは、記録文書が稟議され、関連文書が連鎖的派生的に作成され、情報価値を増殖させていく過程であり、機能的な共有の「場」として現れる。古代・中世が中心であった古文書学から、大量に伝来する近

世・近代「史料」を対象とする「史料学」へ展開した理論と実践は、大名家文書の研究においても有効である。一方で、旧家や寺社の蔵に入れば、記録史料よりも、各所蔵者にとっての「宝物」すなわち、書画や武器・武具、聖教など、あるいは「生活資料」とも呼べる陶磁器・漆器などの方が多いことに気付く。記録史料だけでない、蔵の資料論の必要性が、現状記録に基づく調査や管理の観点から〔胡 二〇一八〕、また災害資料救出の観点から〔矢田 二〇一四〕指摘されている。

大名家文書についても、大名道具のひとつとして捉えて、管理・研究していく考え方が、尾張徳川家の創設した徳川美術館では戦前からあったが、古文書学や史料学の中に位置づけられることはなかった。徳川美術館館長であった徳川義宣氏は、尾張徳川家相伝の重宝いわゆる「大名道具」には美術的価値と史料的価値があり、美術品にも由緒伝来が重要であること、重宝も文庫もかつては同じ蔵にあったこと、多様な収蔵品を技術別材質別分類によって、同種のものばかり単体並列展示するのではなく、かつて用いられ飾られていたように「場」を復元して展示する方法を主張し、実践した〔徳川 一九九五〕。これはまさに、大名家における「環境展示法」であり「資料空間論」の嚆矢と評価できる。

さらに同氏は、大名道具の概要について次のように述べた。

大名が揃へる道具は、表道具と奥道具との二種類に大別される。（中略）概して記せば、表道具とは大名の禄高や家格に応じて備蓄しておくべき武具類と、公式の場に飾り用ゐる道具である。道具とは呼ばないが図書類や公式記録類も同様の性格を持つ。これに対し奥道具とは大名自身ならびにその婦女子の私的な生活や趣味に用ゐられる道具であり、同じく私的な図書や記録類も同様な性格を持ってゐた。

そして、表道具を武具類（太刀・刀・脇指・刀装具・長刀・鑓・弓矢・鉄炮・大炮、甲冑・陣羽織・旗・幟・馬標・母衣・幕・法螺・采配・軍配・陣太鼓・銅羅、馬具・鷹道具）、飾り道具（数寄屋飾り道具・広間飾り道具）、能道具、祭祀具に、奥道具を調度類（棚飾り道具・身辺道具・遊戯具、衣服・装身具・夜具）、鑑賞道具（大和絵・浮世絵・その他絵画、書蹟・親筆）、宗教具（尊像・祭祀具）に整理して展示し、大名とは何か、近世日本文化とは何かを伝えようとした。

大名道具を道具の形状（技術・材質）ではなく、右のような道具の役割によって分類するには、大名家の歴史を考えながら、由緒伝来を記した文書の分析と、伝来方法の調査すなわち蔵のなか全体の現状記録が必要である。それが大名家文書をとりまく「資料空間」と言える。筆者はかつて、高松松平家資料を香川県に移管する業務を担当したため、その時の調査をふまえて「資料空間」復元を試みたい。

本稿の研究対象とする高松松平家は、徳川御三家の一つ水戸徳川家初代頼房の長男頼重を初代とし、寛永十九年（一六四二）以降一一代二二八年にわたり、高松藩主として東讃岐一二万石を領有した。

同家は、徳川将軍家をはじめ、徳川御三家・井伊家・酒井家・細川家・蜂須賀家などの諸大名や鷹司家などの公家とも縁戚関係を結んでおり、御三家に準じる正四位上から従四位下という位階、左近衛権中将や讃岐守などの官職を受け、江戸城においても幕政に関与する黒書院溜間に詰めた。このため、将軍に代わっての日光参詣や朝廷への使者も勤めている。幕末には、江戸湾・京都・大坂などの警備を命じられたほか、御三家とともに賀茂社への行幸・禁門の変・長州征討などの重大事に臨んだ。

明治維新後、高松松平家は大名から華族となり、貴族院議長や華族会館族長などを務め、日本鉄道会社・第十五国立銀行・第百十四国立銀行・東京海上保険会社・香川県教育会設立などにも関わり、政治・経済・教育・文化の各分野で地域振興にも貢献した［香川県歴史博物館 二〇〇〇］。

高松松平家の大名道具「御道具」は、水戸家御譲り品をはじめ、その家格によって皇室・将軍家・御三家から賜った品々を中核としている。それらは、文化財指定を受けているものが多く、国宝「藤原佐理筆詩懐紙」、重要文化財「太刀 銘真守造」など、国宝一件、重要文化財六件一五点、重要美術品六件七点を数える。

同家に伝来した資料はこれらを筆頭に、書画、武器武具、調度品、古文書・古記録(高松松平家文書)などの大名道具に、明治時代以降の制作・収集品を加えて五五〇〇点以上で構成されている[香川県教育委員会 一九九七・一九九八]。その全点が、平成五~九年にかけて香川県に移管され、高松城東之丸跡地に新しく建設された香川県歴史博物館(現香川県立ミュージアム)に収蔵(所蔵・保管)された。これらは、大名家の御道具にふさわしい美術的価値だけでなく、歴代藩主の事績や皇室・将軍家・諸大名などとの交流を物語る歴史的価値も備えている。また、明治以降の資料からは、大名華族の果たした社会的役割やその生活・文化がうかがわれ、全体として、松平家を軸に江戸から昭和の時代を概観することができる。

移管前には、同じく東之丸跡地にある財団法人松平公益会(現公益財団法人)で管理していた(図1)。同会は、大正十一年(一九二二)一月に十二代松平頼寿が高松城西之丸域の土地を基本財産として設立した財団法人であり、以来香川県下の教育社会事業の支援を行っている。同会の事務所には、土蔵一棟、鉄筋RC蔵三棟、木造事務所一棟があった。

事務所北側にあり一階建てで金庫や地下室を有する重厚な土蔵は、「一の蔵」と呼ばれて指定文化財など他家から譲られた最も大切な「家宝」が収められていた(図2)。まず、この蔵の主要資料について、その由緒伝来を紹介する。由緒伝来は、資料そのものの内容や形状に加えて、収納形態、および松平家が明治時代以降に編纂した「歴世年譜」「随観録」「松枝舎史」などによって明らかとする。

御道具の特徴は、天皇家、将軍家、御三家との交わりによって贈与されたものを多く含むことである。高松藩祖松平頼重は、元和八年（一六二二）水戸家初代頼房の長男として誕生した。このとき頼房の兄尾張家義直・紀伊家頼宣にはまだ世嗣がなく、頼重の生誕は伏せられ、家臣宅や京都慈済院で育てられた。頼重は、寛永十四年（一六三七）父子の対面を果たすが、すでに水戸家継嗣は弟光圀に決まっていたとされる（「三浦市右衛門覚書」など）。事情を知った三代将軍家光によって、同十六年常陸下館五万石領主に取立てられ、同十九年には讃岐高松十二万

図1　高松城本丸天守台奥に見える松平公益会（手前）と香川県立ミュージアム

図2　松平公益会一の蔵と旧事務所（平成6年撮影）

図3　高松松平家系図（「徳川諸家系譜」「増補高松藩記」より）

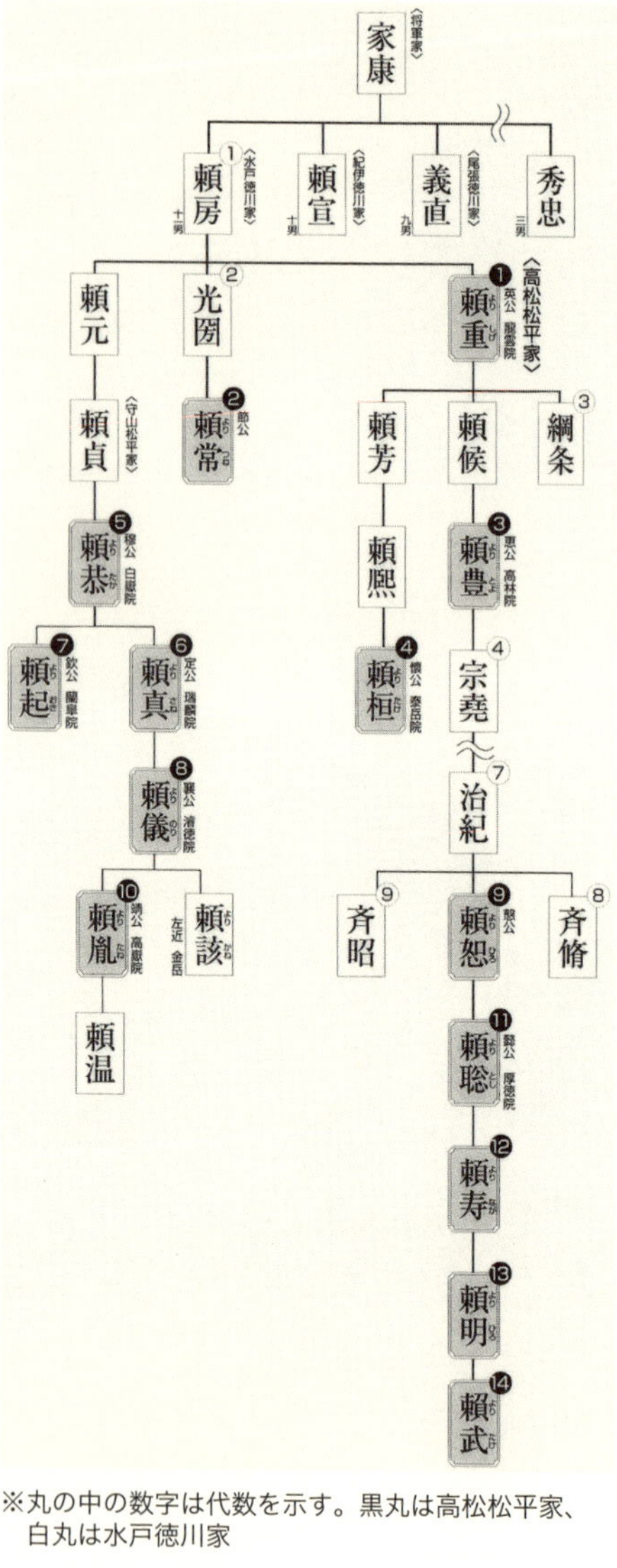

※丸の中の数字は代数を示す。黒丸は高松松平家、白丸は水戸徳川家

石に加増転封されるのである。一方で、継嗣の理由を水戸家の史料では、光圀が優秀であったからと記され、近年では頼重の病気説が出されている［御厨 二〇〇〇］。その後、光圀は兄頼重の子綱条を水戸家三代とし、実子頼常に高松松平家を継がせるとともに、徳川家康の遺産を含む水戸家伝来の家宝を兄頼重に譲った。前述の国指定文化財の多くがこれにあたる。高松三代頼豊の長男宗堯は、綱条を継ぎ水戸家四代となり、水戸家七代治紀の二男頼恕は高松松平家九代となるなど両家の深い関係は続いた（図3）。

将軍家からも高い格式をもって扱われ、書画や「徳川家康愛用清尭火縄銃」などが贈られた。頼重と、従姉東福門院和子を中宮とした後水尾天皇との親交は深く、後西天皇の即位礼に参列したのを機に和歌の添削も受けるようになり、関連の品々が伝世している。

美術品だけでなく、文書のうち代々の「領知判物（宛行状）」「領知目録」「位記」「宣旨」「口宣案」が「一の蔵」に収められていた。これらの文書の保管は、桐箱・漆箱が二重に用いられるなど、家格を証明するものとして大切に扱われていたことが分かる。同蔵には桐箱入りの「郡号改正之書付」「讃州阿州境目之御証文」「御引渡帳郷帳」「小物成帳」も収納される。これらは、寛永十九年（一六四二）に預地を経て生駒藩領を引き継ぐ際に用いられた文書や最初の領知目録に附属する文書であり、初代就封に関わる重要文書と言える。

これら重要な「家宝」以外の書画幅や什器、多数の古文書・古記録・典籍類は、事務所南側の中庭に並ぶ二〜四の蔵に収納されていた。三・四の蔵は二階建てであった。以上は平成九年時点の現秩序であるが、戦前の財団や高松城内の原秩序を知るヒントになるのが、収納箱の貼紙である。

書画幅の桐箱を見ると大きく二種類の箱がある（図4・5）。多くの桐箱には、明治時代のものと思われる「寶庫（上階）」赤線札が貼付され、標題と「棚號」「架號」が記入されている（図4）。図4には「伏見宮文房女懐紙幅」

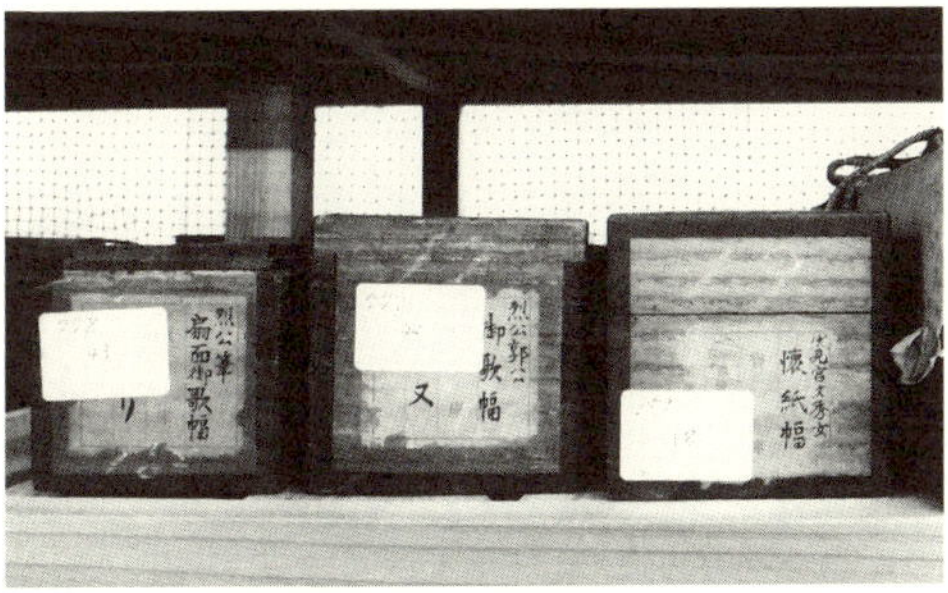

図4　水戸系の書画幅

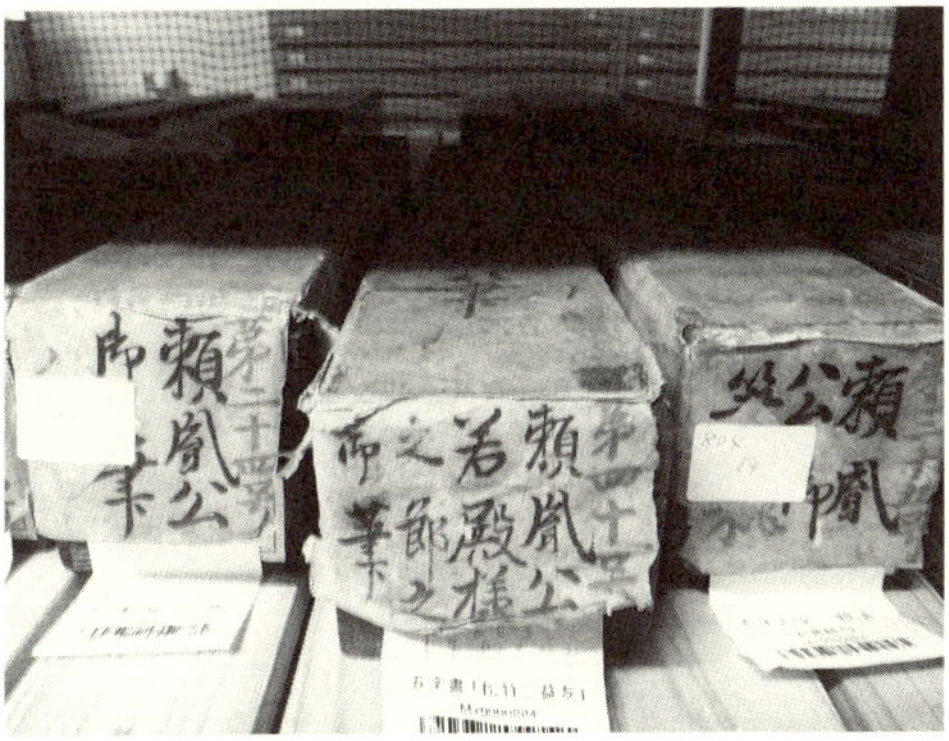

図5　包紙で覆われた守山系の書画幅

図6　破片を埋め込み再生した「赤楽茶碗銘木守」

「烈公郭公御歌幅」「烈公筆扇面御歌幅」が見える。一方、図5の桐箱は、包紙で覆われ、朱書の号数と墨書標題が記される。ここには「第三十五号、頼胤公御筆」「第四十号、頼胤公若殿様之節之御筆」「第二十四号、頼胤公御筆」「第二十号、頼儀様御筆」が見える。

「烈公」とは水戸徳川家九代斉昭のことである。図4の書画幅と連続して収蔵されているものに、高松松平家九代頼恕の書画幅などがある。頼恕は斉昭の実兄にあたる。図5の書画幅作者は、高松松平家八代頼儀、同十代頼胤である。ここで、図3高松松平家系図を確認すると、図4グループは系図右側で初代頼重につながる水戸系、図5グループは系図左側の五代頼恭につながる守山系であることに気付く。頼恭が守山松平家から入って、八代頼儀までは守山系の藩主が続くが、九代藩主に水戸徳川家から頼恕が就いて後、十代守山系頼胤、十一代水戸系頼聡と交互に藩主交代が続き、明治維新を迎える。明治時代になっても交代制は続き、守山系の頼温が嫡子とされていたが、病のため明治三十三年（一九〇〇）廃嫡となり、十二代当主には水戸系の頼寿が就く。ここで二系統の家系が統一されることになった。

「寶庫」赤線札は、明治三十三年以前に貼付され、水戸系において整理・保管されていたものであり、同年以降、包紙に覆われた守山系の什物が加わったのではないかと考えられる。

さらに、別の「倉庫」黒線札が貼付されたものがある。標題に加え「倉庫番號」「棚架番號」「品目番號」欄があり、朱書で標題のカタカナ頭文字・季節・寸法が加筆され、整理・保管と活用が図られていたことが分かる。これらの表記から、大正十一年（一九二二）松平公益会創設後に同会が貼付したものと推定される。

江戸時代の高松城には、現在伝来する御道具以外にも多数の御道具が存在した。明治四年に松平家が高松城を退去するにあたり、狩野探幽「八龍八虎図」など六四三組の書画幅・茶道具などが売却され、二万三九六五両七分四朱の売上金が士民に救助金として分配された。さらに大正十二年九月一日には、東京本邸に移していた御道具が関東大震災で焼失する。千利休所用「赤楽茶碗銘木守」（松平頼武氏蔵）（図6）をはじめ茶道具三件、刀剣四件、屛風・衝立三件、中国書画幅一一件、狩野派画幅一六件、茶掛八件、文人画幅等六件が罹災記録されている（『松枝舎史』）。

二、家格を示す文書の伝来過程

収納箱の分析から、江戸時代の高松城における原秩序が判明する事例がある。代々の「領知判物」「領知目録」「位記」「宣旨」「口宣案」は、松平公益会「一の蔵」の棚に収められていたが、空の長持二棹が残っていた（図7―1）。長持に貼付された「倉庫」黒ラベルには「倉庫番號第貳號／棚架番號長棹第壱號／品目番號階上號／君公御拝領天盃・仝日光宮御盃・仝御領知御判物及目録」「倉庫番號第貳號／棚架番號長棹第貳號／品目番號階上號／君公官位宣旨・口宣案・位記」（図7―2）とある。さらに長持の別面には「華□□」「花三番御長持壱本口宣入、穴蔵」（図7―3）の古い貼紙があった。家格を証明する重要文書が、長州戦争や日光代参時などに拝領した天盃とともに、高松城天守閣の穴蔵に保管されていたことが分かる。

大名の領地に対する支配を証明するものとして将軍から与えられたのが「領知宛行状」で、将軍の代替わりごとに発給された。料紙には大高檀紙と呼ばれる表面に細かい皺のある特殊な和紙が用いられ、一〇万石以上の大名に対しては将軍の花押がすえられ「領知判物」と呼ばれた。一〇万石未満の大名には「朱印状」や「黒印状」が出される。「領知目録」は、宛行状と一組になるもので、支配を認める領地の国名・郡名・村名・石高が記され、将軍が任じた老中・奉行から発給された。

位階・官職は朝廷から大名に与えられ、大名の格を表す基準のひとつである。高松松平家の歴代当主には通例の位階として従四位下、官職として讃岐守が与えられたが、これは同程度の石高の大名とくらべると、格の高いものであった。位階が与えられる際には天皇の命令を伝える「口宣案」と位を認める「位記」、官職が与えられる際には「口宣案」とそれを正式に命ずる「宣旨」が、幕府の承認を経て朝廷から交付された。

図7-1　重要文書が保管された長持

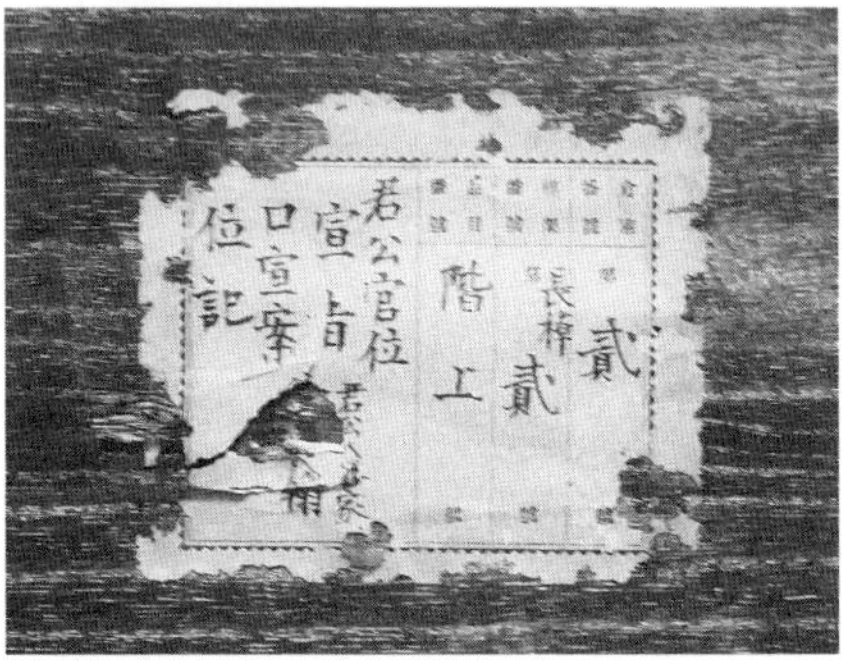

図7-2　長持に貼付された明治時代の倉庫札

図7-3　長持に貼付された江戸時代の旧札

「領知判物」「領知目録」を管理してきた経緯を記録した「御判物・御目録等入日記」が伝わっている［御厨二〇一七］。これによると、延宝元年（一六七三）に就封した二代頼常が初入国していた同三年正月二十八日、初代頼重が将軍家綱から拝領した「御朱印」（実際は領知判物）「御目録」（領知目録）に、高松城普請や生母久昌院廟普請などに関する幕閣からの奉書・書状約三〇通を加え、「御朱印箱」に収納した。天和二年（一六八二）から元禄三年（一六九〇）にかけて、天守普請・検地・寺社領朱印状・飢饉対応・異国船対応など重要政治案件に関する幕閣の奉書・書状や、祝儀の返礼を記す各将軍からの御内書を「御朱印箱」に追加した。元禄六年には、この中から御内書を別の「御日帳長持」へ移している。

宝永元年（一七〇四）二月十一日、三代頼豊が就封すると、十一月朔日に「御朱印箱」を「御判物箱」に改訂する作業が行われた。幕閣からの奉書・書状類は取り出され、御内書と同じ「御日帳長持」に移され、「御判物箱」には寛文四年（一六六四）初代頼重と貞享元年（一六八四）二代頼常宛の「領知判物」「領知目録」だけが収納されたのである。「領知判物」は浅黄袱紗に包み、桐箱に入れていたが、黒漆箱を加え覆っている。さらに、判物・目録の「写」（案文）を制作して「御判物箱」に収納しており、判物・目録がより重要視されてきた様子をうかがうことができる。なおこの時、寛文四年領知目録に付属する「郡号之文字改リ之書付」（一紙）のみ同梱した。

宝永三年には「讃州阿州境目之御証文」が、正徳元年（一七一一）には「高松御拝領之節御引渡郷村帳」「小物成帳」が「御判物箱」に入れられた。「御判物箱」に加えられたのは、何れも高松藩成立に関わる文書である。ここに、高松城穴蔵長持を経て、松平公益会一の蔵へつながる重要文書保管の基礎が確定し、以後は虫干記録が綴られていく。

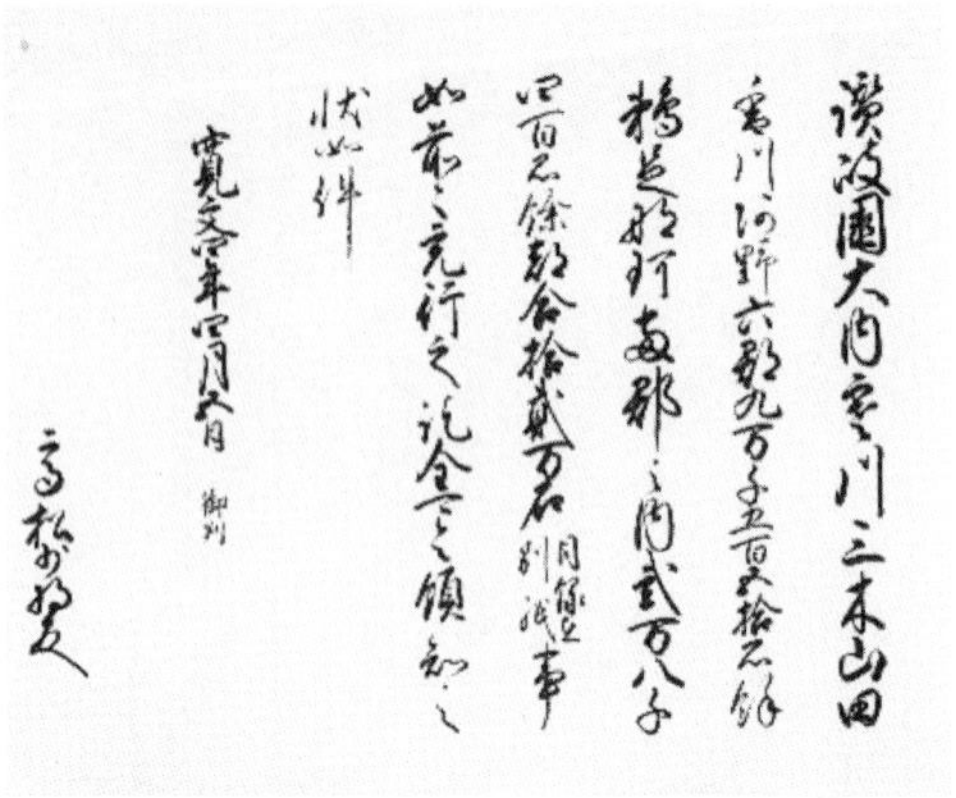

図8　徳川家綱領知判物案

重要文書保管法の伝統を創成した三代頼豊は、水戸系家系のなかでも初代頼重につながる血統である。初代頼重は法然寺、二代頼常は霊芝寺と分かれていた墓所について、自らの墓所を頼重に寄り添うように法然寺に築造させ、葬送の伝統も創成し、初代頼重を重視した［胡 二〇一六］。文書保管にもその意思が反映されているといえよう。初代のみ「領知判物案」（写）は四通、「領知目録案」（写）は二通残っている。

慶応四年（一八六八）正月、高松藩は幕府軍として鳥羽・伏見の戦を戦い、朝敵とされる。同月二十日には高松開城し、二月二十五日に藩主頼聡は上京謹慎、四月十五日に謹慎解除され、同月二十二日官位が復された。このため、各代が拝領した位階・官職を記す「位記」「宣旨」「口宣案」は完全な形で残されているが、頼聡の慶応四年分本文には「宣復叙従四位上」「宣復任讃岐守」（「松平頼聡宛口宣案」）と記される。

一方、慶応四年八月十日には、「領知判物」と「領知目録」が返上された（「朝廷へ幕府御判物差上受取証」）。厳有院（四代将軍徳川家綱）から昭徳院（十四代家茂）までの「御判物本紙拾通」と昭徳院の「御領知御目録壱通」を管理する家臣から家老堀造酒之助が受け取り、朝廷へ提出したのである。このため、「領知判物」は正文（原本）が現存せず、将軍花押部分に「御判」と貼付した案文（写）が伝来する（図8）。「領知目録」は、全代の案文と十四代家茂時代のもの以外の正文が伝来する。なお、有章院（七代将軍家継）と十五代慶喜は宛行状を発給していない。

三、高松松平家文書の構造

高松松平家文書は、家文書（藩侯文書）、披雲閣文庫、松枝舎文書からなる。関東大震災、東京・高松空襲によって、藩庁文書をはじめ、元来伝世していたものの多くが失われてしまったが、現在なお四〇〇〇点以上の近世・近代文書が伝わる。焼失したもののうち、披雲閣文庫については「披雲閣蔵書目録」（二部の内一部）によって、また美術・工芸品については「随観録」によって、昔日の所蔵品が概観できる。

家文書は、松平家が最も厳重に保管していたと思われる、家格を表すような文書、すなわち位記・宣旨・口宣案・領知判物・領知目録などを中心とする文書群が残る。前掲したもの以外には、女房奉書・将軍代参記録・船団記録などがある。

藩政史料の欠如する高松藩の藩政史を知るためには、家文書に含まれる後世の編纂史料が不可欠である。中でも儒学を振興した五代頼恭の時には、儒学者青葉士弘・岡長祐・後藤芝山等によって、「英公実録」「恵公実録」など先代までの藩主の記録（歴世実録）がまとめられた。その後、明治時代になって修史局への史料提供を機に、旧藩士の手により「英公外記」「高松藩記」が編纂されたが、「高松藩記」は稿本のまま松平家に保管されていたものを、昭和四年（一九二九）永念会（旧藩士の団体）によって補訂され『増補高松藩記』として刊行された。これらの出典となっている原文書の多くは戦災で散逸しており、二次史料とはいえ藩政をうかがい知る貴重な基礎文献である。同じ頃、関東大震災での史料散逸を機に編纂された「高松松平氏歴世年譜」も同様の基礎史料である。

披雲閣文庫は、現在の高松松平家文書の中核をなす典籍・写本史料である。披雲閣とは高松城三の丸にあった藩主居館のことである。明治四年（一八七一）廃藩置県以後、城跡は陸軍駐屯地となり披雲閣も破却されたが、

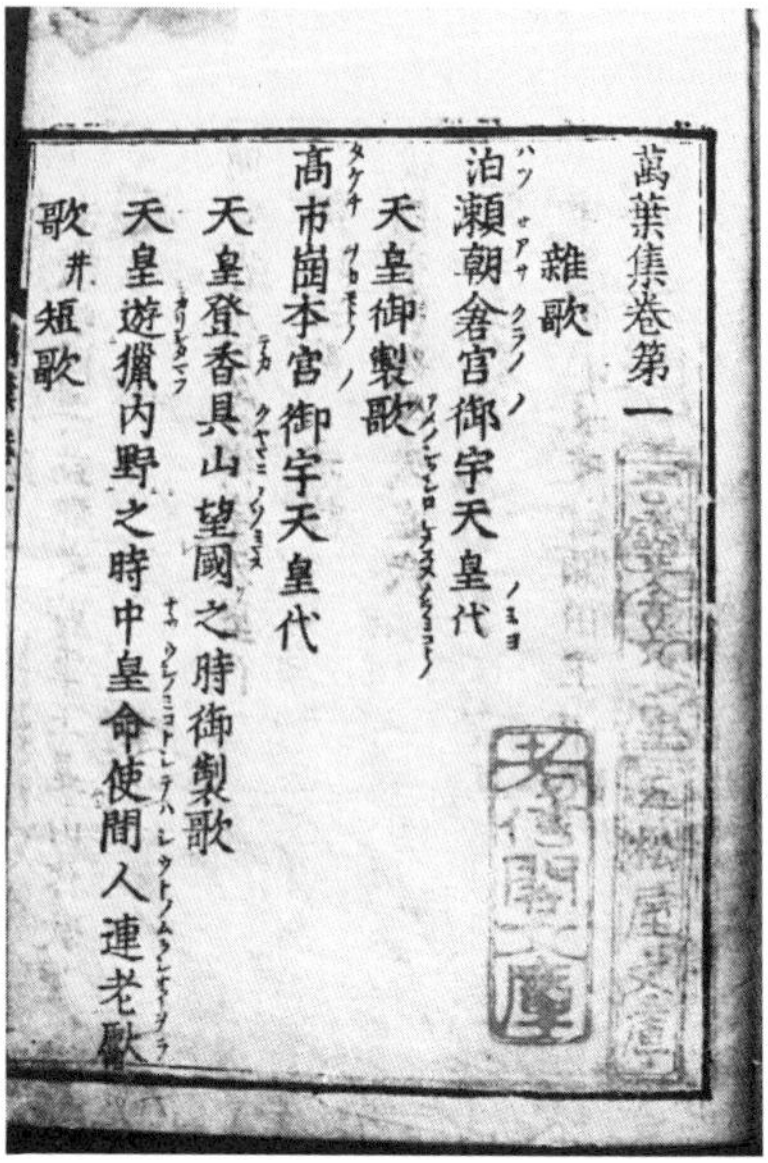

図9　考信閣文庫印（契仲校『萬葉集』）

同二十三年（一八九〇）に再び城跡が松平家に払い下げられるにおよび、大正六年（一九一七）披雲閣も再建され、松平家別邸として来賓の接待などに使用された。さらに、披雲閣には書物庫も造られ、松平家が保管していた蔵書がここに移され、披雲閣図書館として公開され始めた。

当時の披雲閣文庫のもとになったのは考信閣文庫であった（『松枝舎史』）。九代藩主松平頼恕（水戸藩主徳川治紀二男）は、水戸藩の『大日本史』の続編を目指した国史『歴朝要記』編纂のため、天保四年（一八三三）史局考信閣を設立した〔胡 二〇〇二〕。修史のため集積された書物が考信閣文庫であり、天保七年（一八三六）家老筧速水に命じ、細川林谷の弟子十河存樵に制作させたという銅印「考信閣文庫」の蔵書印によって、同文庫の旧蔵状況を知ることができる（図9）。

明治時代になってからも、松平家と交流の深かった華族・士族から多数の貴重書が寄贈され、また明治四十年（一九〇七）以降は蔵書家でならした旧家臣の子息などからその蔵書を購入することによって、披雲閣文庫が形成されていった。現存する文庫から確認できるものには、難波の儒学者福住道祐から寄贈された中世聖教類や、山田梅村家・寺井樾屋家・川口刀水家から購入した儒学書・兵学書などがある。山田梅村は名を亥吉という幕末の藩儒、寺井樾屋は名を肇という古典・兵学に優れた江戸時代後期の藩士、川口刀水は名を萬之助という明治時代の弁護士・県会議員で、柴野栗山の顕彰に尽力した人物であった。これら他家蔵書から移されたもののほか、藤原惺窩自筆「論語発題」のように書肆などを通じて購入した貴重本もあり、披雲閣文庫の半分は明治・大正時代に集積されたものと推定される。他家蔵書移管分は、大正十一年（一九二二）までに寄贈が約二五〇〇冊、購入が約一万五〇〇〇冊であったというから、考信閣文庫・松平家所蔵本などを併せた披雲閣文庫の総数は、膨大な数であったと考えられる。

江戸時代以来、松平家自体が所蔵していたものには、皇室などからの拝領物のほか、歴代藩儒が著したものや藩儒の旧蔵書物、家老家など家臣の旧蔵書物も含まれると思われる。これらの大部分は旧披雲閣内に保管されていたと推定されるが、旧披雲閣蔵書印と思われる印記があるのはわずかであるため、その確定は難しい。また、旧蔵書数を示す史料も存在せず、明治八年（一八七五）に華族会館へ約三〇〇〇冊の蔵書を寄贈していることからして、その多さがうかがえる。昭和十九年（一九四四）調査によると、蔵書三万三四一四冊、絵地図六〇〇余、巻軸八〇が東之丸米倉に収められていて、翌年七月四日の空襲で大部分が焼失し［熊野 一九九四］、免れたものが同倉南の松平公益会へ移された。

以上の披雲閣文庫を形成する各文庫のうち、特筆すべき蔵書群としては、木村黙老関係書、中山城山・竈山関係書、後藤芝山等歴代藩儒関係書がある。

黙老は頼恕に家老として仕え、藩政改革に尽力し、坂出塩田開発・砂糖専売・考信閣設立などに功があった。文才・画才もあり、多くの作品を残している。殊に正続「聞まゝの記」は当時の世相を映す挿絵入り随筆として秀逸なものである。残念ながら、自筆原本は川口刀水文庫中に正編目録と続編しか現存しない。なお正続全巻の写本は天理大学図書館が所蔵している。また黙老は、瀧沢馬琴の三友としても有名であり、馬琴が蔵書を処分した時にも、一部を購入して馬琴を援助している。この瀧沢文庫本は、黙老によって考信閣文庫と松平家に伝えら

図10　松枝舎文書箱

れた。

中山城山は、名を鷹、字を伯鷹といい、荻生徂徠の古文辞学を藤川東園に学んだ。和漢の詩歌・古典・仏典に通じ、一時大老大久保家の招きで城中で教導したが、二男鼇山に塾を託し、各地に遊学した。鼇山死後、城山は香川郡池西村（現高松市香南町横井）に戻り、著述に専念した。城山の多数の著作や古典・経書への校註本、鼇山の遺稿、及び中山家の蔵書は松平家に伝わっている。なかでも「全讃史」「正続讃岐国大日記写」などは藩政史料の欠如する高松藩研究に不可欠なものである。

五代藩主頼恭は特に儒学を重んじたため、青葉士弘・後藤芝山ら藩儒の著作や多数の儒学書が松平家・考信閣文庫・川口刀水文庫などに伝わる。芝山は頼恭以降三代にわたって仕え、六代頼真の時には藩校講道館の初代総裁になった。四書五経への後藤点の創始として有名で、校註本も多く残るが、歴代藩主の命で賦した漢詩や朝廷故実書「職原鈔考証」なども優れたものである。

当文庫にはこれらのほかにも多数の貴重本が伝世しているが、そのいくつかを紹介しておこう。『宋版大般若波羅密多経』は経典自体の珍しさはもとより、永正十四年（一五一七）に補修した僧が記したと考えられる阿州三好・讃州寒川氏らの淡路侵略の奥書も貴重である。『隋書』は、天保十三年（一八四二）奨学官版の幕命により、高松藩において翻刻され弘化元年（一八四四）に完成した地方版である。石綿織布の発明を著す平賀源内『火浣布略説』、芝居の舞台裏を彩色絵入りで紹介した松平金岳「内陣之鏡」などは珍書であり、「生駒記」「三浦市右衛門覚書」「翁媼夜話」「栗林荘記」「消暑漫筆」「筐底秘記」などは高松藩の基本史料である。

松枝舎文書は、廃藩置県直後に松平家によって設立された会社の経営文書である（図10）。その経営は、地主・塩田・砂糖取引・海運など多岐にわたるうえ、関連法人として松平家の基金による士族授産会社、教育社会事業を行う松平公益会、新聞社、医療機関などがあり、香川県のみならず、日本近代史においても重要な史料群と言えよう。

おわりに

大名家文書は、まず大名道具（広義の「御道具」）の一つとして捉える必要がある。「史料学」（文書存在論）からみても、藩庁文書とは役割や保管・伝来過程が異なるものであった。その研究には、文書・記録の内容だけでなく、印記や収納箱の分析が必要であった。新しい「史料空間論」も「資料空間論」として考えていくべきである。

江戸時代において、重要な家文書は担当奉行を決め、天守閣穴蔵にて保管された。明治時代以降も旧家臣の手で管理され、後に創設された財団法人松平公益会に移され、現在は香川県に移管されている。時代を経ても、高松城（跡）がその「存在空間」であり続けた。

一方で、高松城三之丸「披雲閣」の表御殿で作成・保管されていた主要な藩庁文書は、廃藩置県の後、県に移管されたと考えられる。明治四年（一八七一）、高松県と丸亀県の合併でできた香川県は、名東県への合併などを経て、明治九〜二十一年まで愛媛県に合併され、二十一年十二月三日に分離し今日に至る。

戦前の愛媛県庁文書は、愛媛県立図書館に良好な状態で保管されている。同文書中には「愛媛県讃岐国」と記された香川県合併時代の文書綴の表紙のみが残っている。ここには、江戸時代の土地・年貢や高松城関係などの文書標題が見受けられ、高松藩庁文書が香川県庁を経て愛媛県庁に移され、香川県分離時に再び香川県庁へ戻されたことが分かる。戦前の香川県庁文書は、残念ながら空襲により焼滅した。同じく、香川県庁付近にあった高松藩校講道館の書籍六八六八冊は、栗林公園（元藩主別邸栗林荘）内の香川県博物館から、明治三十八年に開館した香川県教育会図書館に移され、同館が香川県立図書館となった後、戦災で焼滅する。

高松松平家文書を含む同家資料（広義の「御道具」）の構造について、その形成・伝来過程からまとめておこう。

一　**古文書・古記録類**　①家文書　②披雲閣文庫　③松枝舎文書

二　**御道具類**（狭義）　①表道具　②奥道具　③披雲閣調度品　④松枝舎調度品

各藩主（当主）とその家臣（旧臣）によって形成された御道具は、次代に引き継がれ、新たな御道具を加えて現用される。特定の資料群にまとめられることもあった。藩主系統や藩政改革などの影響も受けつつ、この「認識空間」の繰り返しによって「存在空間」を移動させながら、今日まで伝わってきた。明治時代以降も、明治維新や関東大震災、太平洋戦争などによる散逸だけでなく、新たな資料形成も行われた。これら「資料空間」の解明は、大名華族家の歴史研究そのものでもある。

引用・参考文献（本文中に掲載できなかったものも含む）

安藤正人 一九九五「記録史料学とアーキビスト」『岩波講座 日本通史 別巻3 史料論』岩波書店
宇和島伊達文化保存会 二〇〇七『宇和島伊達家伝来品図録』宇和島市立伊達博物館
胡光 二〇〇一「高松藩の藩政改革と修史事業」『香川史学』二八
胡光 二〇一一「四国の大名」四国地域史研究連絡協議会編『四国の大名』岩田書院
胡光 二〇一六「近世大名の思想と菩提寺造立の意義——高松松平家と法然寺を中心として」岩下哲典・「城下町と日本人の心」研究会編『城下町と日本人の心性——その表象・思想・近代化』岩田書院
胡光 二〇一七「蔵の資料論——歴史を伝えることの楽しさ」『地方史研究』三八八、地方史研究協議会
愛媛県歴史文化博物館 一九九六『伊予八藩の大名——大名文化の世界』
愛媛県歴史文化博物館 二〇一〇『伊予の城めぐり——近世城郭の誕生』
愛媛県歴史文化博物館 二〇一七『高虎と嘉明　転換期の伊予と両雄』
大石慎三郎・北島正元・藤野保・村上直 一九七九『日本古文書学講座6 近世編I』雄山閣
大藤修・安藤正人 一九八六『史料保存と文書館学』吉川弘文館
香川県教育委員会 一九九七『歴史博物館整備に伴う収蔵資料目録——平成五・六年度』
香川県教育委員会 一九九八『歴史博物館整備に伴う収蔵資料目録——平成七年度』
香川県歴史博物館 二〇〇〇『徳川御三家展』
香川県歴史博物館 二〇〇五『かがわ今昔——香川の歴史と文化』
笠谷和比古 一九九八『近世武家文書の研究』法政大学出版会
木原溥幸 二〇〇七『藩政にみる讃岐の近世』美巧社
木原溥幸 二〇〇九『近世讃岐の藩財政と国産統制』渓水社
熊野勝祥 一九九四『香川県図書館史』香川県図書館学会
高知城歴史博物館 二〇一七『山内家伝来の大名道具』
国文学研究資料館 二〇一六『近世大名アーカイブズ資源研究』思文閣出版
坂田充 二〇〇二「学習院大学所蔵高松松平家旧蔵書の概要と伝来経緯——華族会館旧蔵書研究の一環として」『学習

院大学人文科学研究所報』二〇〇一年度
高木俊輔・渡辺浩一編 二〇〇〇『日本近世史料学研究――史料空間論への旅立ち』北海道大学図書刊行会
徳川義宣 一九九五「徳川美術館紹介」『徳川美術館の名宝』徳川美術館
徳島城博物館 二〇〇四『大坂の陣と徳島藩』
徳島城博物館 二〇〇七『豊臣秀吉と阿波・蜂須賀家』
土佐山内家宝物資料館 二〇一〇『蜂須賀三代 正勝・家政・至鎮』
土佐山内家宝物資料館 二〇〇〇『将軍と大名――徳川幕府と山内家』
土佐山内家宝物資料館 二〇〇一『近世大名の誕生――山内一豊 その時代と生涯』
日本古文書学会編 一九八七『日本古文書学論集11近世1 近世の武家文書と外国関係文書』吉川弘文館
御厨義道 二〇〇〇「高松松平家の成立と徳川御三家」香川県歴史博物館『徳川御三家展』
御厨義道 二〇一七「領知判物・領知目録をめぐる史料群形成について――高松松平家を事例とする一考察」『柳川古文書館開館三十周年記念誌』九州歴史資料館分館柳川古文書館
矢田俊文 二〇一四「土蔵まるごとの救出から広域災害支援へ――新潟中越地震から東日本大震災」奥村弘編『歴史文化を大災害から守る――地域歴史資料学の構築』東京大学出版会

附記 本稿は、科学研究費特別推進研究「地域歴史資料学を基軸とした災害列島における地域存続のための地域歴史文化の創造」(研究代表:奥村弘)、および松平公益会文化助成「近世大名と地域歴史遺産活用に関わる総合研究」(研究代表:胡光)の成果の一部である。高松松平家資料を収蔵する香川県立ミュージアムには、資料写真掲載について御高配を賜り、調査には、同館学芸員野村美紀氏の協力を得た。深甚の謝意を表する。

近世村方文書の保存と管理

西村慎太郎

はじめに

本稿は、近世の村方文書の保存と管理について述べるものである。近世には、江戸幕府と各藩、天皇や公家、寺社などが統治した村が、正保年間（一六四五～一六四八）段階で五万四〇〇〇余、天保年間（一八三一～一八四五）段階で六万三〇〇〇余、明治五年（一八七二）段階で七万九〇〇〇余（町も含む）存在していた。そして、一九八〇年代より近世の村方における文書管理の具体相が明らかとなってきている。近世文書管理史は文書館学、記録史料学、アーカイブズ学と歴史学の中で蓄積されており、文書の作成・授受・保管・活用・廃棄・散逸・継承をはじめとして、文書管理にたずさわる人びとや組織、文書管理の場所や器物、文書をめぐる認識、保管・保全の方法など、多岐にわたって研究されている。近世文書管理史の蓄積については、高橋実氏［高橋 一九九六］、渡辺浩一氏［渡辺 二〇〇〇］、冨善一敏氏［冨善 二〇一七］がまとめており、本稿でも参考になるところが大きい。

本稿では、これらの研究蓄積を踏まえつつ、次の課題に接近してみたい。①村方の文書、特に村々で保存・管理の対象となった文書・記録とはどのようなものかを提示する。②村方の文書はどのように保存されたか、保存空間について建造物から一点の文書を収納する包紙に至るまで、具体的に提示する。③村方の文書はどのように管理されたか、文書・記録の引き継ぎを中心に述べる。④村方の文書はどのように利用されたか、「存在証明文書」と「地域〈知〉」について述べる。

なお、近世都市における文書管理史を牽引してきた渡辺浩一氏は、文書の作成・利用・保管・再利用の総体を「文書実践」という語で表現している［渡辺 二〇一四］。本稿における村方文書・記録の管理も渡辺氏が提案している「文書実践」の一環に相当するものである。

一、村方の文書はどのようなものか

最初に近世の村方文書の特徴を述べておきたい。近世の村は空間で区切られている行政範囲というだけの意味ではない。納税（年貢の納入）や現代で言うところの公共事業（例えば、用水管理・土木工事など）、また個人の生存・救済も村が担った。村請制と評される所以である。当然、領主も村内における文書・記録の管理については最大限の注意を払っている。相馬中村藩（現在の福島県相馬市中村に居城を構えた相馬氏六万石の藩）の場合、御検地帳・蔵高名寄帳・人別帳・村入費帳・御年貢帳・歩銭面高貫高割帳・御触書控帳・年々免御指紙綴帳・明細帳・村図と称された帳簿を村に備えるべき「公簿」として、管理することを命じている［今野 一九七四］。

領主にとって必要なことは納税、すなわち生産物や金銭の収奪であるから、村方文書の中には納税＝年貢に関わる文書が多い。税金を個人が支払う現代社会と異なり、村がその村の石高などに応じて納めたため、例えば、

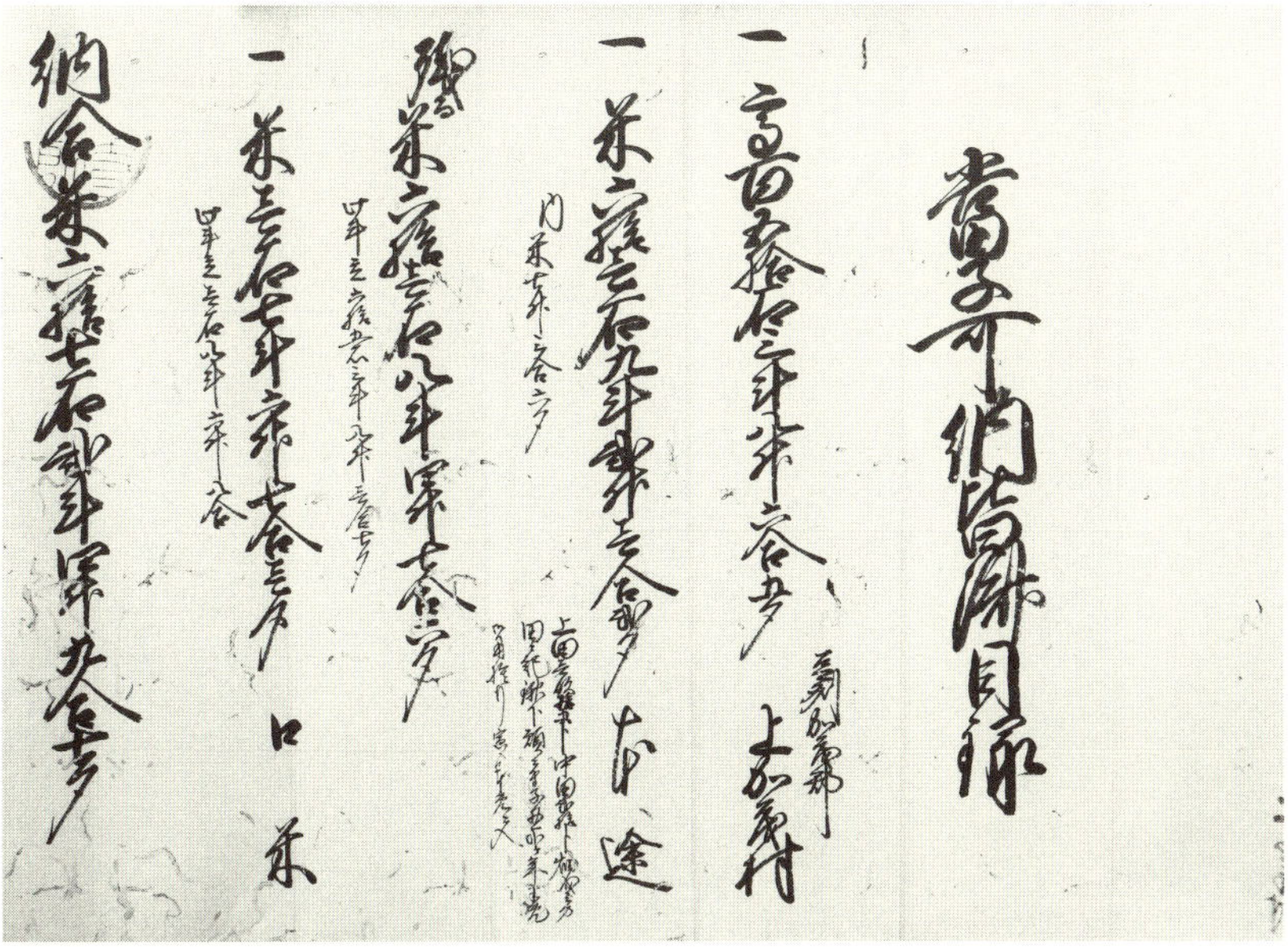

図1　当子可納皆済目録（静岡県南伊豆町教育委員会蔵渡辺家文書1-117）

どれくらいの年貢を支払うべきかという請求書は「割付状」のような名称で村へ送られる。「割付状」にはその村が収めるべき年貢額の明細、控除される年貢額（自然災害などによる免除など）が記されている。この「割付状」を受けて、年貢が支払われて、年貢の領収書である「皆済目録」が領主から村へ送られる。図1は伊豆国加茂郡上加茂村（賀茂とも記した。現在の静岡県賀茂郡南伊豆町上賀茂）に遺された「皆済目録」で、ここでは本途と口米を合わせて米六七石二斗四升九合七勺を納めたことがうかがえよう。これらはいずれも毎年の納税に関わる文書であるため、「割付状」「皆済目録」が紙縒りなどで一括りにされて遺されていることが多い。

年貢は村に課されるが、当然ながら個々の村人（個人ではなくて家としてまとめられているレベル）に年貢を賦課するための文書も作成された。例えば、検地帳（水帳）は村内の土地を誰が所有している

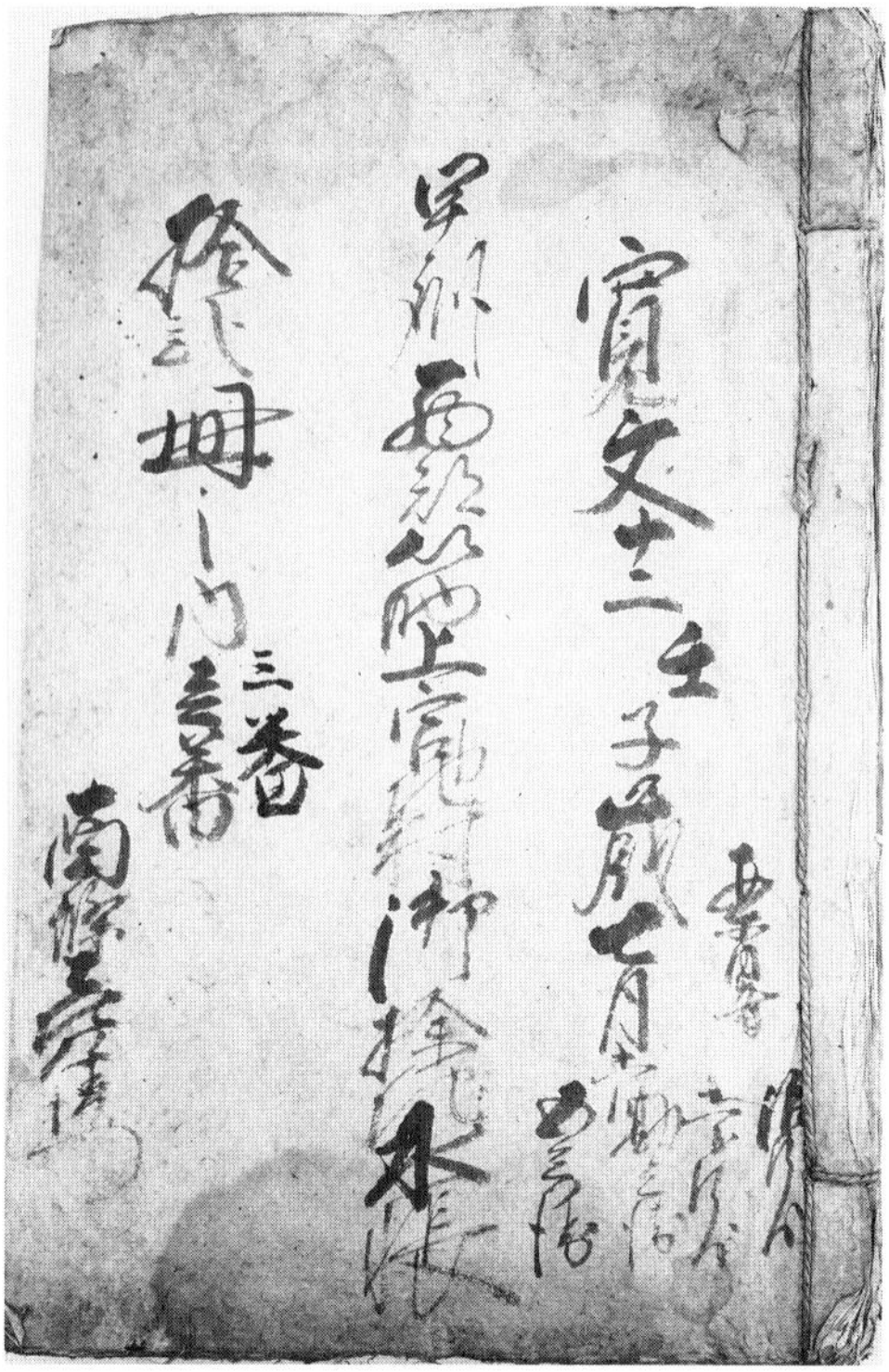

図2　甲州西郡筋上宮地村御検地水帳
（山梨県南アルプス市教育委員会蔵横小路家文書）

かを記した帳簿であり、名寄帳は村びとごとに村内でどれだけの土地を所有しているかを記した帳簿である。図2は寛文十二年（一六七二）に作成された「甲州西郡筋上宮地村御検地水帳」だが、田畑一筆ごとに大きさと作人が記されている。

村の人びと一人一人を管理した帳簿として宗門人別帳などと称される帳簿も村方文書として作成・管理された。これは家ごとにその家の戸主や家族の名前と年齢、菩提寺、牛馬数、奉公人ならどこの村から奉公に来たかなどが記された。地域によっては、石高などが記されている場合もある。もともとキリシタン政策の一環として、近世は寺請制が確立し、人の移動・管理には寺院が関わっていた。そのために作成された宗門人別帳は現在の戸籍と同じような役割を果たし、菩提寺が戸主以下の家族と奉公人の記載された箇所に押印し、帳簿の最後に間違いない旨を記している（図3）。

村ないし村内の組ごとに宗門人別帳が作成され、様々な寺院が署名・押印した一冊の宗門人別帳は村方文書として管理された。他の村に奉公に出たり、婚姻・養子によって家を離れる場合には、送り状（戸籍の移動を示す文書）がもともとの菩提寺から婚姻・奉公した先の家の菩提寺に提出されて、宗門人別帳に書き加えられるが、前記のような帳簿の管理であるため、送り状も村方文書としてまとめられた。

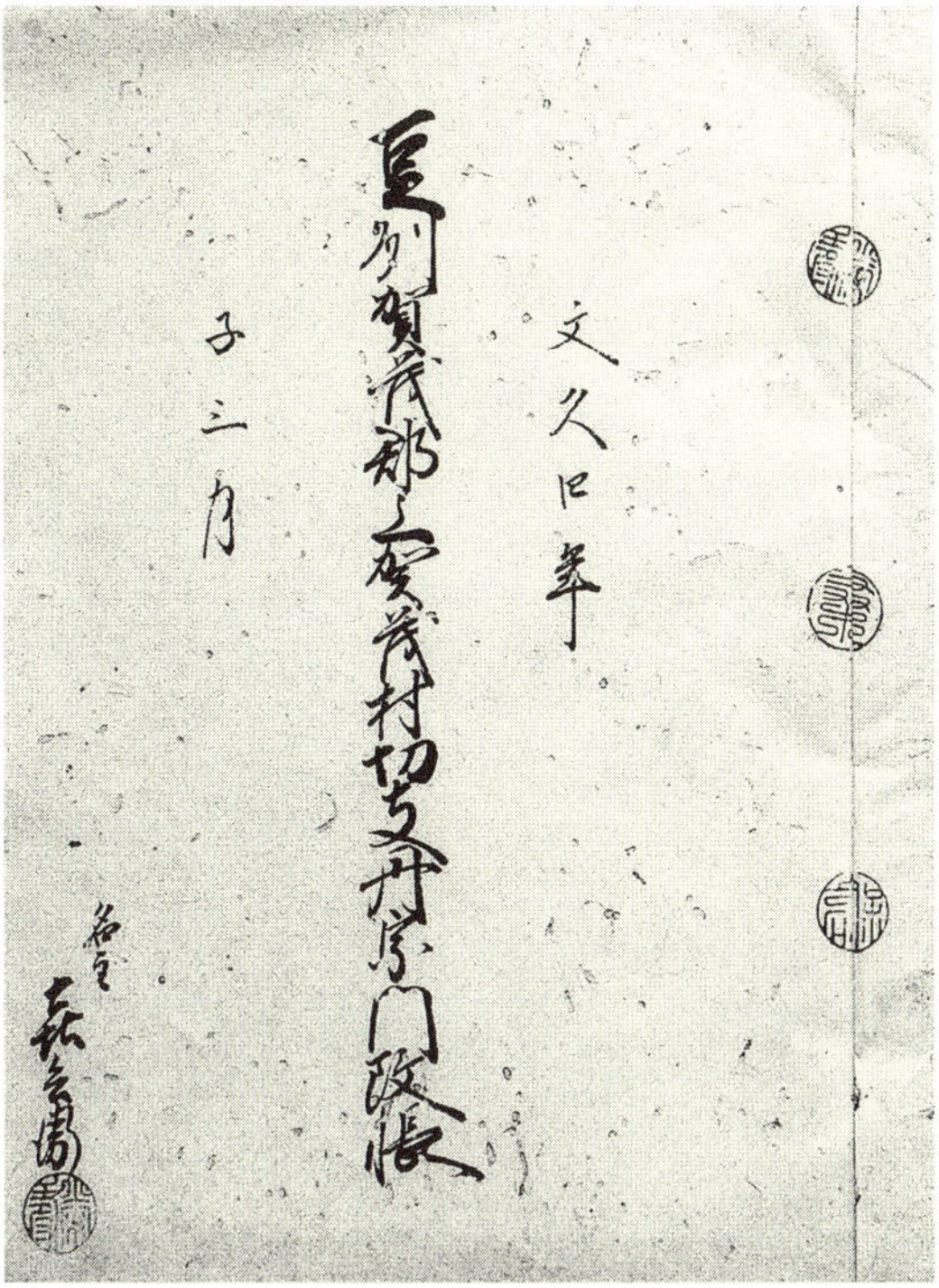

図3　豆州賀茂郡上賀茂村切支丹宗門改帳
（静岡県南伊豆町教育委員会蔵渡辺家文書1-203）

帳簿だけではなく、村方に多く遺されている文書として村内外の争論に関わるものがある。例えば、他村との境の争論、数ヶ村で共同に利用する用水や入会地をめぐる争論、中には酒乱による乱闘騒ぎなど、実に多様な争論の文書が遺されている。争論の際、領主権力に解決してもらうため、訴状・願書が役所へ提出される。その際、写しを作成することが多く、村方文書には訴状・願書原本のみならず、写しや下書きも多く見られる。領主権力による裁判によって結論が出ることもあるが、仲介人によって内済で決する場合もあり、その際には内済証文が作成され、これも村に遺る。争論に関わる文書はこれだけではなく、例えば、領主権力が村役人を召喚するために発給する差紙、幕府評定所で裁判するために領主権力から出される添状、村境争論で描写されて幕府役人が連署する裁許絵図など、ひとつの争論であっても実に多様な文書が作成される。争論の結論がその後の権利を保障することになるため、争論に関わる文書が村方には多く遺った。

二、村方の文書はどのように保存されたか

次に村方文書がどのように保管されたかを見てみよう。

紙媒体である村方文書は火災や風雨雪害・水害に弱いため、土蔵などの防火施設によって管理されることが多い。土蔵は、骨組みの上に泥を塗り、その上に牡蠣殻や石灰による漆喰を塗り、防火性を備えた施設である。図4は福島県双葉郡双葉町両竹の土蔵で、東日本大震災によって強い揺れと津浪に襲われたが、収蔵品を守り抜いた。加えて、原子力災害に対しても、収蔵品を放射線による汚染から守った。また、石材産出が豊富な地域では、近世後期から近代にかけて石蔵が築かれた。

村所有の蔵については信濃国諏訪郡乙事村（現在の長野県諏訪郡富士見町乙事区）の事例が興味深い。冨善一敏氏によると、乙事村では文化十年（一八一三）に村方文書を保管するための「帳蔵」を建設するが、その際、「半紙に一行しか書かれていない文書であっても、金に替えがたいものであり、文書を収納する蔵は宝蔵だ」と村では書き残している［冨善 二〇一七］。また、甲斐国巨摩郡青柳村（現在の山梨県南巨摩郡富士川町青柳町）の場合、村の中心を南北に走る駿州往還沿いに建てられた三間×二間の郷蔵があり、安政七年（万延元年。一八六〇）作成の「書物帳面引渡帳」によれば、一三四冊・九本（一枚物の書付のまとまりが九点）・一〆が郷蔵へ納められている［西村 二〇一七］。その他、大友一雄氏が明らかにした美濃国加茂郡蜂屋村（現在の岐阜県美濃加茂市蜂屋町）のように村の中央に位置する瑞林寺で保存・管理する事例もある［大友 一九九九］。

図４　福島県双葉町泉田家土蔵

蔵を建設しないまでも、文書を収納するための箱や箪笥を作製する事例は枚挙に遑ない。文書を収納して管理する箪笥は「御用箪笥」「御用帳箱」などと名付けられ、一般的には帳箪笥と称された。帳箪笥は大小の抽斗《ひきだし》があり、錠前が付いている場合が多い。中には、貴重なものを収蔵するための隠し抽斗がある場合も見受けられる。

名主役を村内の有力百姓の持ち回りで行う輪番制の村の場合、共有の帳蔵がなければ、名主の家で村方文書を保管することになる。そのため現用文書を頻繁に移動させる必要から箪笥が用いられた。文書の数が増えると、箪笥も増え、どこの抽斗にどの文書を収納したかを確認しやすいように、抽斗の外側に貼紙や付箋を付けることが多い。例えば、信濃国佐久郡山部村（現在の長野県北佐久郡立科町山部）の名主を務めた高橋家では、抽斗それぞれに貼紙が貼り付けられていて（図では「高井神社・当村諏訪神社・稲荷山細谷天王院幷ニ伊勢講中定入」など）、現在でも該当する文書が収納されている（図5）。

図5　長野県立科町高橋家帳箪笥

図6　静岡県南伊豆町肥田家文書収納の箱

現用文書だけであるなら、大きな箪笥である必要がない場合もある。むしろ、非常時に備えて、一人で持ち運びができる程度の小型の箪笥や文箱に収納されている場合もある。興味深い事例としては、甲斐国巨摩郡飯野村（現在の山梨県南アルプス市飯野）の宗之丞家に伝来した文書群の場合、岡持ち型の皿箱を転用して文書が保管されていた。

一方、箪笥ではなく、大型の箱に入れている事例も多い。伊豆国賀茂郡伊浜村（現在の静岡県賀茂郡南伊豆町伊浜）

に伝来した村方文書の場合、大型の木箱に収納されているが、この場合は利用を想定していたとは考えにくく、むしろ非現用をまとめて保管していたものと思われる（図6）。なお、文書の保管が厳密であったことは言うまでもないが、現在に至るまで近世文書の管理が引き続いている地域も多い。千葉県東金市田中区有文書の場合、現在でも「元老」と称される人びとが文書を収めた箱に封印をし、それを開ける際には「元老」が立ち会うことになっている［日暮二〇一三］。

ところで、帳簿の類は表紙に内容が上書きされているものの、一枚物の文書の場合、いちいち開かなくては内容が判断できない。そのために必要な内容を、折り畳んだ文書の右端の裏側に当たる「端裏」という場所に摘記することが多い。これを端裏書という。さらに関係する文書をまとめておいた方が保管や利用のために便利であるため、袋・包紙・紙縒りによって一括されていることも多い。例えば、大型の木箱に収められた既述の伊豆国賀茂郡伊浜村の場合、「論所御見分中入用書物入」と上書きされた袋の中に近隣村々との地境争論に関係する文書をまとめているように、多くの文書は一括管理されていた（図7）。

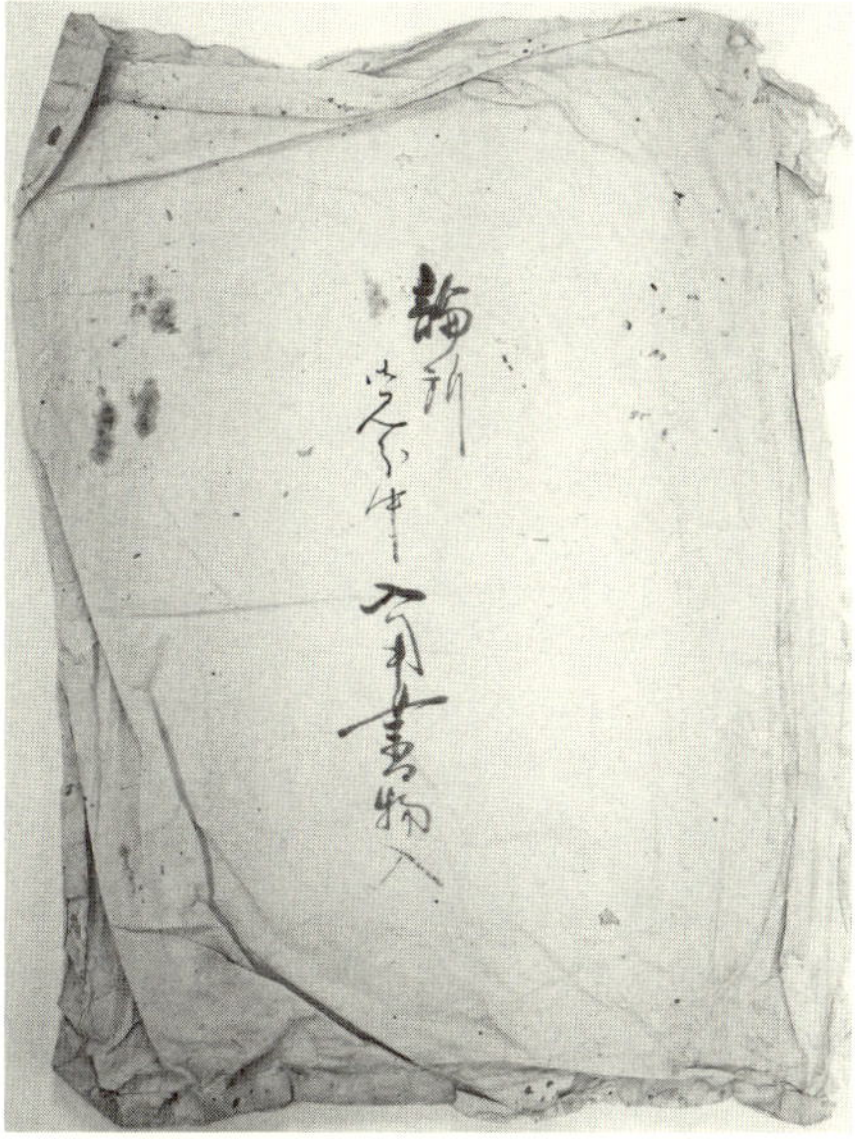

図7　静岡県南伊豆町肥田家文書の袋

したがって、袋などでまとめられた状態を無視して現代の我われが文化財保存のお題目のもと文書・記録を整理することは、当時の人びとによる「このように保管しておこう」という意識を蔑ろにし、まとまっていた歴史的経緯が破壊される恐れに繋がる。現在、文書館学・記録史料学・アーカイブズ学の分野を中心に、「原秩序尊重の原則」として現状を必ず記録することが求められている。

三、村方の文書はどのように管理されたか

世襲で名主・庄屋を務める家にせよ、輪番で名主・庄屋を務める村にせよ、多くの文書を管理するに当たって目録が作成された。とりわけ、輪番で名主・庄屋を務める村の場合、後継の名主・庄屋へ渡すべき文書を記した引継目録が作成されている。上野国を対象として名主に渡される引継目録を検討した田中康雄氏によれば、「村政運営に必要な最小限」と考えられる文書よりもさらに小さいレベル、主に年貢に関する文書を中心として引き継がれていたと評価している［田中 一九九四］。

たしかに田中氏の指摘はひとつの傾向を示しており、高橋実氏も常陸国茨城郡生井沢村（現在の茨城県東茨城郡茨城町生井沢）や同郡栗崎村（現在の茨城町栗崎）の事例を踏まえて、引き継がれる文書は年貢・土地・人別に関わるものがほとんどであると指摘する［高橋 一九九六］。他方、さらに多くの種類の文書が引継目録に記載されている事例も見られる。既述の冨善氏が提示した信濃国乙事村や同氏が検討した山城国相楽郡西法花野村（現在の京都府木津川市山城町上狛）に住した大庄屋浅田家など、地域性を示すような多様な文書が引き継がれている。

では、具体的にどのような文書が引き継がれたか、甲斐国巨摩郡青柳村の引継目録「書物帳面引渡帳」（図8・9）を検討してみたい［西村 二〇一七］。青柳村の「書物帳面引渡帳」は文政二年（一八一九）にはじまり、明治五年（一八七二）まで計二六冊の横帳が遺されている（文末表参照）。文政二年の「書物帳面引渡帳」には一三五種類

（一六五冊・三〇七通・九枚・二袋・一〆・一巻・形態不明一点）もの膨大な文書が記されており、冒頭に水帳（検地帳）・年貢割付状・年貢皆済目録を掲載し、田中氏の指摘通り年貢に関わる文書が重要であったことがうかがえる。但し、その次に掲載されているのが「古書物」と題された「河尻与兵衛殿天正拾年御判物」以下八点九通の中世から近世初頭の文書であり、青柳村の文書管理にとって「古書物」が重要な位置にあったものと推測される。すでに政治的な効力は失われているものの、地域存立の基盤となっていた文書を大切に保管することは他の地域でも見られ、地域の存立が危うくなる際には、そのような歴史的な文書が持ち出され、有効に活用される事例もあり、渡辺浩一氏はそのような文書を「存在証明文書」と定義している［渡辺二〇一四］。

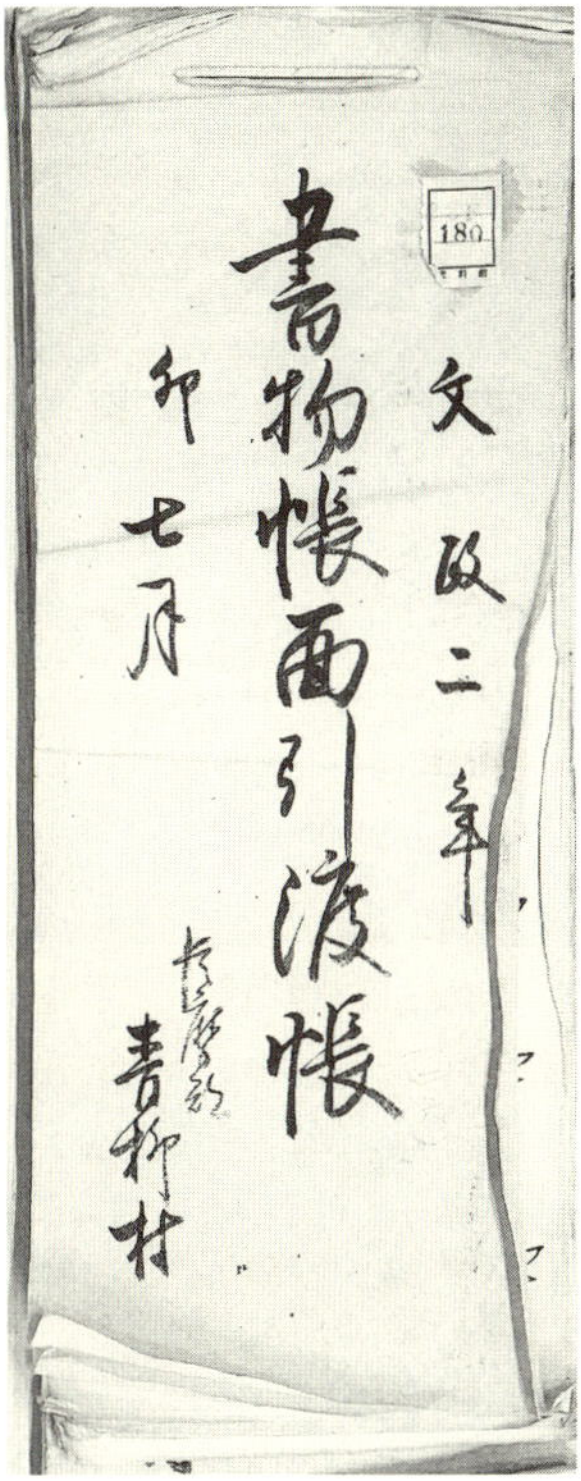

図8　青柳村文書引継目録表紙（国文学研究資料館蔵青柳村秋山家文書）

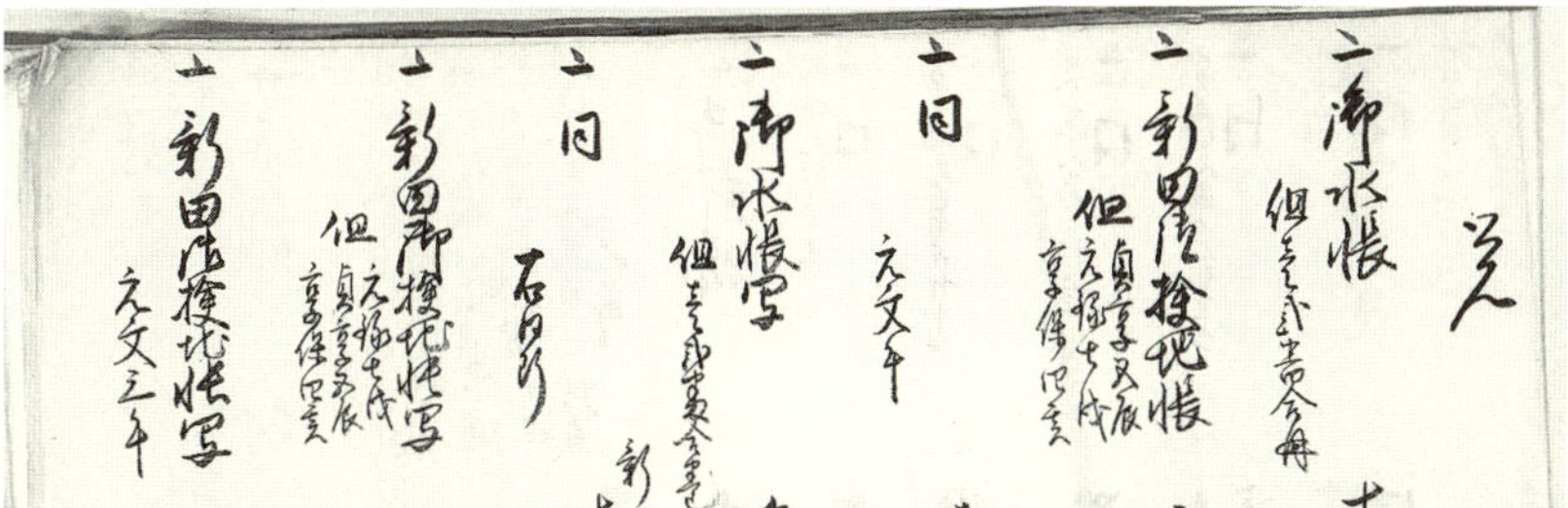
図9　青柳村文書引継目録本文（国文学研究資料館蔵青柳村秋山家文書）

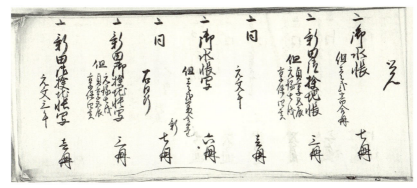

図10　釜無川と笛吹川が合流した富士川に架かる富士橋

その他、青柳村の「書物帳面引渡帳」を見ると、宗門人別帳・村明細帳・触書などの帳面が記されているが、特に注目されるのは水害とそれに対する救済・復旧・普請に関する文書の多さである。当該地域は、甲府盆地の西から流れる釜無川と、東から流れる笛吹川が合流して富士川となる場所であり、甲府盆地の最低地であるため、水害に悩まされてきた。「書物帳面引渡帳」を通観するだけでも、青柳村がいかに水害に悩まされていたかが如実に見て取れる（図10）。

では、青柳村において前任名主から後任名主にどのように文書が引き継がれたか。

多くの「書物帳面引渡帳」の巻末に前任名主及び長百姓が署名・押印して後任名主へ文書を引き継ぐ旨が記されている。いずれも七月の日付が記載されており、青柳村の御用留（様々な触書や村側から提出する文書を書き写した帳簿）には七月に代官所宛の名主交替願書が掲載されている。したがって、名主交替に際し、引き継ぐこととなった村方文書を新旧名主・長百姓が確認して、「書物帳面引渡帳」を作成し、その後、村方文書が新任名主へと引き継がれたものと思われる。しかし、膨大な文書を名主交替のたびに移動させるのは大きな負担であったものと思われる。そのため、当座必要のない文書は既述のように村の蔵へ納められた。

なお、このような文書の保存・管理を、高橋実氏は近代以降の文書館的システムの淵源として捉えている。重要な指摘ではあるが、いくつかの事例を遡及して、村方の文書管理システムの発生を誇大に評価する結果に成りかねない。また、青柳村の場合、名主交替願書には百姓代も連印して代官所へ提出されているものの、「書物帳面引渡帳」作成にはその他の小前百姓はもちろん百姓代も関わっていないことから、高橋氏による評価については検討が必要であろう。

文書・記録が村の存立のために重要であったことから、時に村内で文書・記録の所有をめぐって大きな争論に発展する場合があった。冨善氏は村方文書の引き継ぎをめぐる村方騒動を網羅的に収集することを試みており、事例が関東・甲信地域に偏っているとは言え、これまでに五五件もの騒動を明らかにしている。例えば、武蔵国多摩郡上成木村（現在の東京都青梅市成木）下分の場合、天明七年（一七八七）から八年の川除普請の賃銭受け渡しをめぐる村方騒動において、名主は退役の拒否とともに帳面引継を拒むことが問題となって、小前百姓九四名との争論に及んでいる。このように退役拒否と文書引継拒否が連動している事例は多く見られる。

四、村方の文書はどのように活用されたか

村で保存・管理された文書は、時として様々な利用が成された。他村との争論に際して文書が重要な役割を果たしたことは言うまでもない。村内の問題であったとしても、例えば高橋実氏が検討した常陸国茨城郡野曽村（現在の茨城県東茨城郡茨城町野曽）で起きた勘定の疑惑に関する村方騒動では、名主である次郎兵衛が所持していた帳面を村人立ち会いのもとで調査し、新しい年貢割合帳面が作成された。この村方騒動は文化六年（一八〇九）

に内済となったが、寛文年間（一六六一年～一六七三年）の「古帳」までも調査対象となっている。村方に遺された古い文書・記録は単なる遺物ではなく、現実の生活に密着していたことがうかがえよう。

争論・訴訟以外の点として、村のアイデンティティに関わる側面も明らかにされている。大友一雄氏が詳細に検討した美濃国加茂郡蜂屋村は、尾張藩御用の柿（蜂屋柿）を献上する村であり、関ヶ原の戦いにおいて徳川家康に柿を献上したことから、その後の諸役免除特権を獲得しているが、元文二年（一七三七）二月、同村の文書は村内の瑞林寺に保管されることとなった。蜂屋村の文書管理は、大友氏による近世由緒論研究の金字塔であり論点は多岐にわたるが、ここでは本稿に則して、利用の観点のみ見てみると、幕府からの諸役免除特権の問い合わせが来た際に瑞林寺より文書を引き出し、尾張藩郡役所へ提出している。また、第二次長州征伐に際しても、諸役免除特権の前提となった家康への柿献上を主張して、将軍・徳川家茂への柿献上を行っているが、その時の褒賞関係の文書も瑞林寺に収めている。瑞林寺という宗教的権威へ納めることで、文書・記録の権威を高め、文書に対する意識が強化されたのであった。既述のとおりこのような地域のアイデンティティに関わる文書・記録を渡辺浩一氏は「存在証明文書」と表現している。

近年では、文書管理を踏まえた編纂事業と地域における知識の獲得の様相が明らかとなっている。工藤航平氏による研究からこの点を見てみよう［工藤 二〇一七］。武蔵国埼玉郡西袋村（現在の埼玉県八潮市西袋）の名主・小澤平右衛門は、村内の文書・記録が十分に保管されていなかったため、名主業務に必要な情報を蒐集して、「御用向旧記留帳」などの編纂物を作成した。それは直面した問題に対応するためのみならず、将来起こり得る事件にも対応すべく編纂したのであった。また、武蔵国比企郡三保谷宿（現在の埼玉県比企郡川島町三保谷宿）の名主・田中畊太夫が編纂した「河嶋堤桜記」は、幕府による荒川上流の土手堤補強によって当該地域が被災することになり、その解決に向けた訴願をするため、水難・治水の文書・記録をまとめつつ、共同体意識の創出を目指したものであった。工藤氏は地域社会で構築されたこのような特有の知識を「地域〈知〉」と表現しており、その「地域〈知〉」に村方文書が生かされたのであった。

以上のように文書・記録は保存・管理されただけでなく、利用して、「地域〈知〉」を構築することに役立った。渡辺浩一氏は「文字情報蓄積形態の三つの局面」という視角を提示しており、それぞれ①原文書保管、②編集（原文書を分類して筆写する）、③叙述（原文書や編集したものを用いて過去を描写）と表現しているが〔渡辺 二〇一四〕、西袋村名主・小澤平右衛門や三保谷宿名主・田中畊太夫の編纂物について端的に説明しているといえよう。

おわりに

近世の村々では文書・記録の保存・管理が推進された。保存のための建造物や器物などがあり、次世代へ引き継ぐための目録も作られた。継承された文書・記録は争論・訴訟、権利・由緒を主張するための重要な証拠となった。さらには地域の知識を構築するためにも役立った。この背景には近世中期以降、幕藩権力による文書主義的な行政によるところが大きいと言えよう。

但し、従来の文書管理史では、保存・管理が過大に評価されているように思われる。果たして、文書管理を推奨する村がどの程度あったのか。名主引継目録をどの程度の村で作成していたのか。ないことの証明、「悪魔の証明」は困難であるが、現在の文書管理史を振り返れば、おしなべて近世の村々で文書・記録をありがたがり、継承のための努力が惜しまなかったように評価されていることに違和感を覚える。例えば、武蔵国埼玉郡西袋村名主・小澤平右衛門が編纂物を作成した理由・契機のひとつは、別の家が名主を務めたことによって文書・記録が散逸したためであった。必要な文書・記録の欠如によって業務遂行に支障が出たため、名主・小澤平右衛門は文書管理の見直しと編纂物の作成に至ったわけだが、一方で、そもそも文書が散逸した状況をどのように評価すべきであろうか。今後は文書・記録の散逸・廃棄・無意識化などの、近世文書「非」管理史の方法論の模索も必要であろう。そしてそれは、現代にも横たわる政府をはじめとした行政の公文書紛失・改竄・廃棄を解き明かす一助になるものと思われる。

引用・参考文献

今野美寿 一九七九『相馬藩政史』東洋書院
大友一雄 一九九九『日本近世国家の権威と儀礼』吉川弘文館
工藤航平 二〇一七『近世蔵書文化論――地域〈知〉の形成と社会』勉誠出版
高橋実 一九九六「近世における文書の管理と保存」青山英幸・安藤正人編『記録史料の管理と文書館』北海道大学図書刊行会
田中康雄 一九九四「近世名主文書の保管引継形態について――上州を事例とした類型検出の試み」『西垣清次先生退官記念宗教史・地方史論纂』刀水書房
冨善一敏 二〇一七『近世村方文書の管理と筆耕――民間文書社会の担い手』校倉書房
西村慎太郎 二〇一七「甲斐国青柳村の文書管理」『国文学研究資料館紀要アーカイブズ研究篇』一三
日暮義晃 二〇一三「田中区有文書および用水組合文書」『紙魚之友』三一
渡辺浩一 二〇〇〇「序」高木俊輔・渡辺浩一編『日本近世史料学研究――史料空間論への旅立ち』北海道大学図書刊行会
渡辺浩一 二〇一四『日本近世都市の文書と記憶』勉誠出版

表　文政二年「書物帳面引渡帳」

	文書名	数量	備考（但書・加筆・朱書など）
1	御水帳	七冊	但壱弐番合冊
2	新田御検地帳	三冊	但貞享五辰・元禄七戌・享保四亥
3	新田御検地帳	一冊	元文午
4	御水帳写	六冊	但壱弐番合巻
5	御水帳写	新七冊	但壱弐番合巻
6	新田御検地帳写	三冊	但貞享五辰・元禄七戌・享保四亥
7	新田御検地帳写	一冊	元文三午
8	見取反別帳	一冊	
9	高反別仕訳帳〈新古〉	二冊	
10	延宝御割附二通・元禄御割附七通・貞享御割附弐通・大古厘付拾通	—	壱〆ニ成ル
11	宝永元申より寅迄御割附	七通	
12	正徳元卯より未迄御割附	五通	
13	享保元申より卯迄御割附	二〇通	
14	元文元辰より同五申迄御割附	五通	
15	寛保元酉より三亥迄御割附	三通	
16	延享元子より四卯迄御割附	四通	
17	寛延元辰より午迄御割附	三通	
18	宝暦元未より同十三未迄御割附	一三通	
19	明和元申より八卯迄御割附	八通	

20	安永元辰より子迄御割附	九通	
21	天明元丑より申迄御割附	八通	
22	寛政元酉より申迄御割附	一二通	
23	享和元酉より亥迄御割附	三通	
24	文化元子より十酉・十二亥迄御割附	一二通	
25	享保五子・六丑・七寅・十巳・十三申・十四酉・十六亥・十七子・十八丑・十九寅・廿卯御目録	一一通	
26	元文元辰より五申迄御目録	五通	
27	寛保元酉より亥迄御目録	三通	
28	延享元子より三寅迄御目録	三通	
29	寛延元辰より同二巳迄御目録	二通	
30	宝暦元未より同十三未迄御目録	一三通	
31	明和元申より八卯迄御目録	八通	
32	安永元辰より九子迄御目録	九通	
33	天明元丑より申迄御目録	八通	
34	寛政元酉より十二申迄御目録	一二通	
35	享和元酉より亥迄御目録	三通	
36	文化元子より十三子迄御目録	一三通	朱書「十四丑迄」、一四通
37	河尻与兵衛殿天正拾年御判物	一通	但当郷遠住作職之事。見出し「古書物」（三七〜四四）
38	四奉行御判物	一通	但郷中掟之事
39	穴山梅雪公天正八年御判物	一通	但市場日限之事

40	市川以清斎・安部加賀守戸川用水青柳	二通	新宿へ引可申御書付
41	秋山摂津守棟別除幷御普請役	一通	三ヶ年御免許御書付
42	武田勝頼公甘利上条両棟別	一通	但寅之御判
43	武田信玄公青柳文六棟別免許之事	一通	但御朱印
44	市川草間御書付	一通	三七～四四「〆九通」
45	御用留	三冊	但寛政元酉・文化八未・享和三亥
46	御仕様帳	一九冊・外ニ五冊	寛政七・九・十一・十二・享和元・二・三〈是ハ仕越候弐冊也〉・同御蔵台道・文化元・二・四・五・同急破一冊・六・七・八・九・十・十一・十二・十三・十四・文政二。「〆弐拾七冊」。朱書「(文政) 三」、二七冊
47	被仰渡	一〇冊	但享和二戌・同亥・文化五辰三冊・同九・同十・同十二・同十二亥年
48	御触書	七冊	但享和元酉・文化二丑・同三寅・同四卯・六巳・同八未二冊〆
49	安永四酉・天明四辰明細帳	二冊	外ニ壱冊御普請明細
50	文政元火之用心請印	一冊	朱書「(文政) 二」
51	川除御普請ニ付請印	四冊	但寛政五丑・享和二戌・文化元酉・二
52	村方請印帳	一〇冊	寛政九巳借屋・同転奕・同十一未村定・享和二戌願筋之儀・文化二丑年・同九申三冊・同十一戌・十四丑年
53	文政二卯年宗門帳	二冊	
54	文政二卯年五人組	二冊	
55	先年認来る分五人組	一冊	

56	文政元年宗門壱紙證文	一通	朱書「(文政)三年」
57	文政二年寅夫銭帳	一通	朱書「(文政)三年卯春」
58	文政二年寅夫銭白紙	二冊	
59	文化十酉田畑名寄	三冊	
60	文政元寅田畑名寄	新三冊	
61	裏書帳	五冊	但四番安永五・五番天明七・六番享和二・七番文化七・八番文化十五
62	享和二戌・文化二丑内見帳	二冊	外ニ壱冊文化元子年分
63	享和二戌・文化元子畑方泥砂押小前帳	二冊	
64	享和二戌・文化元子田畑損地小前帳	二冊	
65	文政元寅夫銭小行帳	二冊	
66	文政二卯村祈祷入用帳	一冊	朱書「(文政)三辰」
67	寛政五丑より村方免割勘定目録	一巻	
68	村絵図	三枚	寛政五丑風祭求馬様へ・享和二戌鷹野又八様へ・享和二戌市川御役所へ
69	右之外村絵図	五枚	
70	富士川絵図	一枚	朱書
71	享保十七子九月大椚悪水堰切廣	一冊	右堰瀬廻し堰代引
72	明和七寅三月永引高反別	一冊	
73	元禄十一寅七月御代官江上ル堰代引	一冊	
74	安永九子御普請自普請仕来書上帳	一冊	七一～七四「〆四品者合冊ニシテ袋入」
75	村方口書	五三通	

76	村方口書	一三通	外帳壱冊
77	請取書	二通	芝間代金〈永兵衛・金八〉
78	水神領證文	—	善応寺。七七～七八「此弐品者小引出しもの」
79	出火御注進	六通	
80	出火入寺済口	八通	
81	乙黒村明暗寺證文并請取書	一袋	
82	森右衛門屋敷代金	一通	
83	夫喰帳	一袋	
84	借家證文案紙	二通	
85	東南胡村より預り置候一札	一通	
86	算書	一冊	
87	枡一件三郡願	一通	
88	藤田番人一件	一通	
89	寛政四冊・享和壱冊・文化十四丑迄十一冊御普請仕上帳	一八冊	外ニ村繕ひ五冊・文政二仕越共弐冊。朱書「文政三辰壱冊」
90	文化元子荒地引方	一冊	
91	持高小前	一冊	
92	損地引戻シ	一冊	
93	文化十五寅村入用夫銭帳下書	一冊	
94	文化二丑去ル子荒地小前	一冊	
95	文化八高反別段免書上	一冊	
96	家数人別稼方御尋ニ付書上	一冊	外ニ測量方江差上候分壱冊

97	家数人別稼方御尋ニ付書上	一冊	御廻米御掛り江差上候分
98	文化八未・十・十二・十四貯夫喰小前帳	六冊	尤惣石数御役所改御印形有之。朱書「文政二」、七冊
99	文化十二貯夫喰買入帳	一冊	
100	丑・寅甲府御蔵夫喰返納米小手形	二枚	丑抹消。朱書「卯」
101	寅年壱・卯弐枚置米之内手形	一枚	朱書「卯壱・寅弐枚」、抹消。朱書「(寅) 壱、卯弐枚」
102	値段引立御書付	一枚	
103	御廻米一紙	二枚	
104	丑・寅御通	二枚	丑抹消。朱書「卯」
105	四天王寺奉加請取	二枚	
106	牢屋修覆切手	一枚	
107	安藤様助人足	一枚	賃銀御切手
108	松平伊予守様御印鑑	一枚	
109	文化二丑閏八月定免御請文	一冊	
110	御廻米一件被仰渡	三冊	
111	籾種卸被仰渡	一冊	
112	天明四辰武三郎一件	七通	外御差紙一通
113	文化五石砂入損地小前帳	一冊	
114	文政元年石砂入損地小前帳	一冊	
115	文化十三石泥砂入	一冊	
116	郷蔵葺替入用	一冊	
117	文政三辰起返り小前帳	一冊	朱書

118	去ル子荒地小前	三冊	
119	文化起返小前	三冊	
120	段免小前寄付	一冊	
121	田畑荒地小前	一冊	
122	田畑損地書上小前	一冊	
123	田畑石砂入損地小前帳	一冊	
124	文化七午春鰍沢書付	一通	富士川通境目地貸
125	文化八未米穀一件済口證文写	一冊	
126	垈ヶ池書付	一通	
127	大工仲間より一札	一通	
128	番人友八召抱證文	一通	
129	神主奉加帳	一冊	
130	白山権現堂瓦葺替帳	一冊	
131	相続拝借金割賦小前帳	一冊	
132	坪川普請ニ付長沢より取候書付	一通	
133	文政二卯氏神本社葺替入用帳	一冊	
134	文政二御普請残米金手形	一通	朱書「（文政）三」
135	百姓逸八孝儀扣	一冊	朱書

丹波国山国郷における文書保存・管理・利用

柳澤　誠

はじめに

中世には禁裏（朝廷）領山国荘が存在し、幕末維新期には官軍に参加した農兵隊「山国隊」で知られる京都市右京区京北地域は、京都市街から車で約一時間の場所にある。集落は大堰川上流の両岸、山あいの平地に展開している（図1）。旧国郡制では丹波国桑田郡に属した。現在は銅板等で覆われているものがほとんどだが、もとは茅葺だった大きな屋根を載せた家屋が点在している。古くは平安京造営にあたり当地から材木を運送し大裏造営がおこなわれたという由緒が伝わっており、十五世紀後半以降は禁裏領（修理職領）荘園となっていた。近世の山国地域は山国八ヶ村、あるいは十ヶ村として史料上あらわれ、中世の山国荘の荘域は山国郷とも呼称されていた。第一章では郷内の区分や生業、特質について述べ、また祭祀の中核として位置付けられていた山国神社の文書保存に関わる経緯を取りあげる。第二章では近世における文書管理と利用の実態を明らかにすることで、当地域共通の利害に関わった近世文書がどのようにして伝えられてきたかを紹介しよう。

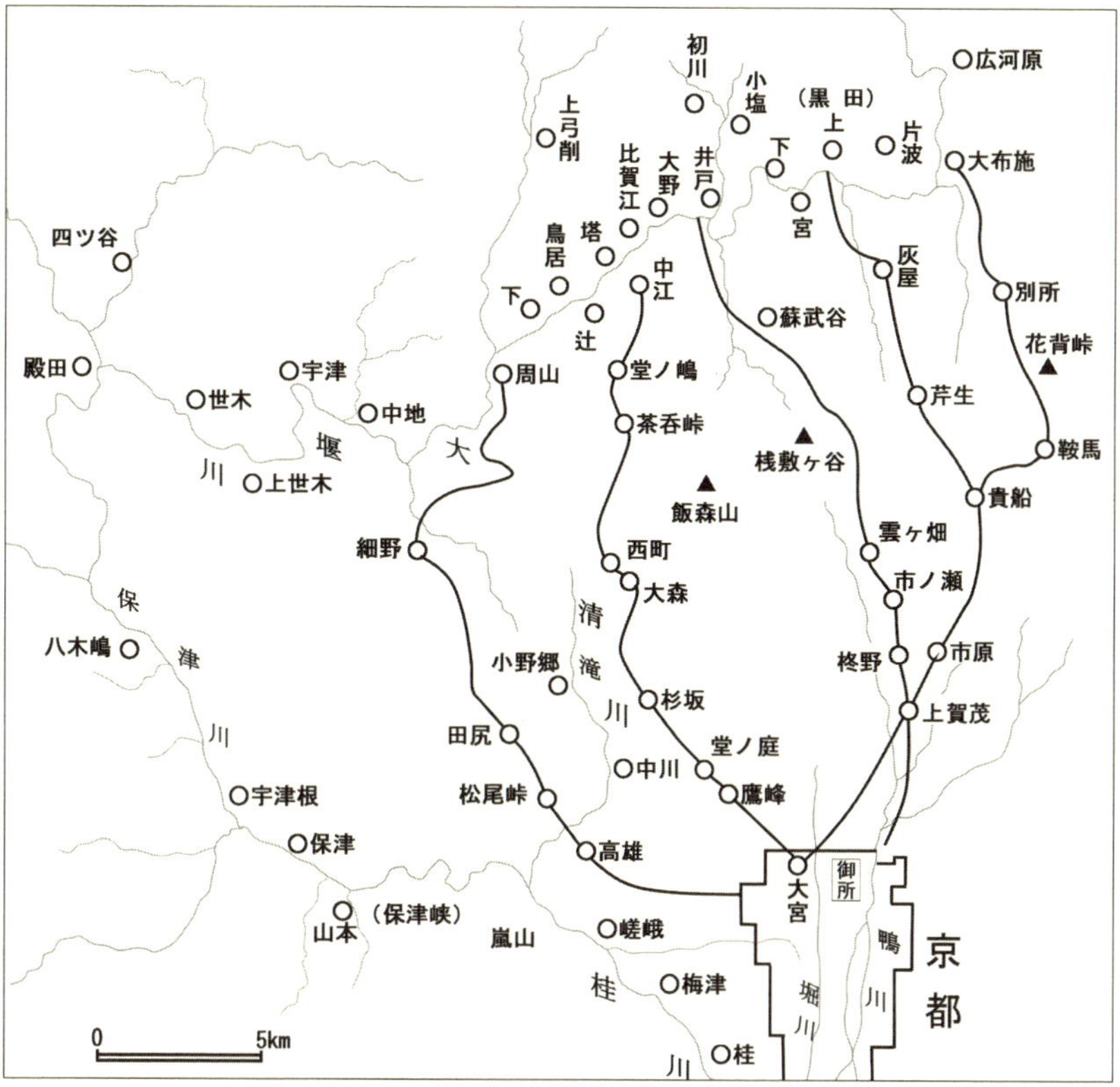

図1　山国郷および大堰川流域
（本吉瑠璃夫『先進林業地帯の史的研究』玉川大学出版部、1983年掲載図を改変）

一、山国地域と山国神社文書

（一）近世の山国地域と生業

近世の山国地域

中世、禁裏領であった山国荘の村々は、文禄五年（一五九六）九月におこなわれた太閤検地によって本郷八ヶ村（下村・鳥居村・塔村・辻村・比賀江村・中江村・大野村・井戸村）と、「枝郷」とも称される黒田三ヶ村（上黒田村・宮村・下黒田村）および小塩村を合わせて一二か村となった（小塩村のみ天正十五年（一五八七）に実施）。黒田三ヶ村を一村と数え、「山国十ヶ村」と表記されている場合が多くみられる。以下本文で「山国十ヶ村」「十ヶ村」とする場合は、この一二か村を指している。一二か村は江戸幕府成立後、すべて幕領に編成される。寛文六年（一六六六）に比賀江村のうち五〇〇石が梶井門跡（大原三千院）領となり、元禄十一年（一六九八）に梶井門跡領と塔村を除いて旗本杉浦氏領および旗本田中氏領に編入された（表1）。同十五年に田中氏領の村々は幕領に戻り、宝永二年（一七〇五）に塔村および幕領の六か村は禁裏御料となっている。慶長九年（一六〇四）に初代将軍徳川家康が朝廷に献上した「本御料」、元和九年（一六二三）に二代将軍秀忠が献上した「新御料」に対し、さらに加増したという意味で「増《まし》御料」と呼ばれた。下村・辻村・中江村・大野村の四村は旗本杉浦氏領として幕末を迎える。

近世山国地域では、中世以来の名主《みょうしゅ》の由緒をもつ有力百姓が神社の祭祀組織である宮座を運営した。以下「名主」と表記する場合は、近世の村役人である名主《なぬし》のことではなく、この名主のことである。宮座の費用や神社の修覆料を賄うため、惣荘山の中に宮山を有していた。名主の家筋には長男家（本家）と庶子家（分家）があり、規

表1　近世山国地域の支配変遷

呼称		村名	（慶長頃〜）	元禄11年	宝永2年「禁裏御料七ヶ村」
山国十ヶ村（黒田三ヶ村を加え「山国十二ヶ村」）	黒田三ヶ村	上黒田村	幕府領	旗本領（田中氏）	禁裏増御料
		宮村		旗本領（田中氏）	禁裏増御料
		下黒田村		旗本領（田中氏）	禁裏増御料
		小塩村	幕府領 寛文6年、梶井門跡領（300石）	旗本領（田中氏）	禁裏増御料
	山国八ヶ村（「山国郷」「山国本郷」）	井戸村		旗本領（田中氏）	禁裏増御料
		大野村		旗本領（杉浦氏）	→
		比賀江村		旗本領（杉浦氏）	→
		鳥居村		旗本領（田中氏）	禁裏増御料
		辻村		旗本領（杉浦氏）	→
		塔村		→	禁裏増御料
		中江村		旗本領（杉浦氏）	→
		下村		旗本領（杉浦氏）	→

※旗本田中氏領は断絶のため元禄15年まで。その後一時幕府領

定により庶子家は長男家の一代に一家に限り分出することが許され、長男家が断絶した場合、庶子家によって継承することができた。近世後期に至り、増加する庶子家の家格を整理するために、本郷八ヶ村では「古家撰伝集」（初版は宝暦十三年（一七六三））という由緒書を作成し、文政四年（一八〇七）と弘化四年（一八四七）に改訂をおこなっている。無法を働いた場合は長男家・庶子家といえども名主中から除かれる決まりになっていた。神事における席順は家格によって厳格に区別され、庄屋・年寄・頭百姓などの村役人は近世後期に至り経済的に成長した百姓の中から選ばれる場合もあったが、それらの役職とはかかわりなく、名主筋の者とそうでない者を明らかにし、家格の維持が図られていた。やがて名主筋の百姓からは没落する家もあらわれるようになり、非名主から富裕になった百姓との間で、名主の特権につらなる利権をめぐって対立も起こっている。幕末には名主家筋の有力百姓らが農兵隊を組織し、「山国隊」として新政府軍に加わり戊辰戦争に従軍・転戦したことも山国地域の名主を語るうえで欠かせない史実である。

図1　大堰川

山国地域の生業

山国郷の名主たちに共有されていた由緒では、平安遷都の際、内裏造営の用材を運び出したことで村里の境が定まり、先祖たちは朝廷に仕官するようになった、と主張している。これは同時に山国荘の起源を示してもいるが、山間荘園であった当地が擁する山野資源と生業との密接な関係を物語っている。実際に山国地域には朝廷に材木を納めていたことがわかる中世文書が伝存しており、また近世を通じて材木の生産や運搬、販売に関わる活動が活発であった。寛政四年（一七九二）の文書には「山国郷中の儀は、作間《さくま》の渡世に材木等売買仕り候につき、他所・他国掛け合い等御座候」（『丹波国黒田村史料』三九〇、以下、同書の数字は文書番号）と説明されていて、耕作を基調として材木商売に携わる者があったことがわかる。本郷八ヶ村と小塩村は慶長十一年（一六〇六）に村廻りの惣荘山（馬場谷・蘇武谷・西谷）を分割所有し、寛永七年（一六三〇）には奥山（のちの広河原村を含む一帯）を、黒田を含む一〇か村で分割したという（山国神社文書一―一二七。以下、同文書の番号は二〇〇八年科学研究補助金研究成果報告書掲載目録による）。分割にあたっては中世の名《みょう》の数とされる三六名に基づき、一つの名から本家一人と分家二人、計三人出すことにし、一〇八の「斧役」を設定して名主家筋の百姓に分配したといわれている。すなわち近世初期においては名主の家筋であることが役山を保持する資格でもあった。時代が下るにつれ経済力をつけた者が買得によって役山を持つようにもなっていく。

役山保持者は在村の材木商人として活動していた。大野村のある家の場合、京都の商人からの資金調達や領主からの拝借金を、山林や立木の売買、あるいは下草刈りなどの育林・伐出・筏組み・筏差しに必要な労働力確保の資金としていた［岡 一九六二］。

さらに名主の特権には鮎を漁獲し朝廷に献上する網役があり、これをおこなう権利として網株があった。元禄期以前の実態は不詳だが、当地の名産品でもあった大堰川（図1）における鮎漁の独占権を確保し、献上の規定量以上は販売して収入を得ることもできた。

広河原村の「独立」運動

山国郷は材木供給源として本郷八ヶ村廻りの山（馬場谷・蘇武谷・西谷）の他に、広大な奥山（広河原）を擁していた。史料上も「奥山」と記されているが、近世初頭には杓子屋・菅原・能見谷などの集落が形成されていた。この一帯は天正年間（一五七三～九二）の末より施薬院領となっていたが、近世行政村として広河原村が史料上現われるのは延宝三年（一六七五）のことである。惣石高の四割近くを山国十ヶ村の惣作地が占め、村民は下作して年貢を負担していた。山国十ヶ村側からは「出在家」とみなされ、新開や新規に氏神を祀ることの禁止など、広河原村の完全な独立を阻止する対応が取られていた。山国十ヶ村側は近世初頭以来奥山住人から取り置いた証文を保管し続け、広河原村側の主張を粉砕するため、訴訟のたびに証拠文書として提出している。その事例は後で述べることにしよう。

図2　山国神社

（二）山国地域の古文書調査と文書管理

山国地域の古文書調査

山国地域では、中世から近現代に至る伝来文書を保管している事例が比較的多く知られている。中世文書は戦前から注目され、東京帝国大学史料編纂所や京都大学が影写のため採訪している。戦後には野田只夫によって『丹波国山国荘史料』（一九五八年）・『丹波国黒田村史料』（一九六一年）が編纂され、本郷地区・黒田地区の文書が史料集で紹介された。一九六〇年代には同志社大学人文社会研究所によって調査が実施され、複数の文書目録が作成されている。その後の大規模な調査としては一九九〇年代後半より中央大学文学部教授坂田聡を代表とするグループが文書調査を進め、現在も継続している。ここからは上記の調査成果に拠りながら、山国地域における文書管理の一端をみていきたい。

連合村の「文庫」と文書管理

山国神社は京北鳥居町に鎮座する近世山国郷の総鎮守である（図2）。郷内には山国神社を一宮として、二宮以下の四つの末社（二宮＝比賀江村春日神社、三宮＝中江村賀茂貴布禰神社、四宮＝比賀江村御霊神社、五宮＝同日吉神社）があり、総称して「（山国）五社明神」と呼ばれていた。山国神社は「一宮大明神」とも称され、比賀江村御霊神社とともに山国十ヶ村の惣氏神として崇敬されていた。

二〇〇八年作成の目録によれば山国神社には一二〇〇点余りの文書が保存されている。内訳は大きく分けて宮座関係、鮎の網株関係、筏仲間および材木問屋関係、奥山（広河原村）関係に分けられる。年代がもっとも古い文書は正治二年（一二〇〇）の年号をもつ「北山中山国庄三十六名八十八家私領田畑配分弁官位次第」と題された名主由緒を記述した竪帳、続いて応永元年（一三九四）八月十五日付の後小松天皇綸旨として伝わった文書があり、これらは名主の起源と神社草創について記した証拠として、近世を通じて非常に重要視された。近世で最古の年代をもつのは寛永十七年（一六四〇）の筏流しに関する文書で、新しい年代では昭和六年（一九三一）頃までの文書がある。

明治二十年の文書整理

山国神社文書をみると、大半の近世文書にはおもに端裏部分に朱で符号が記されている。同じ符号が包紙や袋に記されている場合もある。これらは明治二十年（一八八七）十月付の「書類目録」（竪帳、山国神社文書四―一七二　図3）に記載された符号と一致する。この目録の表紙には標題とともに「山国神社」と記され、計五六〇点余りの文書について「いろは」を用いて以下のように七つの分類が施されている。「い・ろ」は「八ヶ村書類」、「は」は「諸絵図」、「に」は「筏係」、「ほ」は「桂店係」、「へ」は「流木件」、「と・ち」は「奥山事件」、「り」は「雑書之分」。現在、同神社の宝蔵には箪笥が保管されているが、各抽斗《ひきだし》には分類件名を墨書のうえ上記の符号が朱墨で記されている（図4）。「書類目録」にも箪笥の略図が書かれていることから、目録作成と同時期に文

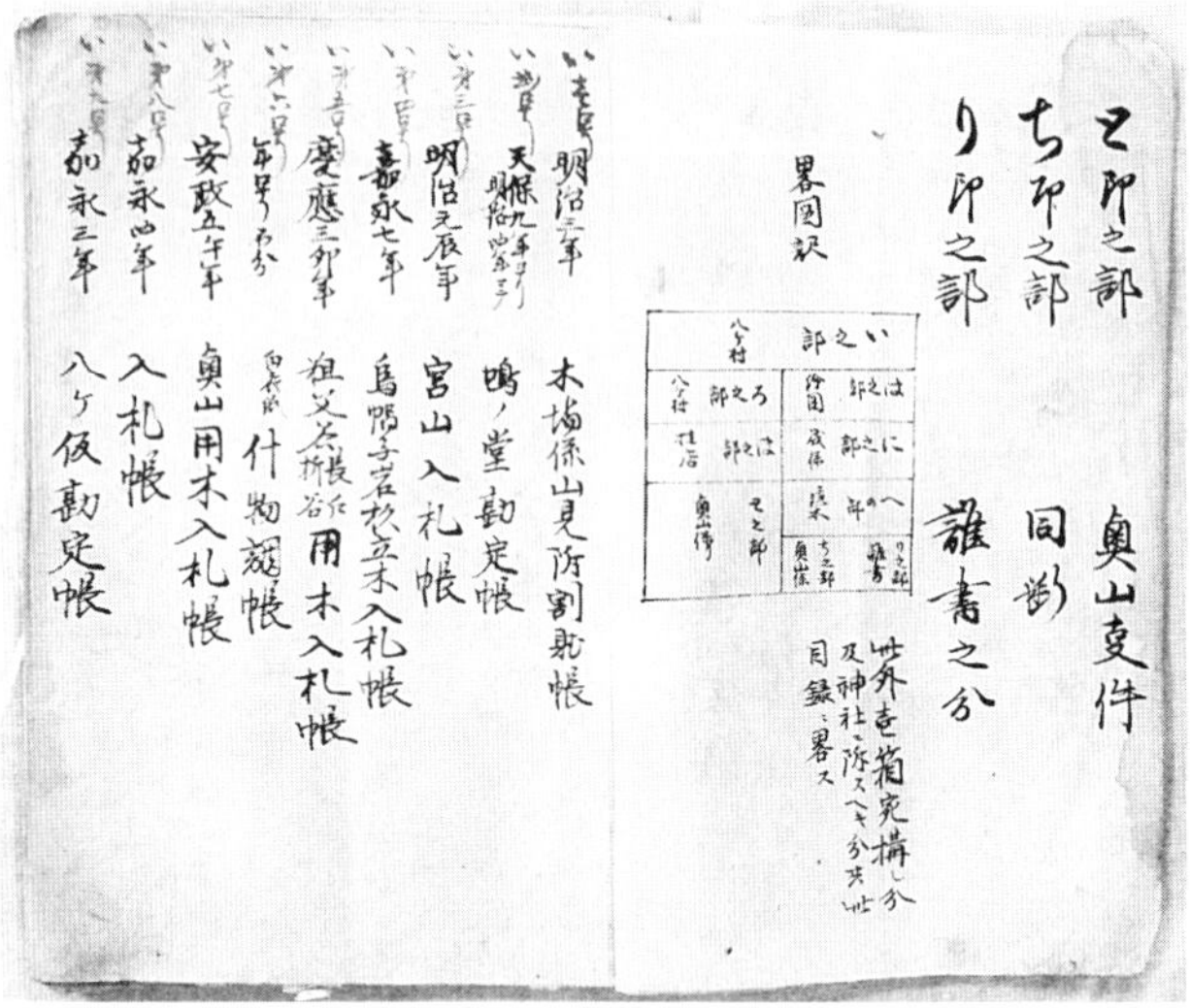
ヱ印之部　奥山支件
ち印之部　同断
り印之部　雑書之分
畧図訳

図3　書類目録

図4　山国神社の文書箪笥

書が収納されたことは確実である。但し現在、文書は箪笥から出され、別の保存容器に収納されている。明治二十年時点で神社に保管されていた文書の全体が点検され、朱で分類記号が記されたのである。なお、箪笥のほかに個別の文書箱に入れられていた文書があり、「書類目録」はこれらも収録している。

明治二十年の文書整理後、いつ頃まで箪笥に納められていたかは不明である。山国神社では戦前から複数の学術調査を受け入れており、調査のたびに包紙や袋などが外されたため、文書本体と離れ離れになったと思われるものも多い。包紙や袋の表書の情報や、文書本体に書かれた符号を追跡することで、もとの保管状態を復元することは可能である。現状では包紙や袋のみであっても資料一点として整理され、目録データから一致する符号を検索することが可能である。

なぜ神社に残されたか

宮座に関する文書や、名主の由緒、あるいは取り決めに関する文書が宮座組織設置の場ともいえる神社に納められていたと考えることは不自然ではない。山国地域の場合、大堰川で鮎漁をする権利（網株）の保持は原則的に名主筋の者しか許されていなかったし、材木商売への参加を可能にしたのも中世以来の名主が所有したといわれている斧役の特権に基づいていたからであった。材木の供給源である山を確保するためにも、広河原村から取った証文や訴訟に関する文書を蓄積しておくことは必要であった。以上のような当地域の歴史的諸事情を鑑みて、筆者も山国神社で文書が保存されていることに疑問を挟み込む余地はないと思い込んでいた。

二、高田寺宝蔵納置文書の管理と利用

（一）御霊神社別当高田寺宝蔵

山国神社文書の中には「高田寺」と書かれているものがある。例えば名主の家筋と家格の規定書ともいえる弘化四年（一八四七）九月の「改正古家撰伝集」（竪帳、山国神社文書三―一二六―一）を納める箱の蓋には「高田寺」

図5　御霊神社

と墨書され、帳面の末尾には「高田寺　宝蔵納」と記されている。高田寺は比賀江村に鎮座する御霊神社（図5）の別当寺であった。実は高田寺の宝蔵が名主仲間の共同文庫であったことを既に指摘している論考がある〔竹田 一九七二〕。その指摘も踏まえて、これまであまり注目されてこなかった高田寺における文書保管についてもう少し詳しくみてみよう。

明治二十九年（一八九六）に作成された「式内山国神社履歴」（山国神社文書五―三―七）には御霊神社境内の建物が挙げられており、そのうちの「庁舎」の項に「高田寺　大覚寺末流、弘化三年七月大洪水の節破損後、廃絶す」と記されている。高田寺は山国神社の別当寺であった神宮寺（泰国山、如意輪院）と同じく京都大覚寺門跡（嵯峨御所）末であったが、弘化三年（一八四六）の洪水の後に廃絶したという。同文書には神宮寺もまたこの洪水で破損した後に廃寺となった旨が書かれている。山国五社明神のうち、別当寺があったのは山国神社と御霊神社の二社であった。

高田寺の実態を知ることができる史料は多いとはいえない。僧がいた形跡もみられないという〔竹田一九七二〕。残された文書の中から同寺に関する記述を拾ってみると、「慶安元年（一六四八）すべて式法旧を求め相改め、高田寺を以て〈元高田は神田に作る。また神殿に作る。御霊社ならびに神殿寺かつ文庫等もこの頃成就せしとかや〉御供所とし、（後略）」（弘化四年「改正古家撰伝集」。〈　〉内は割書き）とあり、高田寺の「文庫」が作られたのは慶安元年頃であると伝わっていた。

明和三年（一七六六）三月六日・七日の両日、山国神社境内に舞台が設置され、能が挙行された。この能は、広河原村を相手にした訴訟の勝利を山国神社に祈ったところ、有利な裁許を得ることができたので、神前で報告する法楽《ほうらく》として催され、これにかかった費用が「臨時入用帳」（横帳、山国神社文書一―二九）に記された。この文書は、宝暦六年（一七五六）から明治三年（一八七〇）までの一世紀以上にわたり書き継がれた分厚い帳簿である。明和三年の法楽能の費用を書き出した後に「右委細は高田寺文庫に帳面これあり」と追記されており、ここからも高田寺に文書を蓄積する施設があったことが明らかである。実際に「山国五社明神奉納舞楽翁三番三」（山国神社文書五―一〇〇―六）という竪帳があり、この文書の袋の裏には次のように書かれている（山国神社文書一―四〇）。

高殿《（ママ）》寺宝蔵に納め置くものなり。
　銀高三貫百九拾目四分六厘
後々御能立願の砌開封これあるべき事。
　毎年虫干にこのまま差し置き候定めなり。

また、前に取り上げた弘化四年の「改正古家撰伝集」末尾にある「掟」には、

（前略）こたびの書記墨付本紙四拾四枚、刪字これ無く以後私に加筆致すべからず。こたび神田寺《（ママ）》宝蔵へ一冊相納め置き候につき、その村々加筆これあるにおいては、その一冊と校合致し改め申すべし。

とあり、高田寺宝蔵に原本が納められ、勝手に書き変えることを禁じ、校正原本として用いる際には使用すべき旨が記されている。

（二）　宝蔵納置文書の点検と目録

現在の山国神社文書の中には近世に作成された文書目録がいくつか確認できる。作成年次が明確ではない目録や、破損のため閲覧できない資料も含まれるが、以下に挙げておこう。

①「山国庄証文入日記」（竪帳、山国神社文書三―一二一―一。近世初期〜宝暦十二年〔一七六二〕頃までの文書を記入。破損大）
②宝暦三年（一七五三）六月十八日「五霊《（ママ）》大明神宝蔵帳箱山国諸証文入日記」（竪帳、同一―三二）
③安永四年（一七七五）六月二十四日「諸方書物目録帳」（竪帳、同五―四一。天保四年〔一八三三〕までの文書記入）

右のうち①は最も古いものとみられるが、破損が激しく今のところ開いて見ることができない。②は内容が確認できる最も古い文書目録である。記入されている文書は計九一点（六三通・二四冊・三幅・一枚）。「数通」「数拾

通」と書かれている場合もあるので実際には一〇〇点を超えていた。標題のとおり、宝暦三年時点で「五霊大明神」すなわち比賀江村御霊神社の別当高田寺宝蔵に納められていた文書が調べられ、標題と点数（通数・冊数等）が記入された。この時の文書改めに関する資料は目録のほかには見当たらない。しかし③については目録作成の経緯を記した文書が残っているので、次に掲げよう（山国神社文書五―一〇〇―二「山国八ヶ村名主中連判定」図6）。

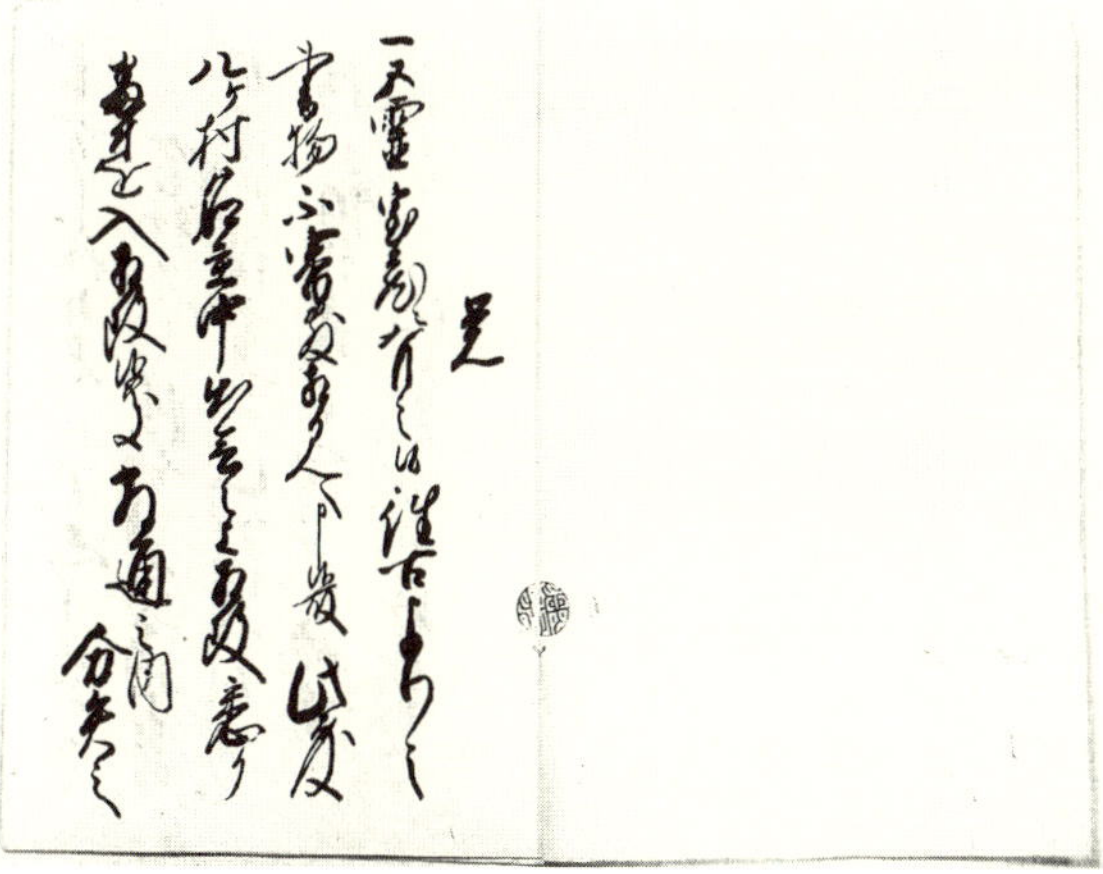

図6　山国八ヶ村名主中連判定

覚

一、五霊《ママ》宝蔵にこれあり候往古よりの書物、不審しく（原文「不審敷」）相見え申し候ところ、こたび八ヶ村名主中出会いの上相改め、悉く番付を入れ相改め候ところ、数通の内分《紛》失の書これあり候よう相見え候えども、知り難く候につき、有物ばかりの帳面ならびに諸書物相改め目録帳に認め置くものなり。これ以後八ヶ村ならびに拾ヶ村掛り日記悉く相記し、毎年六月廿四日名主分高田寺へ出会いの上、目録帳面に書き記し末代まで残し置き候よう相心得べきものなり。もっとも有物の書物一々目録帳面と引き合わせて猥りこれ無きよう相改むべき事。

一、長男家壱人ずつ行司村より立ち会い、宝蔵に封印これあるべき事。

附たり、鍵は隣家の名主家へ預り置くべき事。
右の趣、違失これ無きよう相心得べし。右、依りて村々名主惣代連判一札件の如し。
安永四未年六月
（山国下村名主惣代水口忠蔵ほか七村惣代一二名連印省略）

「五霊」とは御霊神社のことである。その宝蔵にある古くからの書物が不審であった、つまり何があるか無いかがはっきりしなかったので、八ヶ村名主が集まり番付をして全部改めたところ、紛失している文書があるようだったが、それが何の文書かを知ることができなかった。そこで現存する帳面や文書を調べて目録帳に記入することにした。そして以後は本郷八ヶ村ならびに枝郷の黒田と小塩村を含めて十ヶ村が「日記」に全て記し、毎年六月二十四日に名主らが高田寺に参集して目録帳面に記入し、末代まで残すこと、と定めている。「日記」とは本郷八ヶ村および十ヶ村全体の出来事に関する記録のことであろうか。ともあれ毎年六月二十四日に目録帳と引き合わせ、文書の点検がおこなわれるようになったことがわかる。二か条目に「行司村」とあるのは、その年の年番に当たっている村のことで、毎年正月十日に新旧の引継ぎがあった。年番の村の名主のうち本家筋の者が宝蔵の封印をおこなった。

こうして③の目録が作成された。同目録には計二二三点（一八一通・三八冊・三幅・一枚）の文書が記されているが、安永三年（一七七四）二月付の文書を下限とする一七〇点（一四一通・二五冊・三幅・一枚）までは同筆で書かれ、それ以降はおおむね冒頭に文書を点検した日付が書かれ、その後に宝蔵に追加された文書の標題を記すようになっている。天明元年（一七八一）六月二十四日から天保四年（一八三三）六月までの記述があるが、目録上、文書は毎年追加されているわけではない。作成されたものから順に納めていったのではなく、過去に作成されていたが、後に宝蔵に納めるべきと判断された文書を選択のうえ追加して納めたようである。例えば寛保二年（一七四二）・寛延四年（一七五一）・宝暦三年（一七五三）に作成された「五拾弐ヶ村定書」三通は、文化十一年（一八一四）六月二十四日に目録に記入され、「右は水口預りに候ところ、こたび宝蔵へ差し入れ置く」と注記されている。「五拾弐ヶ村」とは、大堰川筋で下流の材木市場に材木を出荷する権利を有した五二か村の団体で、そのうち大堰川本流筋である山国十ヶ村は「大川組」を称していた。

上記三通に該当する文書は現存しており、そのうちの宝暦三年四月二十二日付「五拾弐ヶ村会談之覚」（山国神社文書四—一八四）の奥書に「右連判書付大川組に壱枚、小川組に壱枚これあり候。右寄会宿上黒田村吉左衛門にて相認む。大川組連判書付預り主　水口彦太郎」とある。ほか二枚に水口氏が預かった旨は記されていないが、このように作成から六〇年以上名主筋の家で保管された文書が宝蔵に納められる場合もあった。

（三）「袋尽に干し申すべく候」

毎年の書物改めが六月二十四日に設定された理由は、土用の虫干に合わせたためであろう。前述した「臨時入用帳」の中には、文化年間（一八〇四〜一八）の中頃に書かれたと考えられる「近来毎年入用品々」の内に「高田寺虫干造用」とある。毎年六月十八日に高田寺では懺法《せんぼう》（経を読誦する儀式）がおこなわれ、「高田寺虫供養懺法」とも記されていることから、虫払いの効験が期待されていたのかもしれない。

宝蔵の文書がどのように虫干されていたかはわからないが、文書の袋に付けられた札に、虫干されることを前提に注記されている例がある（山国神社文書五—一〇二—二　図7）。

（内袋上書）
寛文五巳二月日　明和元申年御裁判書の御文言にこれあり候　惣連印の書附
同断
貞享三寅九月日　広河原村百姓市郎兵衛畑につき　惣百姓連印一札
同断
元禄十弐卯五月　御検帳広河原村へ「御検地帳」（抹消）相渡し候時取り置き候　庄屋年寄組頭連印一札

本紙
三通

（貼紙）

「山国より上る」

（外部上部朱書）

「と第壱」（外袋蓋部分）「い印」

（外袋付札）

「い印　此三通の本紙証文開封無用。虫干の時袋侭に干し申すべく候。袋より出す事堅く無用。但し披見致したく候わば写の帳面あり。」


袋の本体には封入した文書の年月と概要が書かれ、本紙三通入りである旨が記されている。三通の文書は奥山（広河原村）の住人たちから取った連判状の正文で、いずれも現存している。外袋・内袋（図8）の入れ子になっているが、袋に書かれている内容は符号を除いて内・外ともにほぼ同じである。外袋に紙縒で付けられた付札の書付は、虫干の際に袋から出して干すことを禁じている。また、文書を開いて見たい場合は写を取った帳面があるので、そちらを見るよう指示している。実際にこれらの文書を写した竪帳も現存している（山国神社文書二―八五「寛文巳年証文・延宝寅年御三判御裏書・延宝三卯年証文・貞享三寅年証文・元禄十二年卯年証文・延享二丑年証文・明和申年御裁許書」）。

（四）保存して証拠文書として使う

なぜ開封を禁じられていたのだろうか。三通の証文は文化七年（一八一〇）六月に広河原村庄屋・年寄らが禁

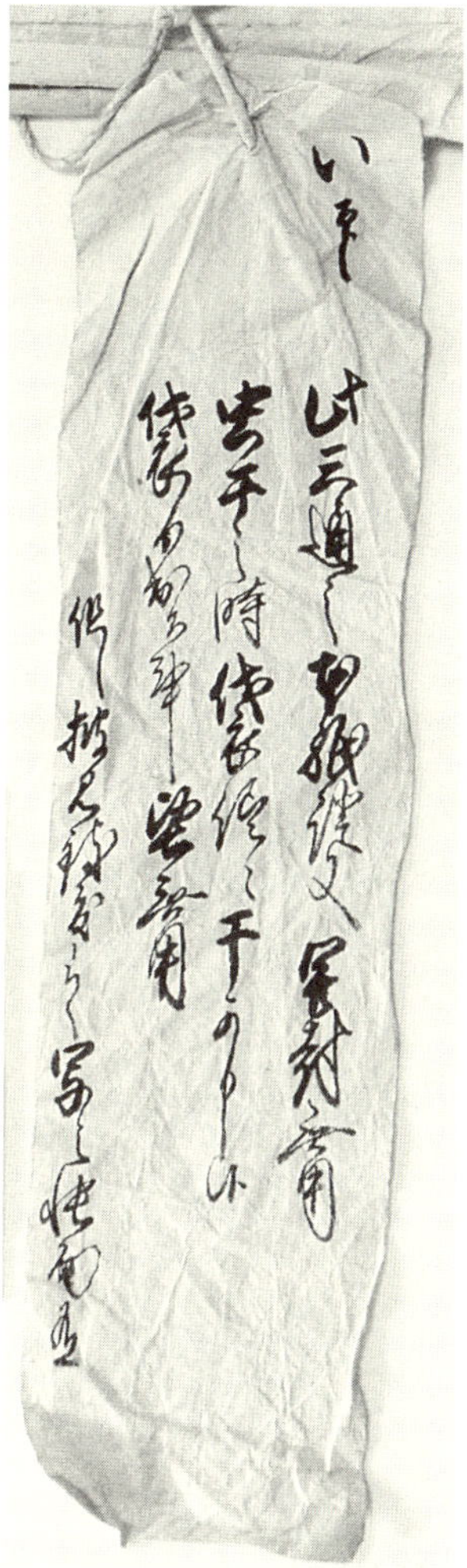

図7　付札「袋侭に干し申すべく候」

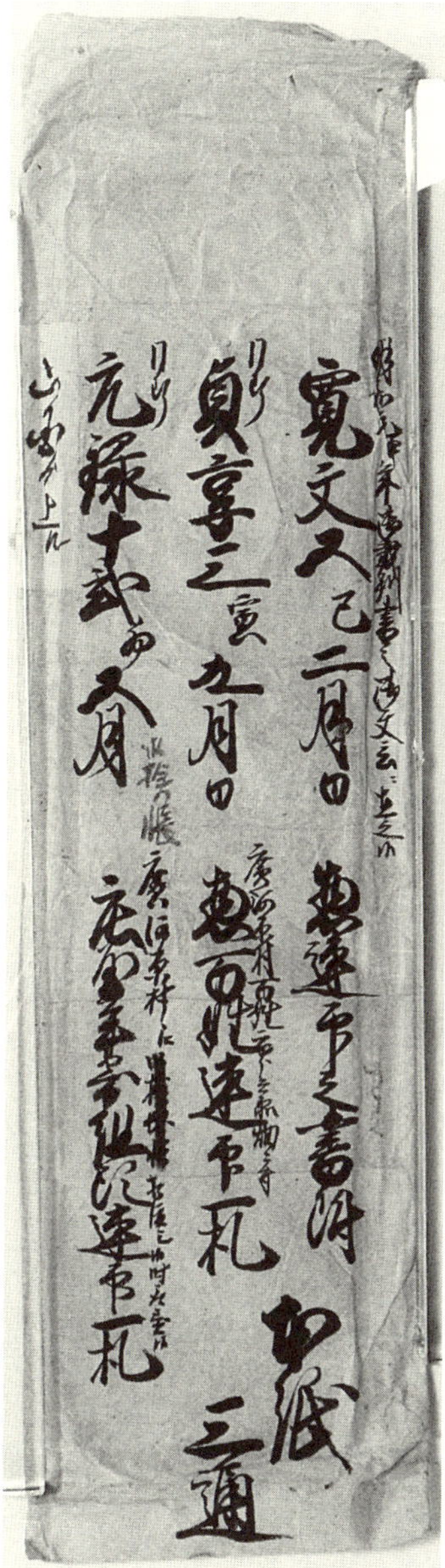

図8　内袋

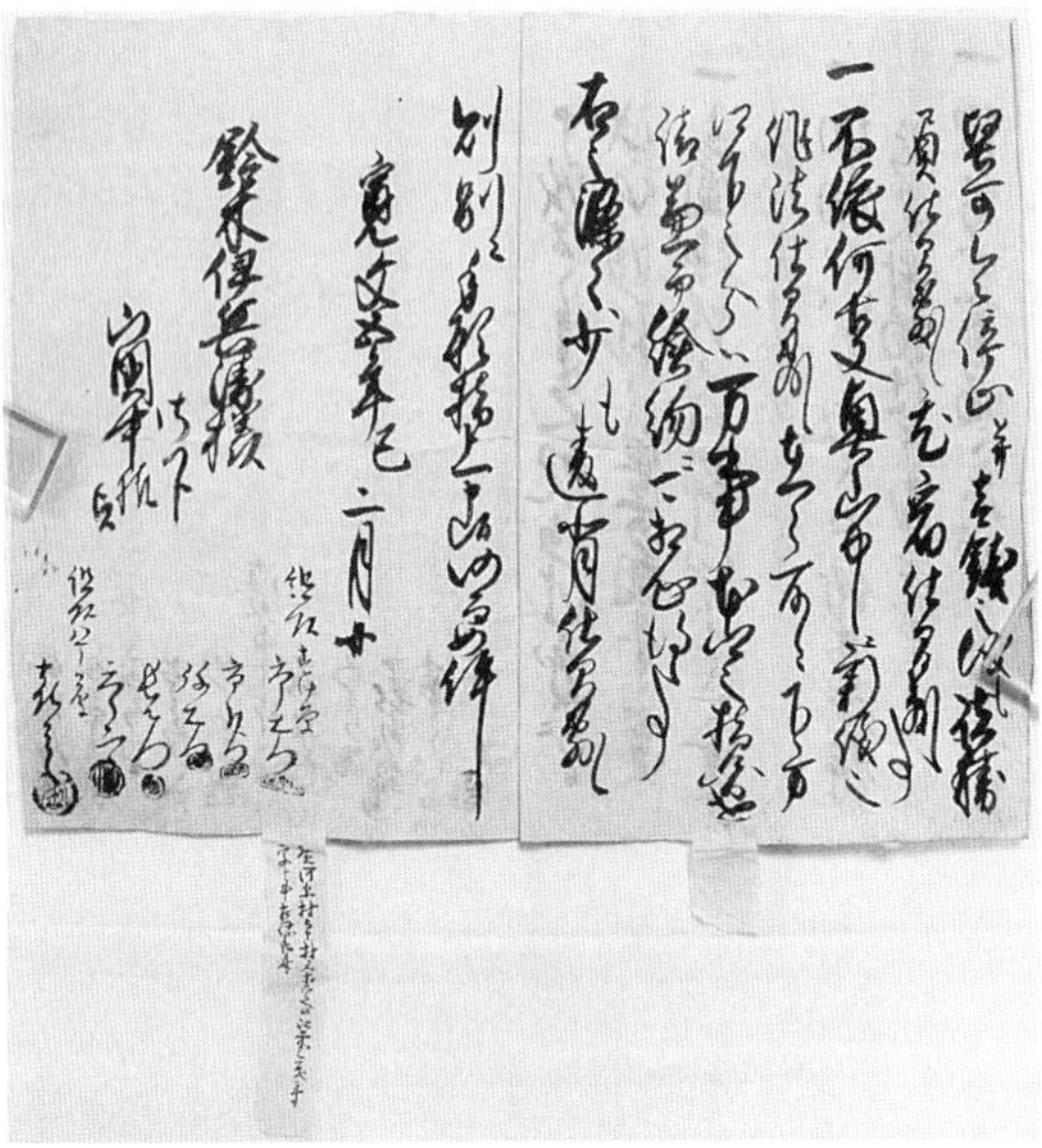

図９　「丹波山国領奥山中御法度之帳」連署部分

裏代官の小堀氏に出訴した際、山国十ヶ村側の返答の中で挙げられ、十ヶ村から証拠文書の一部として小堀氏に提出されたようである。「山国より上る」という貼紙はこの時付けられたのであろう。この時の広河原村側の訴えは、広河原村の持分であるはずの土地が他領である山国十ヶ村から支配されており難渋しているが、支配を受けている理由がわからない。山国十ヶ村が広河原村の山の支配を許されたという証拠文書を見せてほしい。そうすれば村の者も納得して収まりがつく、という内容であった（『丹波国黒田村史料』七二）。この年の三月十五日に広河原村能見谷の清兵衛ほか一〇名は、上黒田村が建てた山稼ぎのための寝泊まりする山小屋を襲撃し、小屋を潰してしまった。清兵衛らの主張は、小屋が建てられていた土地は能見谷の年貢地であること、雑木については広河原村から山役銭として毎年施薬院へ一石九斗納めているのであるから、十ヶ村が支配している山林も残らず自分たちの卸山《おろしやま》にしてほしい、というものであった（山国神社文書五―六九―一）。この件は清兵衛らの心得違いということで収束したが、その後も広河原村側では収まらず、十ヶ村が広河原村を支配する根拠を求め出訴したということだろう。

前に挙げた袋書にある寛文五年（一六六五）の「惣連印の書附」とは、山国十ヶ村の指図を受け法度を守るべき旨を「すけ原（菅原）」ほか八か所の組頭をはじめ四八名が連印で差し出した「丹波山国領奥山中御法度之帳」（山国神社文書五―一〇二の内　図9）にあたり、正文の署判部分には「広河原村と申す村名相定まる以前の義につき、字名ばかり相認め御座候」と書かれた下札が付けられている。貞享三年（一六八六）の「惣百姓連印一札」および元禄十二年（一六九九）の「庄屋年寄組頭連印一札」も同様の内容の文書で、広河原村が成立する以前から山国十ヶ村の支配を受けていた証拠となる文書として訴訟の際に提出されていた。袋書の各文書の概要に傍書されている「明和元申年御裁判書の御文言にこれあり候」とは、明和元年（一七六四）七月に出された山国十ヶ村と広河原村の立木伐採出入に関する裁許状に引用されているという意味である。この裁許状の写から引用してみよう（山国神社文書五―七三）。

（前略）もっとも山国十ヶ村惣代差し出し候寛文五巳年二月とこれある書付の内に、切畑致さず山国より差図これなく自分に杉檜山林商売は勿論、竹木茶柿諸色樹物致すまじき旨これあり。貞享三寅年九月、広河原村百姓市郎兵衛と申す者山国支配の畑につき出入これある節の書付にも諸事十ヶ村差図を請け申すべき文言、元禄十二卯年五月の書付にも広河原村は山国十ヶ村の出在家とこれあり候ところ、色々と紛らわしく申し立て候。

これら三通の文書は、山国十ヶ村にとって広河原村を支配する証拠であったことは勿論、たび重なる広河原村による実力行使や出訴など、十ヶ村の支配から脱しようとする動きを粉砕するための武器でもあった。一旦証拠として採用されることは、次の訴訟の証拠文書としての効力を高める根拠にもなる。そのために実績を袋に記したうえ、本文閲覧用に帳面に写し、証拠文書として提出する場合に備えて厳重に保管していたのである。

(五) 黒田三ヶ村の神社

黒田三ヶ村(上黒田村・宮村・下黒田村)は山国(本郷)八ヶ村側からは小塩村とともに枝郷と称され、山国神社の祭祀圏内とみなされていたが、実際には上黒田村は同村に鎮座する春日神社(図10)を祭祀し、宮村と下黒田村は宮村に鎮座する春日神社(図11)を祭祀していた。両神社ともに宮座や宮山があり、関係文書が納められ現在に至っているが、それぞれ異なる特徴がみられる。

上黒田春日神社には明治三十年代後半までの八〇〇点余りの文書が現存しており、中世文書が四点含まれている(一点は高札)。そのうち嘉慶元年(一三八七)の文書は、天保元年(一八三〇)に上黒田村の旧家から神社宝蔵に納められたことがわかる(『丹波国黒田村史料』七九)。近世文書では元和八年(一六二二)をはじめとして、本来庄屋の家に蓄積される文書が多く確認される。近世後半までに庄屋の文書を神社に納めた経緯を記した帳面が残されており(上黒田春日神社文書C—二二—五九「御宮記録簿」)、年貢割付状と皆済目録については幕末に至るまで蓄積されている。

一方、宮村の春日神社には宮座や宮山に関する文書を中心として二〇〇点余りの文書が伝存している。そのうち一〇〇点余りが近世文書、残りは近現代文書である。宮村の場合、庄屋家の文書は神社(あるいは別当寺常燈寺)に納められることはなかった。宮村の庄屋を務めた菅河家、あるいは下黒田村の井本家の家蔵文書として村政関係文書が現存している。

図10　上黒田春日神社

図11　宮春日神社

おわりに

山国神社の宮座組織は明治五年（一八七二）に解体したといわれている。このとき役山とともに宮山も売却された。広河原村にあった山国十ヶ村の山林は二二〇〇両で広河原村に売却されている。また明治七年十二月には旧名主が管理していた什物の一部が売却された（山国神社文書一―二一「八ヶ旧名主諸道具売上帳」）。「鉦鉢」や鰐口・太鼓・柄香炉・磬子《けいす》等の仏具が売却されている。中には能面や「万国人軸」「貞家式紙（定家色紙ヵ）」等も見られる。既に廃寺となっていた神宮寺や高田寺の旧什物を中心に払い下げられたのであろう。山国神社では前述のとおり明治二十年十月までに文書整理がおこなわれ、その際に目録が作成され、専用の箪笥も用意されて保管することになった。この整理が現在に至るまでの伝存をより確かなものにしたに違いない。

しかし本稿で明らかにしたように、少なくとも弘化四年（一八四七）頃まで山国八ヶ村および十ヶ村全体に関わる文書のほとんどは、比賀江村高田寺宝蔵に保管されていた。宮座や宮山の解体という大きな変化に直面しながらも、ほぼ損なわれることなく移管・整理が実施された実態の解明については今後の課題である。

引用・参考文献

秋山國三　一九六七「近世山国の領主支配と貢租」同志社大学人文科学研究所編『林業村落の史的研究』ミネルヴァ書房

岡野友彦　二〇〇九「修理職領から禁裏領へ」坂田聡編『禁裏領山国荘』高志書院

岡光夫　一九六七「近世山国郷の林業経営」同志社大学人文科学研究所編『林業村落の史的研究』ミネルヴァ書房

坂田聡（研究代表者）二〇〇三『京都近郊山間村落の総合的研究――丹波国山国荘黒田三ヵ村の民衆生活に関する史料学的アプローチ』平成十一年度～平成十四年度科学研究費補助金　基盤研究（B）（1）研究成果報告書
坂田聡（研究代表者）二〇〇八『中世後期～近世における宮座と同族に関する研究――主に丹波国山国荘地域を例に』平成十七年度～平成十九年度科学研究費補助金　基盤研究（C）研究成果報告書
坂田聡二〇〇九「序論　山国地域史のあらましと研究の軌跡」『禁裏領山国荘』高志書院
坂田聡・吉岡拓二〇一四『民衆と天皇』高志書院
高橋雅人二〇〇九「近世村落連合の歴史的変遷」坂田聡編『禁裏領山国荘』高志書院
竹田聴洲一九七二「近世の山国惣氏神と山国神宮寺」『近世村落の社寺と神仏習合　丹波山国郷』法藏館（後に国書刊行会刊同著作集一九九七に収録）
富井康夫一九六七「近世枝郷広河原村の土地保有と抵抗」同志社大学人文科学研究所編『林業村落の史的研究』ミネルヴァ書房
野田只夫編一九五八『丹波国山国荘史料』史籍刊行会
野田只夫編一九六六『丹波国黒田村史料』黒田村自治会村誌編集委員会
野村和正二〇〇九「山国荘の貢納と『御湯殿上日記』」坂田聡編『禁裏領山国荘』高志書院
藤田叙民一九六七「近世山国材の流通構造」同志社大学人文科学研究所編『林業村落の史的研究』ミネルヴァ書房

近世住友家文書の伝来と保存・管理

末岡照啓

はじめに

近世（江戸時代）の商家文書は、農村の地方《じかた》文書と同様に多数作成された。地方文書が幕藩領主の末端統治機関の行政文書として、名主・庄屋の家に体系的に残されたのに比べ、商家文書は幕藩領主の直轄都市である江戸・京・大坂及び城下町の町年寄・町名主を除き、その種類は在郷商人を含めると、地域・業種・各商家間の違いで、実に多様性に満ちている。その全貌は、古文書学として体系的になかなか把握しがたいのであるが、明治十六年（一八八三）七月に司法省によって商法編纂のため作成された「商事慣例類集」によって、全国の商業帳簿や手形の種類とその使用例を体系的に知ることができる〔瀧本 一九三〇〕。特に、大坂と江戸については、それぞれ「大坂商業習慣録」〔黒羽 一九三四〕と「商事慣例調」〔東京都 一九九五〕が編纂され、これまでの商業文書の解説はこれによってなされたといっても過言ではない。しかし、これらの文書は、近世後期から明治十年代におよぶ問屋・株仲間の事業に関する慣例であり、これをもって商家の具体的な事例とするわけにはいかない。

商家の具体的な経営・取引事例については、江戸時代の豪商である呉服・両替業（金融業）の三井家［三井文庫一九八〇、賀川一九八五］、大名貸の鴻池家［宮本一九七〇］、銅山・銅吹《どうふき》（同精錬）業の住友家［小葉田一九八〇、住友史料館二〇一三・四］、および近江商人［江頭一九六五］などが研究蓄積によってよく知られている。しかし、その実態はそう単純なものではない。たとえば、三井家は呉服・両替業を主たる業務としていたが、幕府の公金為替や長崎貿易をおこなっていたし、鴻池家も両替業の大名貸を主としながらも蔵元《くらもと》（諸藩の商品出納販売）として担保商品の販売に関わり、住友家もまた別子銅山の経営を主としながら、大坂で銅吹、江戸で札差《ふださし》（旗本の禄米担保の貸付）・両替業を営んでいた。また、近江商人は、「産物廻し」によって全国に支店網を形成し、多角経営をおこなっていた。このように、一商家にあっても商業文書の種類は複雑多岐にわたるのである。本稿では近世の住友家文書の伝来経緯を通じて、その保存と管理方法について明らかにしたい。

一、近世住友の家系と事業

住友家の事業は、寛永時代に僧侶であった初代政友が還俗し、京都で「富士屋住友」として書籍と薬種の店を開いたことに始まる。政友の姉は、京都の銅吹屋（銅精錬業者）で、南蛮吹《なんばんぶき》（銀銅分離）を開発した蘇我理右衛門に嫁いでおり、その長男理兵衛友以《とももち》が住友政友の婿養子となって、京都で実家の屋号「泉屋」と南蛮吹の技術を継承し「泉屋住友」を興した。この家系が現在まで続く住友の本家となった（図1参照）。

二代友以は、元和九年（一六二三）に銅の集荷と販売に便利な大坂内淡路町に銅吹所《どうふきしょ》（銅精錬所）を開設し、寛永七年（一六三〇）に京都の本店を大坂淡路町に移転した。同十三年には大坂長堀に銅吹所を増設した。その後、

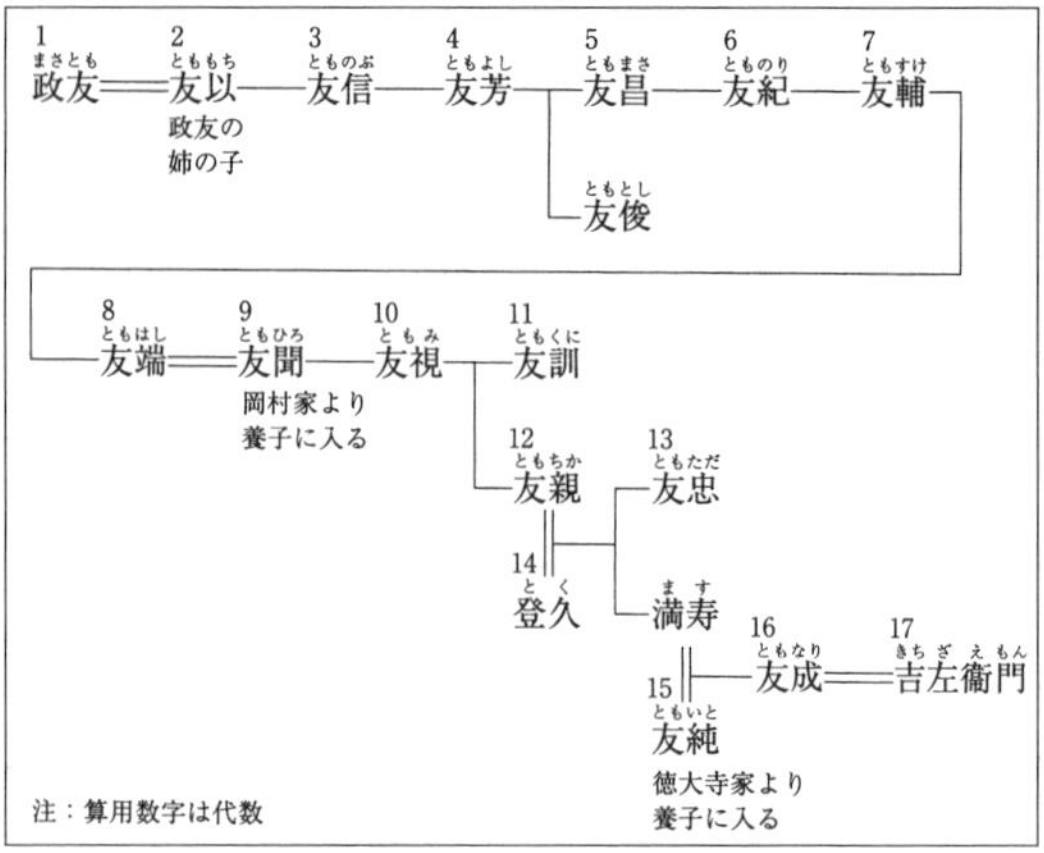

住友家歴代当主生没年ならびに家督期間一覧

歴代	名前（通称）	生没年	家督期間
初代	政友	1585～1652	
2代	友以（理兵衛）	1607～1662	～1662
3代	友信（吉左衛門）	1647～1706	1662～1685
4代	友芳（吉左衛門）	1670～1719	1685～1719
5代	友昌（吉左衛門）	1705～1758	1720～1758
6代	友紀（吉左衛門）	1741～1816	1759～1781
7代	友輔（万次郎のち万十郎）	1764～1804	1781～1792
8代	友端（吉次郎）	1788～1807	1792～1807
9代	友聞（吉次郎のち甚兵衛）	1787～1853	1807～1845
10代	友視（吉次郎）	1808～1857	1845～1857
11代	友訓（吉次郎）	1841～1864	1857～1864
12代	友親（吉左衛門）	1843～1890	1865～1888
13代	友忠（吉左衛門）	1872～1890	1888～1890
14代	登久（徳）	1849～1899	1890～1893
15代	友純（吉左衛門）	1864～1926	1893～1926
16代	友成（吉左衛門）	1909～1993	1926～1993
17代	吉左衛門	1943～	1993～

図1　住友家系図（[住友資料館編 2013]より）

明暦元年（一六五五）に輸入貿易が自由化されると、生糸・砂糖などの輸入貨物も取り扱い、天和元年（一六八一）ごろに長崎出店が設置された。また、元禄三年（一六九〇）に淡路町本店は、長堀銅吹所のとなりに移転し、以後幕末まで住友の本拠地となった。

三代友信は、先代からの事業を引き継ぐと共に銅山業にも進出した。延宝六年（一六七八）、幕府への出願窓口として江戸中橋に出店を設置し、東北地方の銅山開発や銅の買い付けをおこなった。また、友信の実弟友貞は分家して両替業を営み、寛文十年（一六七〇）には大坂両替商筆頭の十人両替に列した。

四代友芳は、三代友信が始めた天和元年（一六八一）の吉岡銅山（岡山県）、同三年の幸生《さちゅう》銅山（山形県）を引き継いだが、湧水などにより短期経営に終った。これに代わり元禄三年（一六九〇）に発見された別子《べっし》銅山（愛媛県）は、肥大な鉱脈により近代まで住友を支えた事業の根幹となった。

五代友昌の実弟友俊は、病弱な兄に代わって事業を差配し、住友の家政改革を断行し、店制・人事規定など諸規定を制定し、幕末までの体制を整えた［末岡 二〇一三］。延享三年（一七四六）には、江戸浅草の銅吹所跡に泉屋甚左衛門名義で札差店を開業した。宝暦十二年（一七六二）には、別子銅山に隣接する立川《たつかわ》銅山を合併して銅山経営を合理化した。友俊自身は、大坂豊後町に分家して両替店を開店し、十人両替に列した。文化十年（一八一三）四月に豊後町両替店は、九代友聞の子息が跡を継ぎ、大坂本店と協力して幕末まで金融をおこなった［末岡 二〇〇二］。

その後は文化二年、八代友端《ともはし》のとき、別子銅山の幕府助成金を元手に江戸中橋店で両替店を開始し、徳川御三卿の田安家・一橋家や幕府代官の掛屋《かけや》（公金出納業）となり、業界トップの江戸本両替となった［末岡 一九八七］。同八年の九代友聞《ともひろ》のとき、「銅山御用達」となって住友の名字使用が許可された。こうして、天保～嘉永期（一八三〇～一八五三）の住友家の組織は、図2にあるように大坂本店を中心に、長堀銅吹所、山本新田、別子銅山、中橋両替店、浅草札差店、長崎出店、分家の豊後町両替店を形成した［末岡 一九八六］。

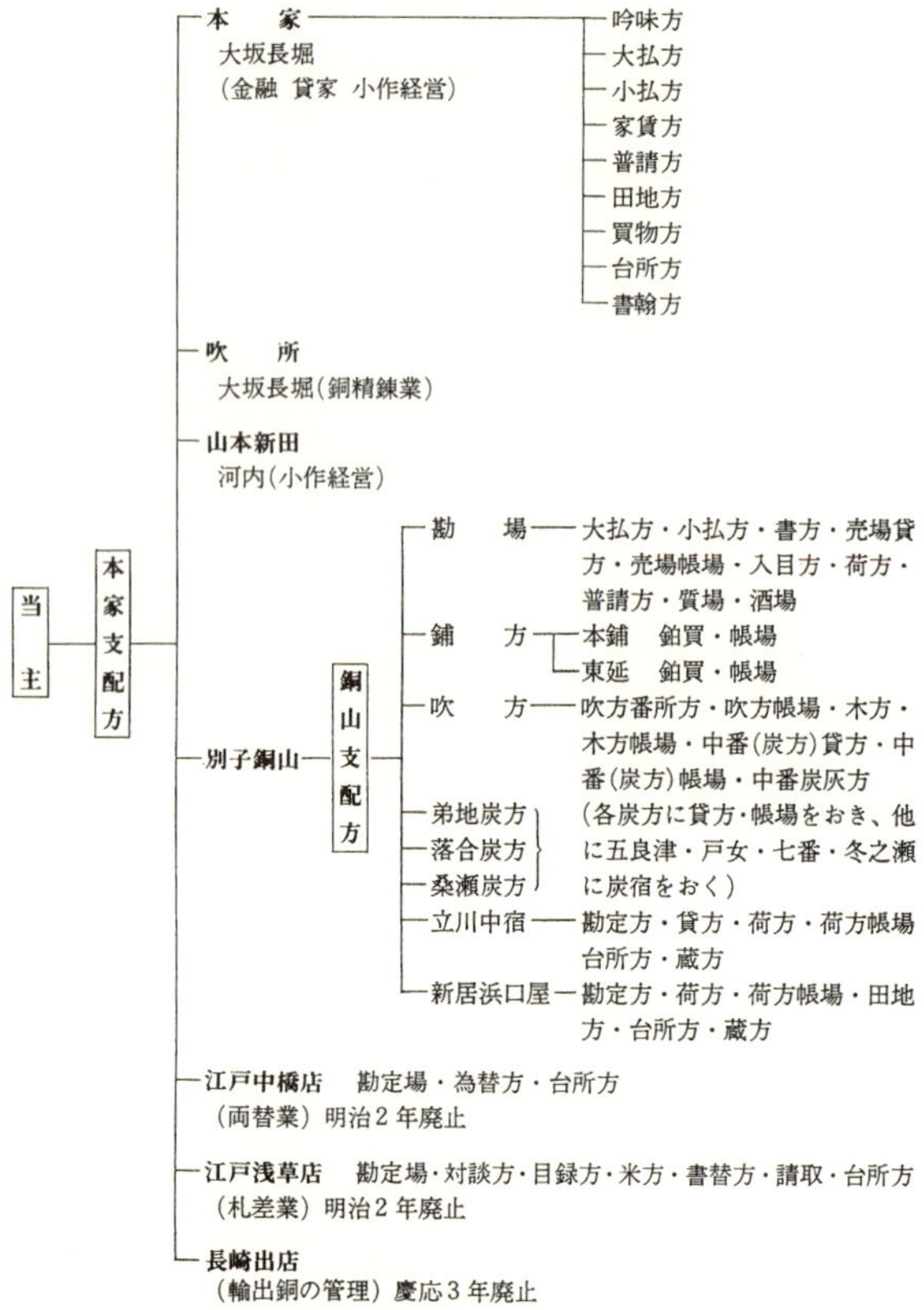

図2 住友家の経営組織（幕末期）
（［末岡 1986］より）

二、住友家文書の収集・保存の経緯

明治二十年（一八八七）、住友本店庶務課は家史「垂裕明鑑《すいゆうめいかん》」（歴代当主ごとの編年事歴）の編纂を開始し、大阪鰻《うなぎ》谷《だに》本邸（長堀本邸の明治以後の呼称）の住友家文書を調査した［末岡 二〇一九］。同二十四年に三二巻三一冊ができあがり、翌二十五年にその続編が企画され、同三十四年八月に附録編と「古文書目録」が完成したが、完全なものとは言いがたかった。なお、このときの古文書目録が、現存する「古文書目録　完」と考えられ、本目録には木箱で保管されていた住友家文書のうち、函一から函五まで一五七件が収録されていた。

大正七年（一九一八）、住友総本店（明治四十二年改称）は家史編纂室の設立と同時に、その責任者として大阪府立中之島図書の館長であった今井貫一を家史編纂嘱託として招聘した。今井は家史編纂を近代歴史学にふさわしいものとするため、編纂期間と文書の収集・保存・管理については次の方針を立てた（「家史編纂事務概要」）。

①編纂期間は、とりあえず明治二十五年までを家史とし、以降を事業史とすること。
②本家、本店、別子等より文書を収集すること。
③収集文書中から編纂に必要な採択史料を書抜くこと。
④全収集文書の総目録を作成すること。
⑤全収集文書の整理保存方法を確立すること（保存蔵、並防殺虫の設備）。

これにより、家史編纂室は大阪の鰻谷本邸と北浜の住友総本店、および新居浜の別子鉱業所から文書を収集し、大正九年十一月にひとまず「旧記古文書目録」を作成した。その内容は、「古文書目録　完」を踏襲し、木箱一函から五函までが鰻谷本邸の住友家伝来文書、同七〜一二函の棚二までが別子鉱業所の伝来文書であった。これで史料収集はひとまず完了したが、鰻谷本邸の「蔵置古文書ノ総目録作成」と総本店の「地下室所蔵長持約十函ノ整理」が将来の課題として残っていた。

この事業を引き継いだのが、昭和十年（一九三五）に家史編纂室に入った向井芳彦である。同十七年四月、向井は「歴史学ノ進歩ハ、其研究方法、考察ノ精緻、資料ノ豊富等ニ於テ自ラ旧時トハ面目ヲ新タニスルモノアリ」として、初代政友から大正初年の個人経営時代までを編纂対象とし、住友家文書目録の完成もその目標とした。ところが、戦時中の難局により編纂は進まず、昭和二十年三月の大阪大空襲で鰻谷本邸が焼失したので、同年五月十八日、住友本社は大阪北浜の本社内にある家史編纂室の所蔵史料を京都鹿ヶ谷《しかがたに》の住友本邸に疎開させた。

昭和二十一年一月の住友本社解散により、住友家史編纂室は閉鎖されたが、住友事業史の編纂が住友グループ各社の協力で継続されることになり、昭和二十五年の修史室時代に住友家文書二八函の全目録が「住友家古文書目録　修史室」として完成した。その後、修史室は同四十年に住友修史室と改称して大阪から京都・神戸へと移転し、ようやく同六十二年に住友史料館と改称して、京都の現在地に落ち着いた。その間、伝来史料は旧函番号を踏襲した新調の桐箱に収納され、各函ごとに四から六の棚にそれぞれ収納されていた。昭和五十三年からは、筆者が史料の再整理を実施し、函棚番号を架蔵番号として踏襲した。袋・包入りの史料の整理に際しては、架蔵番号を親番号として中身の各史料に枝番を付し、史料の元の状態が復元できるように配慮した。未登録の史料については、続き番号の函番号を函二九～五六まで付しこれを架蔵番号とし、現在に至っている。以上、住友家文書二八函の伝来経緯と内容をまとめると次のようになる（表1参照）。

①函一～函五　明治三十年代に鰻谷本邸から住友本店文書課に移管された史料群であり、本家番号が付された大名貸・商人貸の未整理の証文類が多かった。

②函六～函一一・棚三　大正七年の家史編纂室設立を機に別子鉱業所から移管された史料群で、別子銅山の勘場《かんば》（鉱山本部）・新居浜口屋《にいはまくちや》（運輸・田地管轄）で保管されていた史料が多かった。

③函一一・棚四～函二七・棚五の一部　大阪鰻谷本邸の土蔵にあった「蔵置古文書」であり、本店・別子・

表1　「住友家古文書目録」の見出し表題

函№	棚数	見出し
1	6	大名諸家・商人古証文、本家関係記録、別家・奉公人証文ほか
2	5	大名諸家・商人証文、諸手形・為替手形・銅仕切文書、別子銅山買請米関係文書、寺社関係文書ほか
3	6	大名諸家・商人古証文、絵図類、江戸中橋店関係文書、寺社関係文書ほか
4	5	大名諸家・商人古証文類、別子銅山関係記録、諸国銅山関係記録ほか
5	6	奉公人証文、家屋敷証文、寺社関係文書、本家・分家・親戚関係文書ほか
6	6	別子銅山関係文書（買請米、銅炭運上帳、諸入目精帳ほか）
7	6	別子銅山関係文書（別子銅山公用記ほか）
8	6	別子銅山関係文書（土州公用記銅炭運上帳、新居浜諸用記ほか諸記録）
9	6	別子銅山関係文書（儀式帳、廻文控、状案控、本状・表状控、表状綴、家事記録、買請米）
10	6	別子銅山関係文書（銅山関係諸記録、涌水関係文書）
11	5	別子銅山関係文書（一紙文書）、諸家証文類及雑文書（其一・其二・其三）、蔵元札差証文類（其一～其六）、大名諸家証文類及雑文書（其一～一二）、江戸店証文類及雑文書（其一～八）
12	6	江戸店証文類及雑文書（其九・十）、出入商人其他証文類及雑文書（其一・二）、取引先其他証文類、雑証文類及雑文書（其一～其五）、幕府諸役諸侯和蘭人等吹所見分・其他公用記録類、
13	6	別子銅山公用帳（一～十七番、本店分）
14	6	別子銅山公用帳（江戸店分）、立川銅山公用日記、元禄期の別子銅山記録
15	6	別子銅山銅炭運上文書（其一～二）、別子銅山運上控（一～十一番）、銅稼方平均控（六冊）、別子銅山由来・改革書類ほか
16	6	別子銅山買請米文書（其一～八）、別子銅山両全書類、別子銅山涌水関係記録及文書（其一～四）、別子銅山銅吹炭関係・諸願届・上納銀延月願書類・請負相続願書類・筆墨油代懸合返答書類・銅吹所其他諸願類・銅水関係文書、別子銅山雑帳簿類・勘定改書類、別子銅山改革関係文書（其一～四）、別子銅山雑文書（其一・二）、別子銅山支配人懲罰文書、別子銅山嘆願書類（其一～三）、別子銅山雑書（其一～三）
17	6	年々諸用留（無番～十一番）、
18	6	年々諸用留（十二番～十六番）、年々記（八冊）、諸用留（一冊）、記録（三番～七番、五冊）
19	6	銅座・銅会所関係記録及文書、銀銅吹分関係文書（其一～三）、拝借銅関係記録、御用棹銅代銀請取帳（六番～十番、五冊）、銅座方要用控（一番～十二番、十二冊）
20	6	割合御用銅関係文書、銅代値増願関係書類、銅会所公用帳、銅座関係文書、銅商売吹分所其他関係文書類、銅座并銅会所関係文書、吹分所銅会所関係文書（其一～五）、銅座掛屋関係文書、銅座留帳・御用留
21	6	本家祝辞其他関係記録類及文書、家事関係書類（其一・二）、上林六郎取替銀一件書類、家事関係書状（其一・二）
22	5	場帳（九冊）、文格帳（九冊）
23	6	金銀引替御用留、御用金一件・諸用留、十人両替御用留、掛屋両替関係文書（其一～三）、東西御番所掛屋関係文書、南部生糸一件書状、泉屋茂右衛門借銀始末一件、抱屋敷・田畑関係記録及文書、奉公人関係記録及文書、本家雑記録
24	5	本家雑記録及文書、広瀬宰平氏政府上京当時の書状、社寺関係記録及文書（其一・二）、宗旨手形控、本家雑記録、本家書状（其一・二）、明治維新変革関係文書、絵図類（其一・二）、革文庫文書、家事出入並分家親類関係文書、抱屋鋪関係文書
25	6	江戸店記録及文書、江戸中橋店文書、江戸両店勘定改文書、大坂本状控、江戸吹分所記録及文書、
26	5	京都吹分所記録及文書、長崎出店記録及文書
27	5	諸国銅山記録及文書、住友家一門関係文書、清涼寺関係文書、江戸札差証文、明治時代雑文書
28	4	明治時代雑文書、別子鉱山株式会社庶務課保存・家史編纂参考資料、明治時代会計帳簿

注：昭和25年頃「住友家古文書目録　修史室」（住友史料館所蔵）により作成。
　本目録は1～28函までの目録である。

吹所・銅座の記録など住友家文書の主要な部分を占めていた。ただし、明治二年に江戸中橋店と浅草米店から大坂本店に持ち帰られた文書も含んでいる（函二一・一四・二五・二七の一部）。

④函二七・棚五の一部〜二八函　住友総本店の家史編纂室で収集された文書。明治時代の大阪本店・別子鉱山文書であり、住友総理事の書状、『別子銅山二百五十年史話』（住友本社　一九四〇年）の社史史料、家史編纂参考資料、明治時代の会計帳簿などが含まれていた。

なお、現在これらの文書はすべて中性紙の封筒と紙箱に入れ直され、酸化による劣化を防いでいる。

三、享保九年の大坂大火と革文庫・船箪笥

大坂長堀（鰻谷）の住友本邸と銅吹所は、享保九年（一七二四）三月二十一日の大坂大火「妙知焼け」によって灰燼に帰した。そのため同年以前の住友家文書はあまり残っていない。明治二十四年（一八九一）に編纂された家史「垂裕明鑑」によると、「享保八年正月、本家土蔵ヨリ鰻谷土蔵へ納ムト旧記ニ有之、其後散失セシト見ヘタリ」史料として、寛永・正保・慶安・明暦・万治・寛文・延宝・貞享・元禄・宝永期の諸帳面を列挙している。おそらく享保八年に本家土蔵から鰻谷土蔵に移されたが、翌九年の大坂大火により焼失したものであろう。実際に住友家文書二八函の総数約一万一〇〇〇件のうち、享保九年以前の文書は四五五件に過ぎず、後世の写を除くとその数はもっと少なくなるであろう。

現存する最古の住友家文書は、寛永十三年（一六三六）十二月十日の沽券状「永代売渡申家屋敷之事」であり、

大坂長堀の屋敷を二代友以が牧九郎兵衛母の妙連から買い取った証文である。実は、この沽券状は住友家の重要書類を収めた持ち出し可能な「革文庫」に収められていた（図3参照）。頑丈な革製の手文庫の中には、沽券状の他に初代政友の伝記「文殊院由来書」、三代「友信公親類書」、四代「友芳公親類書」、九代友聞の実家「御末広師岡村淡路守由緒書」をはじめ、元禄十五年七月の「友信家督分目録」や享保九年正月の「予州別子銅山初発之書付（別子銅山を発見した田向重右衛門《たむきじゅうえもん》の直筆）」など貴重な五九点があり、現在まで伝えられることになった［末岡二〇一二］。

一方、享保九年三月の大坂大火を機に、住友家では非常持ち出しの船箪笥（懸硯《かけすずり》）を購入しており（図4参照）、正面扉に「本場必用書」の張紙と墨書の「泉屋吉左衛門」、裏底に「享保九年甲辰十一月吉日　長堀茂左衛門町

図3　革文庫（住友史料館所蔵）
（縦39cm・横26cm・高さ11cm）

図4　船箪笥（享保9年、住友史料館所蔵）
（間口36.5cm・奥行48cm・高さ60cm）

泉屋吉左衛門」と墨書している。まさに大火の八か月後に購入したものであった。五段の引き出しにはそれぞれ「宮寺方」「町方別家金銀新証文」「田地方」「山本新田水帳幷書物」「山本新田水帳」と張紙があり、寺社・町方・田地方の証文と山本新田の検地帳を収めていた。山本新田の検地帳は現存しており、この船箪笥が非常用として機能してきたことが判明する。

四、宝暦十年「勤方帳」にみる大坂本店の文書管理

寛延三年（一七五〇）十月五日、五代友昌は豊後町分家の実弟友俊に本家家政の取締を正式に委任した。さらに抜本的対策を図るため、翌三年十月に「本家豊後町両家永々之掟」「別家中・支配人宛て覚」「本家惣手代宛て覚」「別子銅山惣手代心得」「吹所宛て覚」を制定した。翌年三月には「山本新田宛て覚」、同年六月に「豊後町手代宛て覚」、同年七月に「中橋店宛て覚」と「浅草米店心得」を追加して全店部の規定を網羅した。その後、宝暦十年（一七六〇）二月には「勤方帳《つとめかたちょう》」「勝手しまり諸仕格」、同年十二月に「分与別家式」、翌十一年八月に「家賃方普請方仕格之覚」を制定し、大坂本店をはじめ各店部の店制・店則が整備され、幕末まで踏襲されたものが多い［末岡 二〇一三］。

このうち、宝暦十年の「勤方帳」四二か条とその附記の「勝手しまり諸仕格」（会計規則）一三か条は、本店の文書管理について規定している部分が多いので、以下に紹介しよう［川﨑 一九九七］。

（二）本店と諸出店の文通・記録規定

これについては、「勤方帳」第三九条に次のように記している。

一支配人諸店用状到着不取敢致内見、用向等主人へ申聞、指図を請、返書相認、主人共奥書取之、無遅滞可
被差出候事

本店支配人は諸出店からの用状が届いたら、とりあえず内見して、用向きなどを主人へ報告し、その指図によって返事を認め、主人の奥書も入れて遅滞なく返書することとある。商家にとって、本店と各事業部門との指揮・命令系統は経営の要諦であり、スムーズな意思疎通が大切とされたのである。その補足規定として、別子銅山と江戸中橋店・浅草店の用状は幕府との交渉など外見をはばかることが多いので、支配人の自筆で認めること、出店間の情報共有も必要なので、本店は江戸両店・別子銅山・長崎出店の用状を書き抜いて、相互に送付することとした。現在、「表状」「本状」と称する本店と別子銅山・江戸中橋店・江戸浅草店などの書状留が残っている。

また、本店支配人は諸国役人にたいする定例の暑寒・年頭挨拶状のほか、臨時の不幸書札《しょさつ》・音物《いんもつ》差上の書状を筆役の者へ申しつけること、幕府など役所への諸願書の写・役替・名前替・御触状などの要務が来たら、「公用帳・御触帳・年々帳・御役替帳幷三季附届帳」へ書き記すこととされた。このうち、公用帳は別子銅山関係の願書類を記録した「別子銅山公用帳」であり、年々帳は大坂本店の諸願書・諸記事類を記録した「年々諸用留」のことである。なお、「別子銅山公用帳」には、大坂本店・別子銅山・江戸中橋店でそれぞれ作成され三種類があり、本規定にあるのは本店分のものである。ただし、御触帳・御役替帳・三季附届帳は残念ながら残されてい

ない。

(二) 書翰方の規定

これについては、「勤方帳」の第四〇条に次のように記している。

一書翰筆役勤方、差定り候儀ハ前弘ニ書出置、年頭・暑寒・八朔・歳暮等音物ニ至り候迄、手後間違不申様、無油断平日懸心可被申候事

書翰方の筆役は、定例の書式があるものは事前に明示し、年頭・暑寒はじめ挨拶時期に手遅れにならないようにと、平素の心がけを達している。その補足規定として、公用帳・年々帳・御触帳・御役替帳・三季附届帳には、大坂の分だけでなく、諸出店から連絡してきたものも記入し、附届などに手後れや間違いのないようにすること、本店と諸出店間の往復書状は、月日と番号を付し、遠方に差し出すことになるので、入念に帳面に記録すること。諸方からの文通や使いの者の到来は、支配人自ら見回り、外出の時は取次帳に記載しておくこと。書翰方が忙しいときは、ほかの部署から応援を支配人へ届けること。このように、書翰方は往復文書をはじめ、幕府や諸方への願書、日常の出来事を記録する役割があった。

(三) 諸証文・手形の管理

これについては、「勝手しまり諸仕格」の第一四条に次のように記している。

一大払方諸証文手形等一切預り之儀ニ而、家之安危ニ拘り候大切成ル役目ニ而有之間、昼夜無油断可致用心儀勿論ニ候、右諸証文手形等年季期月急度相改、或ハ催促、或者証文書替等之訳書出シ、張紙壁書等致し置、失念無之様可懸心候、一切金銀方支配人ニ申談、間違無之様差配可為肝要候事

大払方は諸証文手形等をすべて預かっており、これは家の存亡にかかわる大切な役目なので、昼夜油断なく用心することは当然のこと、右諸証文手形等の有効期限を必ず確認し、場合によって催促したり証文書替などの理由を書きだしたり、注記の張紙・壁書などをして、忘れないように心がけること、すべて金銀方のことは支配人と相談し、間違いのないように差配することが肝要であるとしている。要するに、諸証文・手形は家産を左右する貴重な文書なので、その管理を徹底するように申し渡しているのである。

（四）諸出店勘定帳の管理と本店決算簿の作成

これについては、「勤方帳」第一八条と第一九条に次のように記している。

一大払方諸店より毎年勘定精帳登り次第、小払方立会、下シ金銀・登セ金銀・為替等之訳、当方帳面ニ引合、当方帳面ニ書入候分ハ記之、諸店之勘定小分ケ迄算用小あたり致し、若相違之儀有之候ハヽ、支配人江可申届候、相違無之候ハヽ、勘定帳其店〳〵之分江早速写之、読合可申候事

一大払方諸店勘定精帳不残揃ひ候上者、無遅滞本番惣勘定帳仕組可申候、尤小払方可致手伝候、支配人立会入念取立申候上ニ口々引合相改、相違無之上ニ而主人共立会、諸帳面可致押合候事

要約すると、大払方は諸店より毎年送られてくる勘定精帳（決算報告書）が本店に到着次第、小払方の立会のもと、本店からの下シ金銀、諸出店からの登セ金銀や為替などの内訳を、本店の帳面と照合し、本店の帳面に書入れがあるものはこれを記載し、諸出店の勘定明細まで検算し、もし間違いがあれば支配人へ申し届け、間違いがなければ、勘定帳の各店部の所へ速やかに書写し、読み合わせ照合すること。また、大払方は諸出店から勘定精帳が残らず本店に揃ったら、遅滞しないように本番惣勘定帳（本店の総決算簿）を組み立てること。そのときは、小払方も手伝いすること。支配人の立会は入念に取り行い、そのうえで一口ずつ照合改めし、間違いがなければ主人の立会で諸帳面との照合をすること。この規則により、各店部では勘定精帳が作成して本店に送られ、「元方帳」などの決算簿が作成されたが、断片的にしか残っていない［今井 一九七九］［末岡 一九八四・一九九三〜九五］。

五、記録の作成と証文の保存

江戸時代の住友家は、長崎貿易に関わる銅山・吹所経営を主体に、江戸で両替・札差業を経営していたが、作業現場や取引現場の文書はほとんど残っていない。その代わりに記録と一紙の証文類が多数残されており、これを店部別に①公用記録、②業務記録、③一紙の証文類に分類すると、次のようになる（＊印は『住友史料叢書』として、平成二年から思文閣出版で刊行中の史料であり、併せて参照してほしい）。

（一）大坂本店

①公用記録　＊「別子銅山公用帳」一〜一七番（元禄四年〜明治十一年の幕府への届・出願の記録）、「予州別子銅

山御運上控」二番～一一番（元禄十六年～慶応四年の産銅・木炭運上金記録）、＊「銅座公用留」「銅座御用扣」（元禄十四～宝永五年の第一次銅座記録）、＊「長崎下銅公用帳」一番ほか（正徳二年～同四年の銅吹屋仲間による長崎廻銅請負記録）、＊「銅会所公用帳扣」ほか（享保二・三年の長崎廻銅請負会所の記録）＊「銅座方要用控」一番～一二番（元文三年～寛延二年の第二次銅座記録）、「金銀引替御用留」一番～五番（文政三年～慶応三年の貨幣改鋳に伴う金銀引替御用記録）など。

②業務記録　＊「年々帳・年々諸用留」無番～一六番（延宝三年～明治十年の事業・家政の記録）、「文格（控）」一〇冊（宝暦十二年～文久二年の書状案控、欠年あり）、「万庭帳《よろずばちょう》」「場帳」一〇冊（寛政十～明治五の業務日誌、欠年あり）「諸用御伺控」二二番～四二番（文政十二年～明治三年の業務・人事の決裁窺い）など。

③一紙の証文類　「借用証文」（宝永元年～明治八年、欠年あり）、「為替手形」（寛保二年～明治十年、欠年あり）、「銅仕切書」（寛政十一年～明治二年、欠年あり）、「家屋鋪売買証文」、（寛永十三年～明治八年、欠年あり）、「家質証文」（元禄十五～嘉永六年、欠年あり）、「家守《やもり》請状」（宝永四～文久三年、欠年あり）、「奉公人請状」（延享四～明治六年、欠年あり）、「別家・手代願書」（寛保三年～慶応四年、欠年あり）など。

（二）　長堀銅吹所

①公用記録　＊「年々記」八冊（寛政二年～文久二年、第三次銅座期の届・出願の記録など。

②業務記録（函三七に所収）「給銀《きゅうぎん》麁物帳《そものちょう》」一冊（安政四年～明治元）、「有物帳」六冊（慶応二年～明治四年）、「吹所有物簿」二冊（明治七・八年）など。

(三)　別子銅山

①公用記録　「別子銅山公用記」一番〜一六番（元禄四年〜明治二四年の別子における届・出願の記録）、「土州公用記」一番〜四番（宝暦六年〜明治十年の土佐藩山林の届・出願の記録）、「御米帳」一四冊（元禄十五年〜明治五年の新居浜口屋における鉱夫用飯米の請取記録、欠年あり）など。

②業務記録　「諸用記」二番〜一一番（寛政四〜明治五年の新居浜出店記録、欠番あり）、「廻文控」六冊（文化十年〜明治三年、別子銅山諸出店への通達控）、「状案控」五冊（宝暦七年〜明治二年の勘場書翰方と新居浜口屋の書状案文、欠年あり）など。

③一紙の証文類　「銅炭運上目録」（宝永七年〜文久三年の別子支配人から当主宛て毎月運上高届、欠年あり）、「銅山米借用証文」（安永八年〜天保三年、欠年あり）など。

(四)　江戸中橋店

①公用記録　「別子銅山公用帳（江戸帳）」一番〜二一番（宝永四年〜元治元年の江戸における届・出願の記録、一〇・一五番欠）、「一橋御用留控」一冊（天保十二年〜嘉永二年の掛屋記録）、「田安様願書幷諸事控」一冊（嘉永二年〜文久二年の掛屋記録）など。

②業務記録　「旧記録」一冊（文政八年〜天保二年の業務記録）、「諸事控」二冊（天保八年〜嘉永二年の江戸本両替仲間記録）、「諸証文之控」一冊（嘉永七年〜万延二年）、「大坂御本状控」ほか一八冊（文化十年〜慶応元年の大坂本店宛ての書状控）など。

③一紙の証文類　「代官掛屋証文」（文政五年〜嘉永二年、欠年あり）、「松山藩掛屋証文」（文政十年）、「借用証文」

（文化四年〜天保十五年、欠年あり）「為替手形」（文政四年〜元治元年、欠年あり）など［末岡 一九八七］。

（五） 江戸浅草米店

①公用記録 「札差事略」（片町四番組備付本、全三五巻三八冊の内、惣首書之部と御番所之部の一四冊が残存）「札差業用集」三分冊、「札差仲間条目帳」五冊（寛保三年・安永七年・文政九年・嘉永五年）など。

②業務記録 ＊「万控帳」二冊（文政六年〜明治二年の業務記録）など。

③一紙の証文類 ＊「札差証文」（文化五年〜慶応四年の取引証文、二七六点）など。

すなわち、住友家では幕府の長崎銅貿易や銅山・両替・札差に関係する業務をおこなっていたので、大坂本店・長堀銅吹所・別子銅山・江戸中橋店・江戸浅草米店とも、その前例となる届・出願はきわめて重要であった。そのため、宝暦十年（一七六〇）の「勤方帳」にも規定されているように、それぞれ公用・業務記録として、大坂本店では「年々諸用留」、吹所では「年々記」、別子では「別子銅山公用記」、中橋店では「旧記録」、浅草米店では「万控帳」を作成し、日々の記録として後世に残した。「別子銅山公用帳」に関しては、江戸中橋店・別子・大坂本店に残されており、その内容に共通点は多く見られるものの、江戸では幕府勘定所との買請米《かいうけまい》（鉱夫用飯米）の交渉、別子銅山では松山預り役所へ事件・災害の届、大坂本店では大坂町奉行や銅座との交渉記事が多く見うけられる。

また、大坂本店と各店部の往復書状（番状・本状と称す）や通達、諸方への書状も記録する必要があり、江戸中橋店が大坂本店へ出した「大坂御本状控」や、別子銅山勘場から銅山の各店部へ通達した「廻文控」が残されている。大坂本店から諸方への書状は「文格（控）」、同じく別子銅山のものは「状案控」として筆写され、日常業務の参考とされた。また、一紙の証文類は、銅座役所への「銅仕切書」、金融取引の「借用証文」「為替手形」「掛屋・蔵元証文」「札差証文」、家屋敷取引の「家屋鋪売買証文」「家質証文」「家守請状」、手代・奉公人関係の「奉公人請状」「別家・手代願書」などがあり、いずれも権利・契約関係として重要であった。とくに幕府・大名・旗本などへの金融取引証文は、債権回収の証拠として残された。

一方、江戸時代に存在したが、残されなかった文書も多くある。住友の場合は、大坂本店・別子銅山・銅吹所とも会計帳簿があまり残っていない。また、銅山・吹所など作業現場の取引文書・手控えはほとんど残されていない。先述した大正九年（一九二〇）の「旧記古文書目録」には、享保三年（一七一八）から明治七年（一八七四）までの別子銅山の「金銀仕訳帳」一六〇冊が長持ちに入っていると記しているが、伝存していない。幕末期、別子銅山勘場（鉱業本部）の「儀式帳」によると、享保五年～嘉永三年（一七二〇～一八五〇）の「庭帳」（業務日誌）が一番から五六番まで五六冊あったが、嘉永三年の時点で三七冊に減り、現在は残っていない。さらに同史料によると、銅山の各店部には、勘場《かんば》出店の「毎月算用帳」、同荷方の「荷物仕訳帳」、同酒庭の「諸色《しょしき》買入帳」、鋪《しき》方《かた》の「鉑《はく》（鉱石）買帳」、吹方の「御用銅改帳」、木方の「当銀《とうぎん》木買入帳」、中番炭灰《すばい》方の「ス灰受払帳」、炭方の「大炭蔵詰帳」などの帳簿が一〇五種類あったが、記録にその名をとどめるだけで、実物はいずれも残っていない。これらの帳簿は日常の取引が済むと、廃棄ないし紙背文書として再利用されたらしく、その痕跡を別子銅山や大坂本店の業務記録に垣間見ることができる。

結びに代えて

近世の住友家文書の伝来と文書管理について述べてきたが、ここでその特徴を以下にまとめておこう。大坂本店の文書は、京保九年（一七二四）の大坂大火により焼失したものが多く、そのほとんどが同年以降のものである。同年以前の重要文書については、手持ちの「革文庫」に収められており、特別な配慮がなされていたことがわかる。また、享保九年の大火を教訓に非常持ち出し用の船簞笥が購入され、火災に備えられた。

一方、元禄四年（一六九一）に稼行した別子銅山の文書は、慶応三年（一八六七）までの間に風水害八三件、火災二九件が発生しており、それらの災害から免れた史料群とも言える〔住友史料館 二〇一三〕。江戸中橋店（両替）と浅草米店（札差）の文書は、幕府崩壊後に必要なものが大坂へ持ち帰られたが、河内の山本新田会所や長崎出店の文書はほとんど残っておらず、現存する山本新田の検地帳や絵図類（函二九）は大坂本店で保管されていたものであった。以上の残された近世文書は、自然災害や政変、あるいは記録作成後の文書整理をまぬがれて残されたものである。

住友家文書の保存年限については、それを明確に記したものはない。しかしながら、本店業務記録の「年々諸用留」や公用記録の「別子銅山公用帳」が、それぞれ創業期から残されていることから、住友家では原文書を筆写し、記録類を作成して永年保存していたことがわかる。これを継続しておこなうよう規定したのが、宝暦十年（一七六〇）の「勤方帳」第三九条であったと考えられる。

宝暦十年の「勤方帳」の文書管理規定には、①大坂本店と諸出店との文通・記録規定、②書翰方の規定、③諸証文・手形の管理規定、④諸出店勘定帳の管理と本店決算簿の作成規定があり、この規定により、原文書が事業の先例として筆写され、公用記録・業務記録となった。住友家のこの記録主義が、原文書をあまり残さなかった理由であろう。

それ故、残された原文書は、一紙の証文類に見られるように家産を左右する貴重な文書と認識され、その管理の徹底が申し渡されたのである。実際に金融取引の「借用証文」「為替手形」「掛屋・蔵元証文」「札差証文」、家屋敷取引の「家屋鋪売買証文」「家質証文」「家守請状」、手代・奉公人関係の「奉公人請状」「別家・手代願書」などは、その権利・契約関係が不必要と判断されるまで残された。一方、別子銅山や長堀銅吹所の作業現場における文書や帳簿は管理規定が明らかでなく、一過性のものとしてほとんど残されなかった。

こうして残されてきた近世住友家文書は、近代の家史編纂事業においても事業の先例となる記録類が優先的に選別・収集された［末岡 二〇一九］。その伝統は近代文書についても引き継がれ、明治二十五年（一八九二）十月の本店通達では、家史編纂を継続するために各店部にたいし、報告書の「考課状」に「記録トナスヘキ前年中ノ事件ヲ取調、毎年二月二十八日マテニ本店重任局へ開申スヘシ」と通達した。さらに同三十三年には「考課状」に代えて「処務報告書」を提出するように命じたが、その目的は「自今処務報告書ヲ以テ兼テ家史編纂ノ材料ニ供シ候」と述べ、昭和元年（一九二六）まで本店・本社への提出が義務づけられた。その後、昭和二十一年一月の本社解散までは本社自身で作成された。

近世における家分け文書の体系を考えるとき、我われは残された文書だけを見るのではなく、それが残されてきた背景と意味を考えなければならない。その一方で、残されなかった文書にも思いを巡らし、その全体像を少しでも明らかにする必要がある。文書の保存・管理の問題は、そのなかから自ずと見いだされるものだと考えている。

引用・参考文献

今井典子 一九七九「近世住友の決算簿について」『住友修史室報』第三号

江頭恒治 一九六五『近江商人中井家の研究』雄山閣、ほか

賀川隆行 一九八五『近世三井経営史の研究』吉川弘文館、ほか

川崎英太郎 一九九七『近世住友の家法　泉屋叢考　第二三輯』住友史料館

黒羽兵治郎編 一九三四『大阪商業史料集成』第一輯所収、大坂商科大学経済研究所

小葉田淳 一九八〇「住友修史室所蔵史料について」『古文書研究』第一五号、吉川弘文館（『住友修史室報』第一・二号、一九七七・七八年の転載）

末岡照啓 一九八四「近世後期住友出店の決算簿」『住友修史室報』第一六号

末岡照啓 一九八六「幕末期の住友」『住友修史室報』第一六号

末岡照啓 一九八七『近世後期住友江戸両替店の創業と経営　泉屋叢考二一輯』住友修史室

末岡照啓 一九九三〜九五「近世前・中期における住友の経営構造（一）〜（三）」『住友史料館報』二四〜二六号

末岡照啓 二〇〇一「幕末期、住友の経営危機と大阪豊後町両替店」『住友史料館報』第三二号

末岡照啓 二〇一二「住友家由緒書の系譜と家意識」『住友史料館報』第四三号

末岡照啓 二〇一三「近世中期住友の家政改革と入江友俊」『住友史料館報』第四四号

末岡照啓 二〇一九「住友の歴史編纂とその特質」『住友史料館報』第五〇号

住友史料館編 二〇一三・一四『住友の歴史』上巻・下巻、思文閣出版

瀧本誠一 一九三〇「商事慣例類集」『日本経済大典』第四九・五〇巻所収、啓明社

東京都編 一九九五『江戸東京問屋史料　商事慣例調』東京都、一九九五年復刻、原本は一八八九年

三井文庫編 一九八〇『三井事業史』本編第一巻

宮本又次編 一九七〇『大阪の研究』第四巻、清文堂、ほか

近現代編

◉総論◉

近現代文書の保存・管理の歴史に関する研究と近現代編の概要

三村昌司

はじめに

「近世文書」や「中世文書」に比べると、「近代文書」という言葉はあまり耳慣れないかもしれない。その理由を挙げるとすれば、日本の古代・中世文書を対象とする古文書学が、近世文書へもその射程を伸ばす一方で、近代に生まれた文書を扱ってこなかったことにあるだろう。近代に生まれた文書は、大量に残存し種類も多様なため、古文書学の応用が難しかったのである〔中野目 二〇〇〇〕〔鈴江 二〇〇二〕。加えて、日本史研究が近代以降の歴史を長らく研究対象としていなかったという事情もあった〔大久保 一九九六〕。

それでも日本の近代において生み出された文書の特色は、どのようにいわれてきたか。何度か刊行されている『岩波講座日本歴史』で、はじめて「近代史料論」と題する論考が掲載された一九七〇年代のものをながめてみよう。すると、「公文書」と「私文書」の区別がなされている点が、他の時代と異なることに気づく〔丹羽 一九七六〕。この理解の背景には、近代社会が国家（公）と市民社会（私）のふたつによって構成されるという見方が横たわっている。そこでこの理解を出発点として、近代に生まれた公文書・私文書の保存・管理の歴史が、どのように研究されてきたかをみていくことにしたい。ただし紙幅もあるので、参考文献は行論の必要上最低限にとどめることを断っておきたい。

一、公文書・私文書からなる近代史料論

はじめに述べたように、近代文書は公文書と私文書の区別をもつという理解があった。この理解をもとに、近現代文書の保存・管理の歴史に関する研究は、国家が蓄積した公文書と、その公文書に関連する政治家個人の私文書という関係からその枠組を考える研究が基本であった［松尾正人 一九八〇］［佐々木 二〇〇〇］［宮地 二〇〇〇］。たとえば松尾尊兊は、政治史と社会運動史における公文書と私文書の蓄積という観点から「近現代史料論」を解説している［松尾尊兊 一九九五］。

ただし公文書の管理そのものについては、日本の歴史研究者は全体として高い関心をもっているとは言い難かった。その理由は、①日本の近代史研究者が公文書館に頼らず自力で歴史資料を集める傾向があったこと、②日本の外国史研究者が日本の文書館事情に詳しくなかったこと、③歴史研究者と文書館関係者が疎遠であったことが挙げられている［安藤ほか編 二〇一五］。内閣制度創設以降の公文書の残存状態が悪いという日本の状況も、その一因に挙げられよう［瀬畑 二〇一一］。さらに文書の保存問題が、日本史研究のなかでは研究者の運動論として、つまりユーザー側の立場から展開したということも関係していよう［小田 一九九三］。このような状況にあっては、公文書の管理・保存に関する研究も十分進展しなかった。

そのようななかでも中野目徹は、公文書の伝来経緯と組織の意思決定のプロセス解明の双方を含みこみ、古文書学との接点も意識する学問領域として「近代史料学」を構成しようとした〔中野目 二〇〇〇〕。また、小池聖一は「近代文書学」を提起し、近代文書で最も重要なものは政策的意思決定過程が判明する原議だとし、私文書・個人文書は政策立案過程をになった個人の意思を理解するためのものとその関係を位置づけた〔小池 二〇〇八〕。

公文書の管理・保存の歴史について比較的早くから関心をもっていたのは、アーカイブズ学の側からであった。日本のアーカイブズ学といっても、当初は国外のアーカイブズ研究の影響を受け「文書館学」「記録史料学」などと翻訳されていたが〔安藤 一九九八〕、二〇〇〇年代には「アーカイブズ学」が提唱された〔国文学研究資料館史料館編 二〇〇三〕。このようなアーカイブズ学にいたる流れから、公文書の管理・保存の歴史についての研究は蓄積されていた〔竹林 一九九三〕〔渡辺 一九九六〕〔鈴江 二〇〇二〕。近年ではさらに広がりをみせており、たとえば日本におけるアメリカの文書管理システムの受容と実践という観点からのアプローチも試みられている〔坂口 二〇一六〕。

立ち後れ気味だった歴史研究の側でも、二〇〇〇年代以降日本で公文書をめぐる諸問題が続発し、さらに二〇一三年一二月に特定秘密の保護に関する法律（特定秘密保護法）が成立したことなどもあいまって、公文書の管理・保存に関する歴史研究や公文書館そのものに対する関心がいっそう強まっている〔安藤ほか編 二〇一五〕。今後は、歴史学とアーカイブズ学が連携しつつ、公文書に関するさまざまな研究が進んでいくことになるだろう。

二　私文書の保存・管理をめぐる研究状況

このように、現在では公文書の形成過程や、公文書の管理・保存についての研究が深まりをみせている。他方、近代の私文書に関する保存・管理の研究は、公文書の研究に比して取り残され気味である。前述したように、「私文書」を公文書との関係で定義する研究動向は存在していた。しかし、公文書とは関係が薄い近代の私文書の保存・管理をいかに研究するかという課題は積み残されたままであった。その数が膨大で、種類も多様であることが大きな理由であった。この課題は、日本近代史が学問領域として確立したあともそれほど変わらなかった。近代の私文書といっても、前近代の文書群に付け加わってひとつの文書群を構成することが多く、「近代文書」がそれ自体として認識されにくかったこともその一因と考えられる。

それでも、近代の私文書の収集じたいは、昭和の大合併以降、自治体史が全国各地で編纂されたことにより、かなり進んだ［高橋実 一九九七］。自治体史のなかには、「近代史料編」が含まれるものも多かった。しかしそれらは明治以降に生まれた歴史資料を掲載することが基本で、近代の私文書の保存・管理の歴史についての研究が深められたとはいいがたい。たとえば、収集のプロセスや掲載の基準が明らかにされることは多くなかった。

その後、近代の私文書についての議論は、膨大かつ多種多様な私文書全体をまとめて「近代の私文書とはなにか」という問いを立てる方向に必ずしも進まなかった。ひとつの転機は、一九九五年に発生した阪神・淡路大震災以降に各地で活発化した歴史資料保全活動であると考える。この活動は、歴史研究と歴史資料の関係を改めて問い直すことへとつながった［奥村 二〇一二］。

そこで問い直されたことは、①市民に対して「何が歴史資料か」ということを歴史研究が説明しなおしていくことと、②歴史資料の整理を、研究者と市民が協同して行うというスタイルへの変転であった。そのために、市民が重要だと思う歴史資料を大切にすること、歴史資料の取り扱い方（物理的ないしは研究的に）を研究者が市民に伝えるという市民と研究者の相互性が模索されていった。

震災時の保全活動の対象となったのはほとんどが未指定の文化財で、そのなかには近代の私文書を含む歴史資料群も多くあった。しかし、今述べたように市民にとって重要な歴史資料を尊重するのであれば、近世や近代といった時代区分に依拠した史料論の構築は、さしあたり問われなくなる。むしろ、近世と近代の文書が両方とも蓄積された歴史資料群全体の来歴を考え、被災による破損の修復やその保存・活用を考えるような視点が必要になった。たとえば、一九～二〇世紀に書かれた地域の文書や著作・編纂物を「地域の記録」と位置づけ、その保存や管理を考える研究が登場してきている［白井二〇一六］。

三、「近代文書」のゆくえ

現在、アーカイブズ学の成果は、公文書だけにとどまらず、学校や企業などさまざまな機関が生み出す文書へもその射程を広げている［シェパードほか二〇一六］。それらは、公文書・私文書の別でいえば私文書に区分されるものも多い。しかし、アーカイブズ学の進展は、近代文書の特徴であったその区分を乗り越えて体系化されてきている。

また、大規模災害が続発する現代日本において、歴史資料保全活動が各地で展開してきた。そのなかで、近世・近代の時代区分にそれぞれ応じた史料論が必ずしも最重要ではなくなってきているということも前述した。

さらに今日においてもうひとつ考えなくてはならない要素が、デジタル時代の歴史資料という問題である。大藤修は「従来のアーカイブズ学は、まず出所原則、記録の発生母体ごとに蓄積された記録の構造を捉えて、それを踏まえて整理・管理をやっていましたが、インターネットが普及してからは、それが通用しなくなったように感じています」と述べている［安澤・大藤・安藤 二〇一七］。ボーンデジタルの文書含む膨大な情報、また逆にデジタル化された歴史資料は、「近代文書」とは異なる質のものである。本書では、「現代」的なデジタルなものも含めるという意味で、「近現代」という括りをつけて文書を考えることにした。ともあれ、デジタル時代の歴史資料もまた、公文書・私文書の別からなる「近代文書」という枠組みじたいを問い直すことへとつながるだろう。

近代文書についての学問体系は、古くは古文書学との関係を軸に、近世・近代といった時期区分を前提としてその自立が図られてきた。しかし、その枠組みじたいが現在問い直されつつあるのではないだろうか。

四、近代編収録論文の概要

以上のように、近現代に生まれた文書の保存・管理の歴史についての動向をふまえたうえで、近現代編収録の各論考について簡単な説明をしておきたい。

①松岡資明「公文書の保存・管理の歴史」

日本の公文書管理の保存・歴史についての論考である。近年日本で相次ぐ公文書管理にまつわる事件から、日本の幹部級官僚が公文書を「自分たちのもの」ととらえていると指摘する。その源流を、戦前の天皇制官僚制度の一環として成立した記録保存体制に求める。戦後、国立公文書館はじめ各地に文書館が設立され、一九九九年には情報公開法が成立する。しかし、情報公開請求に対し文書不存在を理由とした不開示が相次いだ。公文書を我がものとする官僚組織の「抵抗」であった。さらに年金記録問題などをきっかけに、二〇〇九年公文書管理法が制定される。しかし成果は十分とはいえず、現代日本人のアーカイブズに対する理解が一三〇年前とそれほど変わっていないと指摘したうえで、歴史の末端につながっている「現在」に向き合うことがアーカイブズ育成のヒントになると提起する。

②松沢裕作「明治政府の正史編纂と史料収集」

明治期の正史編纂を通して保存された文書について考える。明治政府は正史編纂事業を通じて大量の史料を集積し、『復古記』刊行や「大日本編年史」の編纂を行った。しかし正史編纂事業が帝国大学に移管されたあと、「大日本編年史」の編纂事業は中止され、正史編纂は『大日本史料』などの史料集の編纂・刊行へと転換していく。しかし、その正史編纂における史料の集積は、日本におけるいわゆる「実証史学」の前提となった。すなわち、正史編纂の過程における史料収集の蓄積が、大学における「アカデミズム史学」のなかでの日本史研究の発展に寄与したのである。とはいえ、東京大学史料編纂所に引き継がれるそれらの史料の収集には、収集者のバイアスがかかっていた。それらをふまえた史料の史学史的観点をふまえた利用が、今後の課題であるとする。

③三村昌司「地域に残された歴史資料はなぜ大切か」

日本の地域に残された文書が、どのように保存されてきたかを考える。公的機関以外に、各地に残された大量の文字資料である「地域に残された歴史資料」が、なぜ重要な意味をもつかについて、戦後歴史学から現在の研究動向をみながら考察している。戦後歴史学においては、地域に残された歴史資料は地域の歴史を明らかにするために重要であると考えられていた。ただ、その「地域の歴史」が「全体的な連関と法則」のピースとしての意味を持つか、「地域の歴史」それじたいに固有の意味を認めるかは論者において違いがあった。一九九〇年代以降は、日本各地で大規模自然災害が続発したことをきっかけに、歴史資料保全活動が展開し、地域に残された歴史資料の意味も変化していく。すなわち、地域の歴史を明らかにするにとどまらず、地域住民・研究者・行政担当者などをつなぎ、新たな「場」をつくる意味をもつようになっていると指摘する。

④松岡弘之「地域のなかの文書館――兵庫県尼崎市の場合」

文書を保存する機関が、いかに文書を管理・保存し活用しているかについて述べる。具体的には尼崎市立地域研究史料館を題材に、地域のなかの文書館の活動とその役割について考察する。最初に、館が収蔵している多様な資料のうち写真、歴史的公文書、行政文書、地域の資料、オーラル・ヒストリーについて収集や公開の状況、それにともなう課題を述べる。またボランティアによる整理の意味にも触れる。続いて、史料館と地域住民とのかかわりに関して、デジタルアーカイブの構築、尼崎の公害について理解を深める「公害クエスト」、『たどる調べる尼崎の歴史』の刊行といった取り組みについて述べる。最後にそれらの活動を導きにして、地域の文書館の役割が、人々の個性を回復し、忘れてはならない歴史を立ち上らせるための開かれた場であるとする。なお、「公害クエスト」のもとになっているあおぞら財団については、本書のコラムで活動を紹介しているのであわせて参照されたい。

コラム　林美帆「公害に関するアーカイブズとその活用」

コラムでは、多様な広がりをみせるアーカイブズのなかで、公害に関するアーカイブズを取り上げる。具体的には、あおぞら財団付属西淀川・公害と環境資料館（エコミューズ）である。エコミューズは、大阪の大気汚染公害被害をうけた大阪市西淀川市にある資料館で、西淀川公害裁判の記録を中心に公害の経験を伝えている。そこでは、公害の経験の事実を伝えるだけでなく、その事実の歴史的な位置づけを探り、公害反対住民運動の成果を価値づけたうえで、それをもとにした教育事業が試みられている。それによって、一見遠回りであるが、資料保存や活用、そして資料がもつ力の共有につなげようとしている。さらに、あおぞら財団が声かけ役となって二〇一三年に公害資料館ネットワークを結成し、「公害アーカイブズ」の理解と利用につとめている現状が語られる。

⑤大門正克「自治体史の場合——小平市史の経験を中心にして」

自治体史を通して保存される文書について考える。日本では、都道府県や市町村単位の歴史編纂がさかんである。これらを総称して自治体史とよぶ。本章では自治体史のひとつである小平市史を主な事例として、その史料収集・編別構成・地域の歴史意識（自己認識）について考察する。史料収集について、それまでの『小平町誌』などは近現代史の史料収集・編纂が十分でなく、また公文書の残存も限定的だったため、新たな調査・研究に力を入れたことなどが記される。編別構成では、近現代編の特徴が、大文字の歴史を前提としながら地域の特性をふまえた歴史に留意し、網羅的な叙述を避け重点主義をとったこと、自治体の境域を越えた人々の移動を視野に含む地域設定であることが述べられる。地域の歴史意識については、小平郷土研究会などの活動から、それを小平の人たちが自分たちの地域をみつめなおす自己認識ととらえ、その意味を考察する。最後に課題として、市史編纂で収集した史料の公開を挙げている。

⑥川内淳史「大規模自然災害と資料保存──「資料ネット」活動を中心に」

本章では歴史研究者を中心としたボランティア組織である資料保全ネットワーク（資料ネット）の活動を紹介する。「平成」という時代には、日本列島で地震や風水害など多くの大規模自然災害が発生した。この事態に対し、被災地やその周辺では、歴史資料や記録文書の保存がさまざま取り組まれた。被災資料の救出でいえば、一九九五年の阪神・淡路大震災以降、資料ネットが全国に普及していった。さらに、二〇一一年に発生した東日本大震災における被災資料救出の意義を確認したうえで、現在では文化財防災の仕組みのなかに資料ネットが位置付いているとする。ただし重要なことは、社会全体で資料を守る伝えていくことを意識的に実践していくことだとして、二〇一五年に出された『地域歴史遺産』の保全・継承に向けての神戸宣言」を紹介し、その意義を強調する。

⑦多仁照廣「「多仁式すきはめ」について」

保存のために行われる文書の修復について述べる。本章では、筆者が開発した簡易な古文書の修復方法について、開発経緯を紹介するとともに具体的な技術解説を行う。日本では町や村の民衆が書き残した記録が各地に残されているが、現在その消失が憂慮されている。筆者は敦賀や各地での史料調査の経験からその事態に向き合い、痛んだ古文書の「すきはめ」による修復と、文書のデジタルカメラによる史料撮影法の開発に取り組む。虫食いなどで穴の空いた文書を修復する「すきはめ」については、その装置がなるべく身近で安価に入手できる、高度な技術的熟練度を必要としない、再修復がしやすい、というコンセプトを定めた。最後に、指定文化財以外に保存修復の光が当てられていないこと、地方における歴史研究の衰退などが歴史資料の消失を招いていることを挙げ、地域の文化が根底から崩壊していくと警鐘を鳴らす。

⑧後藤真「デジタルアーカイブから見る文書」

デジタルアーカイブが、これからの文書の保存・管理にどのように関係していくかを考察する。文書資料のデジタル化が著しく進展する現代において、デジタル化の動向をふまえずに文書資料についての議論を進めることは難しくなっている。そのような現状において、デジタルデータの特徴がどのように文書資料の保存と活用に役立つのかを考える。そのキーワードとして共有・保存・活用の三つを挙げ、それぞれの観点からさまざまな保存機関や研究機関の取り組みと課題を紹介している。それらをふまえ、最後にデジタル化が進む現状がますます加速化するなかで、文書を扱う環境もまたその状況に対応する必要があると述べる。ただし、紙の史料とデジタルは対立するのではなく相互補完的な関係であることを意識し、デジタルに関する運用例を蓄積していくことが重要だと提起する。

インタビュー　酒井健彦「本の価値を見いだす古書店」

文書を現在に伝えるルートにはさまざまなものがあるが、古書店も実はそのようなルートのひとつとして考えられるのではないか。最後に、神田にある一誠堂書店を経営する酒井健彦氏に、古書や資料を伝える姿勢について、古書店の立場をうかがうインタビューを行った。

近現代編の論考は、近現代において、文書がいかに保存・管理されてきたか、あるいは今後されていくかということに関するものである。もちろん、文書の保存・管理には無数の場面が存在するが、そのなかでも現在の近現代史研究において特徴のあるトピックを設定し、各執筆者に論考を寄せていただいた。

引用・参考文献

安藤正人 一九九八『記録史料学と現代』吉川弘文館
安藤正人・久保亨・吉田裕編 二〇一五『歴史学が問う公文書の管理と情報公開』大月書店
大久保利謙 一九九六『日本近代史学事始め』岩波書店
奥村弘 二〇一二『大震災と歴史資料保存』吉川弘文館
小田康徳 一九九三「民事判決原本の永久保存の廃止と民事事件記録等の特別保存について」『日本史研究』三七二号
小池聖一 二〇〇八『近代日本文書学研究序説』現代史料出版
国文学研究資料館史料館編 二〇〇三『アーカイブズの科学』上下巻、柏書房
坂口貴弘 二〇一六『アーカイブズと文書管理』勉誠出版
佐々木隆 二〇〇〇「近代私文書論序説」『日本歴史』六二八
シェパード、エリザベス・ヨー、ジェフリー 二〇一六『レコード・マネジメント・ハンドブック』日外アソシエーツ
白井哲哉 二〇一六「地域の記録を再評価する」白井哲哉・須田努編『地域の記録と記憶を問い直す』八木書店
鈴江英一 二〇〇二『近現代史料の管理と史料認識』北海道大学図書刊行会
瀬畑源 二〇一一『公文書をつかう』青弓社
竹林忠男 一九九三「京都府庁文書に見る明治前期公文書の史料学的考察」『資料館紀要』二一号
高橋実 一九九七『自治体史編纂と史料保存』岩田書院
中野目徹 二〇〇〇『近代史料学の射程』弘文堂
丹羽邦男 一九七六「近代史料論」『岩波講座日本歴史』二五別巻二、岩波書店
松尾尊兊 一九九五「近現代史料論」(『岩波講座日本通史別巻三 史料論』岩波書店
松尾正人 一九八〇「文献解題」『日本古文書学講座』一〇巻近代編Ⅱ、雄山閣
宮地正人 二〇〇〇「明治時代の史料蒐集と保存」松尾正人編『今日の古文書学 第一二巻 史料保存と文書館』雄山閣
安澤秀一・大藤修・安藤正人 二〇一七「座談会 日本におけるアーカイブズ学の発展」『アーカイブズ学研究』二七号
渡辺佳子 一九九六「明治期中央行政機関における文書管理制度の成立」安藤正人・青山英幸編『記録史料の管理と文書館』北海道大学図書出版会

公文書の保存・管理の歴史

松岡資明

一、近現代アーカイブズについて

アーカイブズ（歴史資料）、そのなかでも公文書が、かつてないほどに社会の関心を集めている。文書の保存・管理に関して、前代未聞ともいうべき事件が二〇一八年三月、明らかになったためだ。財務省による公文書の改ざんである。公文書の重要性は誰もが認める。民主主義国家の根幹を揺るがすきわめて重大な事件であったが、果たして主権者である国民はどう受け止めたのであろうか。

公文書改ざんは二〇一七年二月に問題が表面化した、学校法人森友学園に対する不当ともいえる国有地売却に端を発する。国が大阪府豊中市に所有していた土地、約八七七〇平方メートルを売却する際、約九億六〇〇〇万円と査定した土地が、土中から大量のゴミが見つかったことを理由に八億円以上も値引きされ、一億三四〇〇万円で売却された。豊中市議の情報公開請求に対して、当初、価格を「非開示」としたことから問題となり、国会審議に発展。籠池泰典元学園理事長や佐川宣寿・元財務省理財局長らが証人・参考人として招致され、追及が行

図1　各紙は公文書改ざんを一面トップで報じた

われたが、二年以上を経た二〇一九年現在も解明に至っていない。公文書改ざんはその過程で起きた。

　財務省の発表（二〇一八年六月四日）によると、改ざんは二〇一七年二月末から四月にかけて行われ、貸付決議書、売払決議書など近畿財務局と森友学園との間で行われた売却交渉に関連する一四の文書、計約三〇〇カ所にのぼる。字句の削除にとどまらず、文章全体を削除した箇所も少なからずあった。その目的は、「国会答弁でさらなる追及を避けるため」であったとされ、この土地売却交渉が「特例的」であるとした文言や、売却交渉に関与した安倍首相夫人昭恵氏のほか平沼赳夫、鳩山邦夫氏ら国会議員の名前などが削除された。元理財局長の佐川氏に最終的な責任があるとして、佐川氏はじめ約二〇人が処分されたが、麻生太郎財務相は職務手当約一七〇万円を自主返納するにとどまり、辞任の意思表示はなかった。本省理財局から改ざんを迫られた近畿財務局のなかには大きな反発も起き、近畿財務局職員が自殺するという痛ましい事件も起きた。

　森友学園問題の本質は何であろうか。言えるのは、公文書問題はあくまでも事件の「一側面」に過ぎず、問題の中心にあるのは「政」と「官」の歪んだ関係である。換言すれば便宜供与をめぐる事件であり、仮に、情報公開法や公文書管理法がなかったとしたら、ほとんど問題にもされなかったのではなかろうか。その意味で、情報公開法、公文書管理法の意義は少なからぬものがあると言えよう。

　森友学園問題に続いて起きた加計学園問題もしかりである。これら二つの問題に共通するのは、公文書は問題の一側面であり、核心ではないということである。確かに公文書管理に問題はあったが、そのことが本質的な問題点を不鮮明にしてしまったのではないだろうか。メディアが公文書問題を連日のように報道したのは今回が初めてであり、公文書に対して一般市民が関心を持ったのは確かであろう。しかし、理解が深まったかと問えば、「ノー」である。キーワードとしては記憶に残ったかもしれないが、理解されたとは言い難い。

ほぼ同じころに起きた、陸上自衛隊南スーダン派遣ＰＫＯ部隊日報問題も併せて公文書問題が論じられたことも理解を妨げたかもしれない。「モリ・カケ問題」と違って、自衛隊日報問題は公文書管理に直接関わる問題である。

自衛隊日報問題は、南スーダンに派遣された自衛隊ＰＫＯ部隊の日報に対する情報公開請求が不開示となったことに端を発する。請求者はジャーナリストで、二〇一六年九月、「同年七月に起きたジュバでの大規模戦闘の際の自衛隊の状況を知りたい」との趣旨の情報公開請求を行った。防衛省は陸上自衛隊中央即応集団（ＣＲＦ）で文書を探したが見つからなかったため「廃棄した」と判断し、十二月に不開示決定した。その後、稲田朋美元防衛相の指示によって再調査が行われ、統合幕僚監部に「廃棄した」はずの電子データが保存されていたことが判明、公表された。しかし、その後の幹部会議には稲田氏も出席、陸上自衛隊内の複数の部署、複数の隊員がデータを保管していたことが報告され、『『陸自が組織として保管している公文書』ではないとの認識を共有。これに基づいて、陸自に保管されていた事実を公表しないことが最終的に決まった」（「朝日新聞」二〇一七年七月二十一日付）という。

一方、その前後には陸自の幹部が複数の部署に残っていた日報データについて「適切に管理を」と指示。このため保管されていたデータが一斉に消去された。

これらの経緯を詳報した毎日新聞によると、情報公開請求を受けて陸上自衛隊職員は日報を含む文書を見つけた。しかし堀切光彦副司令官（当時）は「日報は行政文書の体をなしていない」として、個人文書だから開示対象から外すように指導。職員はそれに従ったという（「毎日新聞」八月三日付）。その後の請求に対しても「文書不存在」を理由に不開示を続けた。同紙は「対象の公文書が存在するのに、幹部が公文書ではないと主張し、それに職員が異を唱えず、誤った判断が繰り返された」とする。

防衛省幹部は、「陸自が日報を『廃棄した』として不開示決定をしているうえ、統幕内で見つかった電子データとして日報を公表していた。削除は、一連の対応との整合性を図るためだった」（「朝日新聞」七月二十一日付）と説明している。防衛省の特別防衛監察では異例にも稲田元防衛相に対する聞き取りを行った。結局、稲田氏は責任を取って辞任し、後任の小野寺五典防衛相が特別防衛監察の結果を公表した。情報公開法違反は認定したものの、公文書管理法に違反するか否かについては判断を保留した。

南スーダン派遣部隊の日報はその内容からみて、公文書であることは確実である。しかし、「業務で作成した日報を不開示にした防衛省・陸自幹部は、公文書をわざと公文書扱いしていなかったことになる。（中略）一方で、陸自内部では日報を公文書として扱うという矛盾した対応が見られた。監察結果によると、陸自は昨年8月3日、それまで扱いが統一されていなかった日報について『注意』『用済み後破棄』と表示した」（「毎日新聞」二〇一七年八月三日付）。要するに、防衛省は日報が公文書であるか否かについて場面、場面で使い分けしていたことになる。森友学園・加計学園問題と自衛隊派遣日報問題は、その本質において次元の異なる問題ではあるが、行政機関の情報公開への対応の仕方に関しては共通する問題がある。公文書の範囲をできる限り狭め、情報公開や公文書管理の「枠外」に置こうとする姿勢である。

二、情報公開法・公文書管理法の意義

情報公開法と公文書管理法は「車の両輪」にたとえられる。両者がそろって初めて意味をなすからである。諸外国と異なり、日本では公文書管理法に先んずる形で情報公開法、正式には「行政機関の保有する情報の公開に関する法律」が一九九九年に制定された。その時点までに多くの地方公共団体が情報公開条例を制定しており、情報公開法の制定は国が地方を後追いする形となった。先駆けとなったのは山形県金山町で、一九八二年三月の制定。金山町が制定した半年後の同年十月に神奈川県、十二月には埼玉県がそれぞれ情報公開条例を制定している。

先進自治体に二〇年近くも後れて制定された情報公開法であったが、施行となる二〇〇一年度の一年前の二〇〇〇度に、大量の公文書が廃棄されていた事実が特定非営利活動法人情報公開クリアリングハウスの調査によって判明した。例えば、農林水産省は二〇〇〇年度に二三〇トン余の文書を廃棄した。前年度比で実に二〇倍を上回る。財務省は約六二〇トンで対前年度比二・三倍。環境省は約一三〇トンで同じく二・三倍、警察庁は約二〇〇トンで同一・八倍、などとなっていた。二〇倍を超えた農水省は論外として、ほとんどの省庁が概ね二倍前後に急増していた。ちなみに、二〇〇一年度の廃棄量をみると、農水省は約二三〇トン強から約三〇トンに減っている。また警察庁も二〇〇トンから約二二トンと激減。各省庁が二〇〇一年四月施行の情報公開法にいかに「対処」しようとしたか、十分にうかがうことができる。換言すれば、公文書は「自分たちのもの」という昔ながらの意識が今もなお、特に幹部級の官僚には根強くあることの証左と言える。その源流は何処にあるのか。

三、近代とともに変質した文書管理

明治新政府は一八六九年(明治二年)七月、最高行政機関としての太政官を確立、「太政官規則」のなかに文書処理の明文規定を設けた。しかし、「太政官職制九変」という言葉が表すように太政官制度は短期間のうちに改正が度々行われ、「そのたびに文書処理や記録編纂・保存規定の改編がおこなわれた」(瀬畑源『公文書をつかう』)。その背景には、「文書行政のなかで維新政府がまず重視したのは、法令等の公布手段を整備して『御一新』の諸施策をいち早く『人民』に知らせること、具体的にいえば『太政官日誌』の発行であった」(中野目徹『近代史料学の射程』)等の事情があり、「順番からいえばおそらく最後に整備されたのが記録保存と編纂の制度」(同書)であったため、なかなか軌道に乗らなかった。

その後、一八七三年十一月に内務省が創設され、「記録文書保存」政策を司ることになった。中央・地方の全官衙(院省使庁府県)に対して記録文書保存の重要性を認識させ、各庁が保存のための措置を講じて編纂記録文書の目録を毎年、内務省に提出することを命じた行政命令(明治八年太政官達第六八号)が太政官から出されたが、一八八五年の内閣制度発足に伴って廃止となった。

その際、記録編纂を目的に内閣記録局が設置された。内部組織として記録課と図書課が置かれ、官庁の文書や報告書を「記録」とする一方、既に公開済み、もしくは公開に差し支えない刊行物、古記録、書類などを「図書」とする区分を決定。「記録」については非公開とし、江戸時代から伝えられた文書や図書類を官庁に「公開」することになった。「公開の点に関しては意図的に導入しなかったのであり、内閣制度の文書管理制度から排除した部分であった」と青山英幸は『アーカイブズとアーカイバル・サイエンス』に記した。それを支えたのは天皇制の官吏の服務規律であり、とりわけ守秘義務が重視された。「内閣制度成立期に形成された記録保存制度は、近世以来の伝統を放棄した、国民から記録を隠蔽する、いわば天皇制官僚制度の一環として成立した記録保存体制であった」（同書）と位置付ける。

しかし内閣記録局は一八九三年、海軍拡張費捻出のための経費節減を受けて「記録課」に格下げされる。各省で行われていた編纂事業も次第に縮小、国史編纂事業は改編、縮小を重ねた挙句、帝国大学に移管された。こうして記録保存に対する取り組みが薄まるなか、高等師範学校兼帝国大学文科大学講師の箕作元八と帝国大学文科大学助教授の田中義成は一八九二年十二月、バチカンの記録所で見出した、中国・明朝の太后烈納がローマ法王宛に送った文書を引き合いに記録保存・公開の重要性を説き、西欧におけるアーカイブズを初めて『史学雑誌』で紹介した。また、在野の地域史研究者、広池千九郎は『中津歴史』（一八九一年）のなかで、「西洋各国ニテハ、英語ニテ『あーかいぶ』ト称スルモノアリテ、此『あーかいぶ』ニ悉皆公文書類ヲ保存スル也」と記述している。一九〇〇年代に入ると、黒板勝美、三浦周行ら歴史研究者が欧米のアーカイブズを紹介する論文を執筆、講演なども行っている。しかし、文書館設置に言及するまでには至らず、国史研究者にとって依然、同時代記録は研究対象の領域外であった。

国立公文書館が所蔵する明治初期の公文書は比較的良く残っているとされ、明治初期の公文書を利用した歴史研究は数多く行われている。これに対し、内閣制度創設以後となると、「急激に公文書の残存状態が悪化する。編纂事業がおこなわれなくなる一方で、廃棄対象になった文書は、それを受け入れる公文書館が存在しなかったため、自動的に処分されていった」と瀬畑は記す（前掲書）。残っていてもいわゆる「決裁文書」しかない場合が多く、歴史研究者が最も知りたい「政策決定過程」の文書は、個人文書のなかに紛れ込んだもの以外ほとんど残っていない。

行政機関のなかで、「先例」や外交交渉の「過程」をとりわけ重視する宮内庁（旧宮内省）、外務省の公文書は比較的大量に残っており、なかでも外務省は部分的かつその対象は限定的ながら外交情報をまとめた『外務省公表集』などを公刊した。

瀬畑が指摘する通り、「内閣制度創設以後の公文書管理の歴史は、先行研究がほとんど存在せず、その実態をつかむことは容易ではない」。さらに加えて、アジア・太平洋戦争敗戦時に大量の機密文書が全国各地で焼却処分されたことも作用し、旧軍部はもとより内政・経済関係官庁の歴史公文書は極めて残存状態が悪い。

四、戦後、アーカイブズ概念に広がり

第二次大戦を契機としてアーカイブズはその概念を広げた。一つには社会主義体制下で異なる観点からアーカイブズが構築されたことである。歴史研究のためというより国家・社会のためのアーカイブズ制度で、ソビエトの指導者レーニンが一九二二年に創設した文書館制度は、ボルシェビキの支配下に置いたアーカイブズであった。中国の档案館も同様の性格を持ち、中国共産党の支配下にある。

第二次大戦後を特色づけたもう一つは、一九四八年六月のユネスコ臨時総会決議によって発足したＩＣＡ（国際文書館評議会）であろう。一九五五年時点の調査によると、世界四九カ国・一七一四機関が加盟。オーストラリア、ニュージーランドのオセアニアのほか、アジア（台湾、ベトナム、マレーシア）、アフリカ（ウガンダ、スーダンなど）などで公文書館設置が進んだ。

日本でもアーカイブズを取り巻く環境は大きく変化した。財閥や旧名望家が解体・没落し、新たな支え手が必要になった一方、歴史研究の束縛が薄まり近現代史も研究の対象となった。ただ、官僚機構の記録の公開については、ＧＨＱの支配を経ても戦前のままであった。一方、戦中戦後を通じて極端な紙不足の状況を背景に膨大な量の古文書が古紙として取引きされたため、民間アーカイブズは散逸のおそれが強まった。

事態を憂慮した歴史研究者らの声を受け、文部省科学教育局人文科学研究課は人文科学委員会歴史部会の委員の意見を聞き、協議した結果、学術史料調査委員会を設置し散逸のおそれがある史料の購入をはじめとして収集に取り組んだ。収集事業は一九四七年度に始まり、初年度に約一万五〇〇〇点、次年度に約二万二〇〇〇点を収集。その後の収集・保存の計画を立案するため、全国の研究者が協力して近世史料の実態調査が行われた。この全国的調査が歴史学会の史料保存に対する関心を高め、野村兼太郎慶応義塾大学教授ほか九五人の研究者は一九四九年三月、国会に「史料館設置に関する請願」を提出、採択された。地方での設置は認められず、中央のみの設置となったが、同年五月には設置法が成立、同日施行された。国は十月、「史料館」用施設として三井文庫の建物を購入、十一月にはお披露目となった。国立史料館の正式な発足は一九五一年五月である。

一方、中央での史料保存活動に並行するように地方の図書館で郷土資料保存の動きが起きた。山内家文庫二万冊の高知県立図書館への寄贈・寄託、宮城県図書館による伊達文庫約三万五〇〇〇冊の購入などである。こうしたなかで、山口県立山口図書館は一九五二年に毛利家文庫を受託した。旧藩記録約二万五〇〇〇冊、同絵図類二五〇〇部、箱物約七〇箱、未整理旧記文書類約一万点などであったが、同図書館には戦前の県史編纂所が収集していた県庁の文書が存在しており、これらを併せて積極的に公開・利用することが求められた。館長（当時）の鈴木賢祐らは、「膨大な文書の本格的な保存利用機関として諸外国における『アーカイブズ（Archives）』に着目し、これを『文書館《もんじょかん》』と翻訳しました。そして、アーカイブズに関する欧米の諸論文を訳出するなど、文書館設置に向けて活動」(同館ホームページ)し、一九五九年四月、日本初の文書館として「山口県文書館」が誕生した。

以後、一九六〇年代には京都府、東京都、埼玉県、七〇年代に入ると福島県、茨城県、岐阜県などが文書館を設置、二〇一八年現在、三九都道府県が公文書館を設置している。県史編纂のために収集した史料を基にしたほか、その来歴は多様であり、「文書館《もんじょ》」を名乗る館がある一方で、「文書館《ぶんしょ》」「公文書館」のほか、「歴史館」「歴史資料館」「記録資料館」「図書情報館」など様々な名称がつけられている。基礎自治体が設置している公文書館を含めると八〇館を数え、それらの三分の一は公文書の保存・管理を規定する法律ができる前に設置された公文書館である。法律の裏付けは、議員立法により一九八七年に制定された「公文書館法」まで待たねばならなかった。制定に尽力した元茨城県知事で参議院議員の岩上二郎は「私たちはいま、ようやくスタート・ラインに立ったばかりである。これからやらなければならないことは、文字どおり山積している」と、自著『公文書館への道』に記した。

ところで、文部省史料館には歴史資料にとどまらず官公庁の公文書を収集する構想があった。史料館の評議会は文部大臣に、「国立公文書館的性格を併せ持つ機関とすることが望ましい」とする報告書を提出した。構想は具体化しなかったが、日本歴史学協会は一九五八年九月、日本学術会議に対して「国立文書館建設の要望書」を提出。学術会議は公文書館設置の勧告は時期尚早との判断から五九年十一月、「公文書散逸防止について」を内閣総理大臣に勧告した。これにいち早く反応をしたのは国立国会図書館であり、総理府は事務次官等会議の申し合わせを基に「公文書保存制度等調査連絡会議」を設置して対策を協議した。一九六三年七月、「国立公文書館設置についての要綱」が連絡会議で決定となり、一九六四年四月、北の丸公園内に公文書館が建設されることが閣議了解された。

建設計画はその途上で縮小、当初計画を大きく下回る規模となった。また国立公文書館法制定も検討されたが、行政内部の意思統一を図ることで運用可能との判断に傾き、総理府設置法の一部改正による設置にとどまった。このため、「文書の移管元になるほかの行政機関に対する権限がほとんどない状況で設立された」（瀬畑前掲書）が、「それまで保存期限がくれば捨てられていた文書や各行政機関内で長年放置されていた永久保存文書の移管先ができた」（同）ことの意味は決して小さくなかった。

図2　国立公文書館

五、情報公開に対する取り組み

こうして一九七一年、国立公文書館が誕生する。その後、地方公共団体による公文書館設置が遅々としながらも進んだ。それら公文書館の在り方に大きな影響を与えたのが、全国各地で進んだ情報公開への取り組みである。そのきっかけとなったのは、一九七〇年代に起きたロッキード事件などの政治腐敗に対する市民の怒りであり、政治参加意識の高まりであった。なかでも神奈川県の情報公開制度は全国に大きな影響を与えた。一九八二年、神奈川県情報公開推進懇話会は情報公開制度充実の課題として、長洲一二知事に公文書館新設を提言した。公文書館＝歴史研究というそれまでの構図に、住民のものである文書も

表1　公文書館設置年月

公文書館名	都道府県・市町村立別	設立年月
山口県文書館	山口県	1959年 4月
京都府立総合資料館	京都府	1963年10月
下関文書館	下関市	1967年 9月
東京都公文書館	東京都	1968年10月
埼玉県立文書館	埼玉県	1969年 4月
福島県歴史資料館	福島県	1970年 7月
国立公文書館	国	1971年 4月
茨城県立歴史館	茨城県	1973年 4月
藤沢市文書館	藤沢市	1974年 7月
尼崎市地域研究史料館	尼崎市	1975年 1月
岐阜県歴史資料館	岐阜県	1977年 4月
広島市公文書館	広島市	1977年 4月

含めて行政による説明責任という大きな柱が加わったのである。情報公開条例の施行とともに八四年に開館した川崎市公文書館も、情報公開条例に基づく公文書の開示および市政情報の提供を掲げた。

国においても一九七九年九月、大平正芳首相が情報公開に前向きな国会答弁をし、翌八〇年一月の施政方針演説で取り組みを表明した。しかし大平首相はその後に急逝、情報公開に対する取り組みは後退した。情報公開法制定への取り組みが再び進展するのは一九九三年、自民党政権が崩壊し、細川護熙内閣の誕生が契機となった。その後を引き継いだ村山富市首相も成立に強い意欲を示し、最終的には自民党・小渕恵三政権下の一九九九年五月に成立した。情報公開法制定の前段階として、行政手続きの透明性を高めるための行政手続法制定（一九九三年）、その関連として以前は答申・報告書のみであった審議会の公開が見直され、さらに政党が旗印として掲げた「行政改革」など多種多様な施策の実施によって情報公開法成立が実現できたのである。

しかし、文書を自分たちの意のままに扱ってきた官僚組織にとって情報公開法は青天の霹靂にも近く、二〇〇一年四月施行に対する省庁の「抵抗」は大量廃棄だけでは終わらなかった。施行後何年も、対象文書が存在しないこと（文書不存在）を理由にした情報の不開示決定が相次いだのである。総務省が行った情報公開法の施行状況調査によると、公開法が施行された年の二〇〇一年度から二〇〇九年度までの九年間で、「文書不存在」を理由に「不開示決定」となった文書が九・九パーセントもあった。二〇〇一年度は約一六パーセントだったが、その後九～一〇パーセント前後で推移、二〇〇五年度に約一五パーセント、〇六年度に約一九パーセントと跳ね上がったものの、翌〇七年度から低下し、〇八年度、〇九年度は共に五パーセント台となった。

情報公開を請求する権利はできたのに、公文書が適切に管理されていないために開示されない事例が少なくない実態が明らかになった。右崎正博独協大法科大学院教授は「不開示決定全体のうち約一〇％が文書不存在によるものという事態は、やはり制度的な欠陥という以外にない」（『情報公開を進めるための公文書管理法解説』）と指摘した。

六、公文書管理法制定へ

こうした状況を打開するために打ち出したのが、公文書管理法である。かねて管理法制定に意欲を示していた福田康夫前官房長官（当時）は二〇〇七年九月、第九十一代内閣総理大臣に就任すると翌年一月の施政方針演説で「年金記録などのずさんな文書管理は言語道断です。行政文書の管理のあり方を基本から見直し、法制化を検討するとともに、国立公文書館制度の拡充を含め、公文書の保存に向けた体制を整備します」と表明した。契機となったのは第一次安倍政権時代に発覚した五〇〇〇万にのぼる持ち主不明の年金記録問題、C型肝炎患者リスト放置問題、海上自衛艦航海日誌廃棄問題など公文書をめぐる杜撰な公文書の管理実態であった。

二〇〇八年二月、福田首相は初の公文書管理担当大臣に上川陽子衆院議員を指名するとともに、三月には「公文書管理の在り方等に関する有識者会議」（座長・尾崎護元大蔵事務次官）を設置して公文書管理法制定に向けた検討に着手。会議は八カ月間に計一二回開かれ、十一月に最終報告をまとめた。それによると、公文書は「過去・

歴史から教訓を学ぶとともに、未来に生きる国民に対する説明責任を果たすために必要不可欠な国民の貴重な共有財産」であることを基本認識に、「作成から移管・廃棄までのライフサイクル全体を通じて体系的に保存される仕組みの構築」、「専門家によるサポート体制の整備」、「適切な研修・人材育成などにより文書作成・管理をレベルアップする仕組みづくり」などを提言した。公文書管理を担当する「司令塔」役の存在が重要であり、その役割を担わせるために、内閣府（非現用文書）と総務省（現用文書）に分かれている文書管理に関する事務を内閣府に一元化するとともに、国立公文書館が持つ機能を国に戻して文書管理機能のすべてを一つの組織にまとめて外局または特別の機関と位置付けるか、各府省や立法府・司法府から円滑な移管が可能となるような権限をもつ「特別な法人」に改めるかのいずれかが適当と結論づけた。

公文書管理法案は二〇〇九年三月の閣議決定を経て国会に上程された。しかし、公文書管理機関の在り方は法案には盛り込まれず、文書の作成から整理・保存、保存期間満了時の措置（廃棄・移管）などを規定した全三四条の公文書管理法が六月二十四日、全会一致で成立した。付帯決議が衆院一五、参院二一も付くなど異例の法律であった。

七、存在意義を問われる公文書管理法

二〇一一年、管理法の施行まで二〇日余りに迫った三月十一日、東日本大震災が起き、公文書管理法はいきなりその真価を問われることとなった。震災復旧・復興に関して政府が開催した一〇余の重要会議の会議録、会議概要などが残されていなかった事実が後に判明したためである。その後の運用実績をみても、公文書管理法が芳

しい成果を挙げたとは言えない状況が続いている。一例を挙げれば、保存期間が満了し、永久保存する歴史公文書として国立公文書館等に移管される公文書の比率は施行前と比べてむしろ、低下した。国の行政機関が作成する文書の総量は年間に二百数十万ファイル。それにほぼ見合う量の文書が毎年、保存期限満了を迎える。このうち歴史公文書として公文書館等に移管される文書は一万ファイルに満たない。率にして〇・三〜〇・四パーセントである。施行前の移管率は〇・五〜〇・七パーセントであった。諸外国の移管率二〜三パーセントと比べて大きく見劣りする。

直近の問題として、「モリ・カケ問題」、自衛隊ＰＫＯ部隊派遣日報問題などが象徴するように、いまだに杜撰な公文書管理が行われている実態が明らかになった。しかし、連日のように問題が報道されたにもかかわらず公文書管理は改善の方向に向かうどころか、逆に後退しかねない状況にある。

アーカイブズは「記録資料」「記録史料」などと日本語訳される。史資料であり、それを収蔵している書庫なども意味するが、公文書管理法や地方公共団体の公文書管理条例が規定する「歴史公文書」「特定歴史公文書」など、公文書を修飾する言葉「歴史」こそ、実は曲者なのである。「歴史」という言葉がついた途端、「現在」が視野から消えてしまう。アーカイブズを考えるとき、歴史は「現在」から既に始まっているという意識が重要なのではなかろうか。

公文書管理に当てはめれば、上記に示した移管率の低さは、専門職の絶対的な不足もさることながら、公文書ライフサイクルの上流部、すなわち「現用文書の管理」と、「非現用文書を扱うアーカイブズ」が結び付いていないことに大きな理由がある。箕作元八らが初めて日本にアーカイブズを紹介した一三〇年近く前と、現代日本人のアーカイブズに対する理解はさほど変わっていないように思える。日本アーカイブズ学会会長を務めた石原一則は「日本の官僚制が長い間アーカイブズ制度を持たなかったことに起因するが、この文書管理の機能がアーカイブズの機能と密接な関係を持っていないことは、現在でも多々見られる現象である」とし、「今日のアーカイブズ・マネジメントはその本質的な機能の延長線上に、文書管理とアーカイブズを一体化させてみるべきことを明らかにしている。(中略)文書管理と記録史料の管理政策がいかに深く関わっているかを見てみたい」(『アーカイブズの科学』)として両者を結び付けるプロセスとして「移管」「評価選別」を提示した。言葉を換えれば、ライフサイクルという概念は、現用文書と非現用文書をつなぎ、一体的な管理を可能にするために発想されたと言うことができる。

八、公文書管理の課題

モリ・カケ問題、自衛隊日報問題を契機として、公文書管理の運用指針であるガイドラインが二〇一七年末に改定された。また、自民・公明の与党ワーキングチームが集約した公文書管理の改善策を基に政府は一八年七月、「行政文書の管理の在り方等に関する閣僚会議」を開催し、公文書管理の適正確保のための取組を決めた。これら改善策は以下の通りである。

ガイドライン改正では、会議だけでなく打合せについても記録を作成し、「正確性の確保」を義務付けた。文書の保存期間を原則一年以上とし、一年未満の保存期間を設定できる文書を限定類型化するとともに廃棄の記録を残す。

一方、閣僚会議では職員一人ひとりが法令を遵守する意識を持つための改革を進めることを重視し、幹部職員をはじめ職員に対する研修の充実、人事評価など人事制度面への反映のほか、内閣府や各省庁にCRO（チーフ・レコード・オフィサー）を配置して政府全体のチェック体制を実効あるものにする。また改ざんの防止に効果が期待できる電子化、電子決裁を加速するなどという内容である。

確かに、細々とした改善策からはそれなりの効果が期待できるように思える。しかしそこからは、最も肝心な、何のためのアーカイブズなのかという理念を感じ取ることができないのはなぜなのか。明治の初め、岩倉具視を代表とした遣欧使節団は二年近くを要して不平等条約改正と欧米諸国視察の大旅行を敢行し、イタリアのベニスではアルヒーフ（文書館）を視察した。しかし、博物館と図書館は移入したにもかかわらず、文書館は移入しなかった。その「ツケ」が一五〇年近くを経た二一世紀の現代日本に様々なかたちで影響を及ぼしているのではあるまいか。日本人はアーカイブズの何たるかを理解しないままに、近現代の一五〇年を過ごしてきたとも言えるのではなかろうか。

日本になぜ、アーカイブズが育たなかったかを言い表すのは至難の業である。だが、改善に向けたヒントになるものがあるとすれば、「現在」にどう向き合うかという意識ではないだろうか。「現在」は、歴史の末端につながっているという意識。言い換えれば同時代の記録である。安藤正人元学習院大学教授によると、アーカイブズとは「社会の記憶装置」を意味する。それは、都合が良いとか悪いといった範疇を乗り越え、その時代をまるごと記録しようとする意識である。予備校講師の謂《いい》ではないが、アーカイブズ構築のカギとなるのは「今でしょ」の意識である。

国立公文書館新館は二〇二六年度開館を目指して建設計画がスタートした。開館の時までに、公文書の管理も、電子を原本とする方式に改まる。一大変革の時代を迎えて、取り組むべき課題は山積している。

明治政府の正史編纂と史料収集

松沢裕作

はじめに

史料にもとづく近代的な学問分野としての歴史学が確立する制度的な画期は、一八八九年（明治二十二）、帝国大学文科大学に国史科が設置されたことにある。この時点で、史料にもとづく歴史研究は、大学という日本に西欧から移植された制度のなかに一定の位置を与えられたのである。

しかし、この国史科の設置には前史がある。それは明治政府による正史編纂事業である。

日本国家が自ら公的な歴史書を編纂すること、すなわち「正史」の編纂は、中国の歴代王朝の伝統であった。日本でも、中国をモデルとした制度が導入された古代律令国家の時代に、やはり正史編纂が行われた。「日本書紀」に始まり、「続日本紀」「日本後紀」「続日本後紀」「日本文徳天皇実録」「日本三代実録」と続く六つの歴史書、いわゆる「六国史」である。「六国史」の編纂は六八一年から九〇一年まで断続的に続けられ、神話にはじまりから八八七年までの事件をカバーしている〔坂本 一九七〇〕。

しかし日本においては、律令国家の変質とともに、国家による正史編纂事業は中絶してしまう。再びそれが取り上げられるのは、明治二年（一八六九）の、明治天皇の沙汰書（いわゆる「修史御沙汰書」）によってである。沙汰書は、かつて天皇が有していた政治の実権が武士に奪われるにしたがい、本来国家が行うべきであった正史編纂事業が中絶してしまったことを嘆き、「六国史」以降の欠落をうめる歴史書の編纂を命じたものである。「王政復古」を目指した明治政府は、古代律令国家において行われていた正史編纂事業も「復古」させることが望ましいと考えたのである［メール二〇一七］。

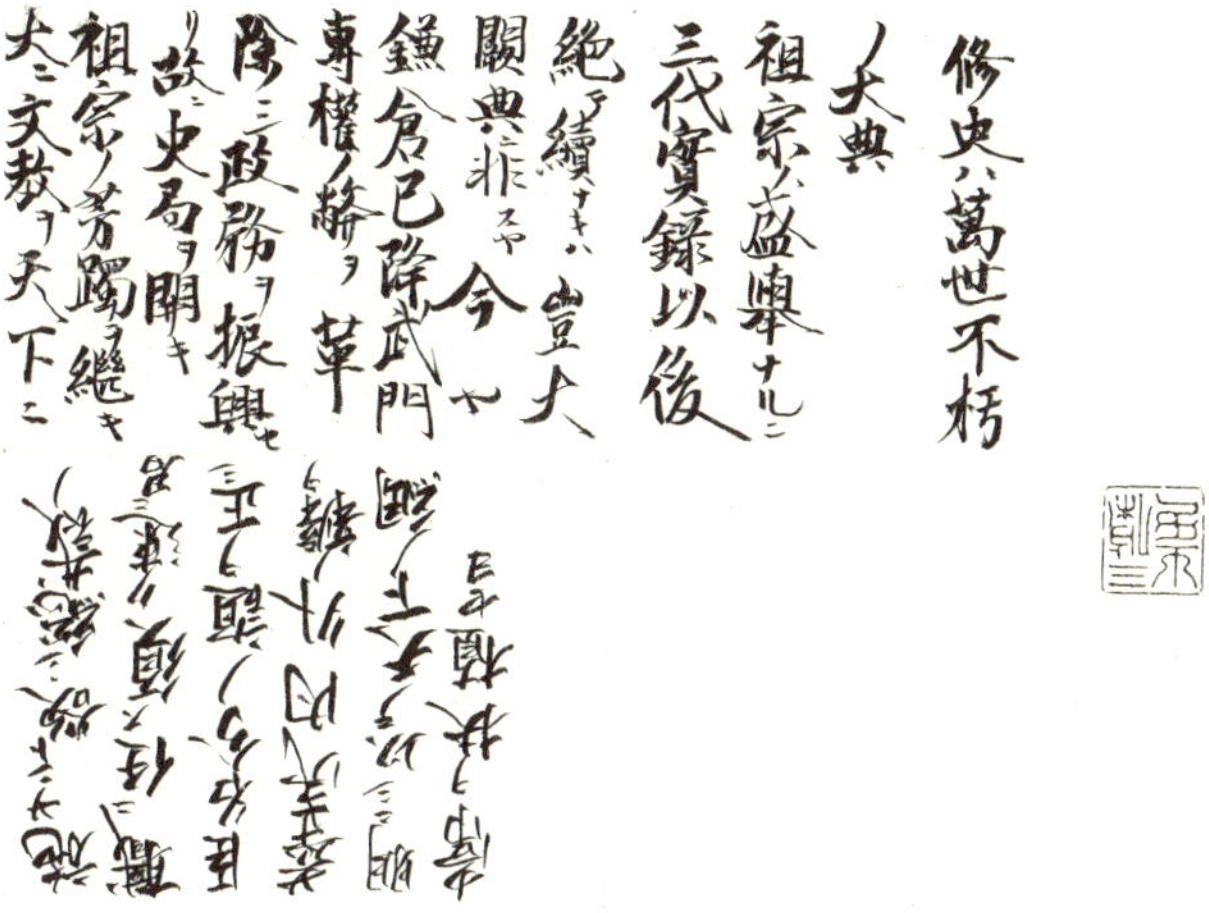
修史ハ萬世不朽ノ大典祖宗ノ盛擧ナルニ三代實録以後絶テ續ナキハ豈大闕典ニ非スヤ今ヤ鎌倉已降武門專權ノ弊ヲ革除シ政務ヲ振興セリ故ニ史局ヲ開キ祖宗ノ芳躅ヲ繼キ大ニ文教ヲ天下ニ

図1　「修史御沙汰書」（東京大学史料編纂所所蔵　S0471-4）

正史編纂事業は、「御沙汰書」以降、政府の行政機関がそれを担当してきた。沙汰書直後の編纂事業はすぐに頓挫するが、一八七二年（明治五）に太政官正院に歴史課が設置されて以降、太政官修史局（一八七五年～七七年）、太政官修史館（一八七七年～八六年）、内閣臨時修史局（一八八六年～八八年）と、一八八八年（明治二十一）まで、一貫して政府内部に歴史編纂を担当する部署がおかれていたのである。

帝国大学に国史科が設置される前年の一八八八年（明治二十一）十月、内閣臨時修史局は、帝国大学に移管され、帝国大学臨時編年史編纂掛となった。この移管が持っていた意義について、当時の帝国大学総長渡辺洪基は次のように述べている［東京大学史料編纂所 二〇〇一］。

我が帝国大学に於ても……（中略）……文書及標本を蒐集せざるを得ずと雖も、目下購求の資に乏し……（中略）……而して彼の修史局には本邦稀有の史家亦多く、且つ多年採集せし処の古文書等材料に供すべきもの極めて衆し。希くは此際帝国大学文科大学に国史科を新設し、之に内閣臨時修史局の事業を属せしめ（下略）

すなわち渡辺は、この時点までに、正史編纂の担当機関である内閣臨時修史局には、多量の「古文書等」が集積されており、それが国史科における教育と研究の素材となるため、臨時修史局の人員とメンバーを帝国大学で引きうけたい、という提案をおこなっているのである。

ここから読み取れることは、正史編纂事業を通じた史料の集積が、日本におけるいわゆる「実証史学」の前提をなしていたということである。本章では、このような史料の集積が行なわれた過程と、いったん大学という場に移された正史編纂事業のその後の行方を追うことで、近代日本における史料収集草創期の様相を紹介してみたい。

一、同時代史の編纂

先ほどものべたように、明治政府による本格的な正史編纂事業は、一八七二年（明治五）の太政官正院歴史課設置にはじまる。しかし、この「歴史課」が当初主として担当した「歴史」というのは、今日の「歴史」の語感とは異なり、幕末から明治維新期の歴史の編纂という、当時から見れば直近の過去を指していた［松沢 二〇一三］。

そこで編纂された書物が、今日でも戊辰戦争期の基本史料として用いられる『復古記』である。

歴史課の課長となり、その後も『復古記』編纂の中心人物であったのが長州藩出身の長松幹という人物である。長松はもともと公文書の管理を担当する太政官記録課に勤務していた。現代風にいえば記録管理担当の部署であるが、歴史課が直近の過去を扱うとすれば、仕事上記録管理の部局と重なる部分が出てくるわけである。一八七二年（明治五）十一月五日、太政官は中央政府の各省に対し、歴史課が設置されたため、各省の公文書は後年史料として用いられるべきものとなるので、散逸させないよう管理することを命じている［東京大学史料編纂所 二〇〇二］。

こうして着手された編纂事業は、明治六年（一八七三）五月までに、復古正記三〇数冊、復古外記二〇数冊を作成する成果を挙げた。ところが、ここで大事件が発生する。明治六年五月五日、皇居で火災が発生し、中央政府である太政官の庁舎が全焼、編纂された『復古記』はもとより、集められた材料や中央政府の公文書のほぼ全部が焼失してしまったのである。

政府は、材料の再収集のため、早くも火災から三日後の明治六年五月八日、旧大名華族（ついで旧公家華族）に対して、慶応三年十月より明治元年十月までの間の、諸藩から政府に提出した願・伺、履歴、藩内の達や伺など、原文をそのまま写し、事実を記述して、提出するように命令した［東京大学史料編纂所 二〇〇二］。この結果諸家から提出された史料集が「家記」と呼ばれるもので、これが『復古記』編纂の中心材料となった。次いで明治七年（一八七四）二月には、国事に倒れたものの事績の再提出を求めている。中央政府の史料が焼失してしまったため、旧大名家など、政府の外に残された書類で明治維新の歴史を編纂しようという方針が採られたわけである。

『復古記』は、明治九年（一八七六）に第一巻が完成し、以後順次編纂が進められ、明治二十二年（一八八九）までに、本体である「正記」の浄写本と、戊辰戦争の戦記である「外記」の稿本が作成されたが、「外記」については浄写本の作成に至る前に作業は中断された〔松沢二〇一八〕。

さて、この『復古記』は、事件の概要を示す「綱文」と、典拠となる引用史料というスタイルをとる。引用史料にはその出典があわせて掲げられており、『復古記』がいかなる史料を材料として編纂されたかを知ることができる。

出典として掲げられた史料の総数は一二一二種にのぼるが、そのなかで中心的に用いられているのは先述した一八七三年（明治六）五月八日の命令に基づいて、旧大名家・公家から提出された「家記」である。提出された「家記」は約五〇〇点に達し、それらは現在東京大学史料編纂所で保存・公開されている（インターネット上の同所「所蔵史料目録データベース」において画像を閲覧することも可能である）。

これら「家記」類とは別に、政府自身の公文書も利用された。しかし、東京の太政官で保管されていた当時の史料は、一八七三年（明治六）五月の火災でほとんど焼失して残っていなかった。一方、戊辰戦争期の政府の文書の中には、京都に残されたものも存在する。成立当初の明治政府は京都に所在していたためである。東京奠都にあたり、政府は京都で作成されたすべての文書を持って東京へ移動したわけではなかった。これら京都に残さらた文書は、東京の文書と異なり火災にあっていないため、『復古記』編纂時に利用可能であったのである。

一八七五年（明治八）八月、修史局は一等書記沢渡広孝を京都御所に派遣し、相当量の史料を東京に持ち帰った。これらの史料は「行政官書類」「内国事務局叢書」など、当時の政府機関ごとのまとまりに整理されたが、あまりに膨大すぎて、『復古記』編纂時には十分使いこなすことができなかった。結局、一部を使用したのみで、使い勝手の良い「家記」が優先的に使用されたのである。厖大な史料は未整理状態のまま、東京大学史料編纂所に引き継がれた。再整理が開始されるのは一九八〇年代のことであり、現在までに整理が完了した部分は「復古記原史料」という文書群名で、東京大学史料編纂所において閲覧に供されている〔宮地 一九九〇〕。

正史編纂事業が、直近の過去を対象としていたことをよく示すのが、一八七七年（明治十）の西南戦争終結直後から、修史館が西南戦争の戦史を編纂しようとしていたことである〔松沢 二〇一二〕。西南戦争の記録については、当初、太政官書記官局のなかの、公文書管理を担当する部署で編纂が準備されていたが、書記官局は、西南戦争は明治の歴史の中の重要な部分である、という理由によって事業を修史館へ移管することを申し出て、修史館の担当業務となった。

修史館は、陸軍省、海軍省をはじめとする関係諸機関に文書の提出を求めた。これにもとづき、各機関は、公文書の写し、場合によっては原本をそのまま、修史館に提出した。提出した書類は、今日東京大学史料編纂所に伝来している。ここからも、公文書管理と歴史編纂が密接な関係を持っていたことがわかる。

また、政府側の動向だけではなく、西郷軍内部の状況を知るために、各地の監獄に収監されていた元西郷軍兵士たちから手記を提出させたり、直接質問に出向いたりもしている。これに加えて、興味深いのは、西南戦争当時の当時の新聞のスクラップブックを作成し、これを政府の記録と対照する作業をおこなっていることである（東京大学史料編纂所所蔵「諸新聞切張物」）。このとき計画された「征西始末」と題された歴史書は結局完成しなかったものの、直近の過去を対象とするだけに、収集する史料の範囲は、今日でいえばオーラル・ヒストリーのようなものも含め、のちに学問としての「歴史学」が確立したのちに比べれば広いものとなっていた。

二、正史編纂と全国史料調査の開始

『復古記』を中心とした同時代史編纂が進められる一方で、より古い過去の歴史を編纂する事業は停滞していた。一八七五年（明治八）五月四日、修史局は、今後の編纂方針として「修史事宜」を上申した［東京大学史料編纂所二〇〇二］。「修史事宜」では、南北朝の合一以降を正史編纂の対象とする方針がかかげられた。これは、「六国史」が終わる八八七年から南北朝が合一する一三九二年までは、江戸時代に水戸藩で編纂された歴史書『大日本史』を正史に準じるものとみなすことができる、という判断からである。

しかし、この時点で、一三九二年以降、『復古記』に接続するまでの五〇〇年弱の歴史について、現在の言葉でいえば一次史料の調査、収集、それにもとづいた歴史の執筆が構想されていたわけではない［松沢二〇一五］。

第一に、江戸時代に、幕府の国学研究機関であった和学講談所で作成された「史料」という編纂物（現在では、一般名詞としての「史料」と区別するため、「塙史料」と呼ばれる）を利用することが計画されていた。これは、時系列順に、事件の概要を示す「綱文」を掲げたうえで、その典拠となる史料をそのあとに排列するというフォーマットで作られた編纂物である（先に述べたように『復古記』はこの体裁を用いている）。和学講談所で作成された「塙史料」は一〇二四年までとまっていたが、それよりあとについても原稿が存在した。そこで、これらの原稿をもとにして「塙史料」と類似の編纂物を作成し、それをもとにして国家公認の歴史書である正史を書けばよい、という構想であった。

第二に、「塙史料」類似の編纂物の作成や、正史の執筆にあたっては、一次史料を全国で収集するべきであるという立場と、すでに存在する江戸時代の歴史書をもとに、比較的短時間で完成させたほうがよいという二つの考えかたが修史局内に存在したことである。

前者を主張したのは修史局幹部の一人で漢学者の川田剛（甕江）である。川田は次のように述べている（東京大学史料編纂所所蔵「修史局・修史館史料」）。

> 諸書を採録するに経緯を分つ可し、古文状、家記、実録を経とし、戦記、雑著、後世編輯の史籍を緯とす……（中略）……経を主とし、緯を客とし、参酌折衷せば庶幾くは紕謬少からん歟

利用すべき材料で重要なものは「古文状」「家紀」「実録」である。現代の用語でいえば「古文書」「古記録」などの一次史料ということになろう。それに対して、「戦記、雑著、後世編輯の史籍」などの既存歴史書は、まさに二次的な利用にとどめられるべきであるというのである。

これに対して、川田とまったく異なる主張をしたのがおなじく漢学者の修史局員であった岡千仞である。岡にとって重要なのは、なるべく早く正史を完成させることであった。その理由を岡は次のように述べている（「修史局・修史館史料」）。

> 今般編纂着手の上は幾重にも方法を設け速かに成功を告け、天下に刊行、学校に播布、海内学に従事する者をして国史を講究するを得せしめ、内外弁別を立て、上達の方を開導、外騖の患へなからしめん

岡が重視するのは、学校教育の場で基準となるべき適切な歴史書が存在していないため、早期にそのための歴史

書を刊行する必要があるから、というものであった。そのために、岡は、「考証穿鑿」に入り込み過ぎないことが重要だという。細かいことを調べていてはいつまでたっても歴史書はできない、というわけである。岡は、江戸幕府が編纂した室町時代を対象とする歴史書『後鑑』を利用し、『後鑑』がカバーしない時期については、幕府の紅葉山文庫に所蔵されている書籍類を用いればよい、としている。

このように、この時点で、いわゆる「一次史料」の収集に乗り出すかどうかははっきりした方針として固まってはいなかった。そうした方針が明瞭になるのは、一八八二年（明治十五）、実際に、正史である「大日本編年史」の編纂がはじまった後のことである。

「大日本編年史」は、漢文で記され、編年体を基本とする歴史書で、それにテーマ別の分野史が付くという構成をとっていた。編年体の本体は後醍醐天皇の即位から、慶応三年（一八六七）の王政復古までをカバーするものとして計画されていた。先に見たとおり、当初の計画では、南北朝時代が終わる一三九二年、すなわち『大日本史』が筆を擱いた時点から始めるという構想であったのを、このときに開始時点を遡らせ、南北朝時代に関しては『大日本史』と重複して編纂するという方針に変更したのである。これは南北朝時代に関しては『大日本史』の記述が信頼できないという判断にもとづくものであった。

冒頭で述べた帝国大学への修史事業移管をはさみ、一八九三年（明治二十六）まで一〇年以上続けられた「大日本編年史」編纂の作業は、記述の対象となる約五五〇年間を、時代ごとに久米邦武、藤野正啓、伊地知貞馨、星野恒という四名の責任者が分担して担当した。そして、薩摩出身の漢学者重野安繹が、作業の全体を統括した。

一八八五年（明治十八）、修史館は、「大日本編年史」編纂のために、全国へ館員を出張させ、現地で史料を探索し、写本を作成する事業を開始した。同年六月、修史館が内閣に提出した上申書は次のように述べている。修史事業には「根拠」となるべき材料と、「参考」にすべき材料との二種類がある。「根拠」となるもの、つまり歴史を書く上でより確実な材料は、同時代に作成された古文書・日記の類であり、軍記物語の類は「参考」に供すべきものに過ぎない。しかし古文書・日記の類は探し出すのが困難であり、これまでの歴史家はみな物語の類に依存してきた。従来、修史館は、地方の社寺や旧家に古文書の有無を問い合わせたが十分な協力が得られなかった。そこで館員を直接現地に派遣し、現地で探索を行う必要がある、というのである。

この計画はみとめられ、この年の七月、まず皮切りとして、関東六県に史料調査団が派遣されることになった。調査団を率いたのは、編修副長官であった重野自身である。

一行は七月十八日に東京を出発、まず茨城県へ向かい、水戸で調査を行い、ついで栃木、群馬、埼玉、神奈川、千葉を巡回、十月六日に東京に戻った。重野が帰京後提出した報告書によれば、発見した史料の総数は、文書が八〇八九通、書籍七六七部、系図五八種。必要なものは借用して修史館に送付し、写本の作成が行われた。

図2　重野安繹肖像（明治17年）
（［薩藩史研究会編 1938］口絵より）

短期間でこれだけの成果を挙げることができたのは、修史館の史料調査が国家事業であり、地方の行政機構を調査に動員することができたからである。この時の調査日誌「関東六県古文書採訪日記」からは、重野らが、行く先々で、県の官員や郡長、戸長らに史料の所在を問い合わせたり、借用史料の郵送を依頼したりしている様子がよみとれる。史料を見せることを渋る所蔵者に対しては「説諭」を加え、半強制的に史料を出させたりもして

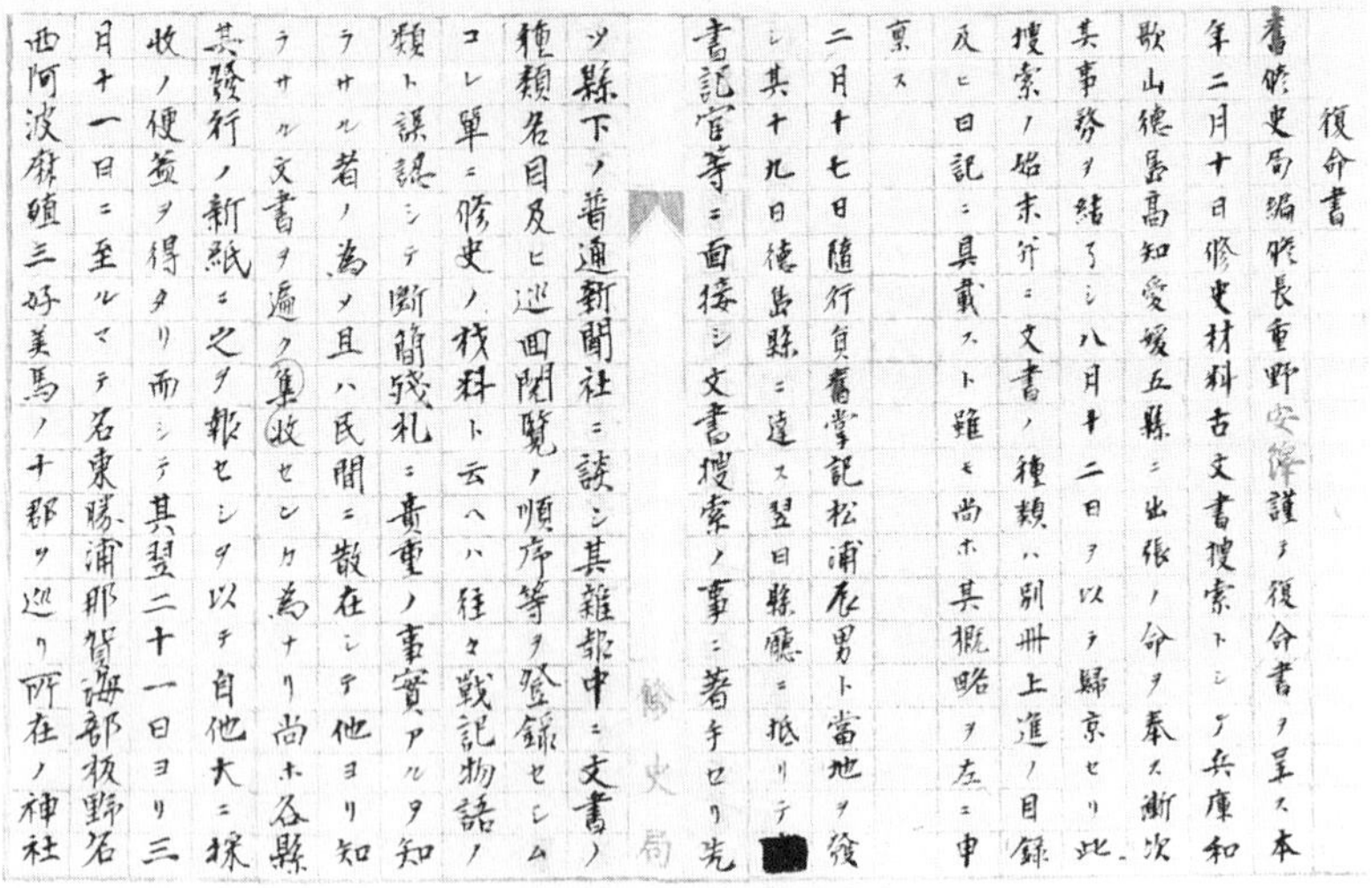
復命書
書(修)史局編修長重野安繹謹テ復命書ヲ呈ス本
年二月十日修史材料古文書捜索トシテ兵庫和
歌山徳島高知愛媛五縣ニ出張ノ命ヲ奉ス漸次
其事務ヲ結了シ八月十二日ヲ以テ帰京セリ此
捜索ノ始末并ニ文書ノ種類ハ別冊上進ノ目録
及ヒ日記ニ具載スト雖モ尚ホ其概略ヲ左ニ申
稟ス
二月十七日随行負馨掌記松浦辰男ト當地ヲ發
シ其十九日徳島縣ニ達ス翌日縣廳ニ抵リテ[redacted]
書記官等ニ面接シ文書捜索ノ事ニ着手セリ先
ツ縣下ノ普通新聞社ニ談シ其雜報中ニ文書ノ
種類名目及ヒ巡回閲覧ノ順序等ヲ登録セシム
コレ單ニ修史ノ材料ト云ヘハ往々戦記物語ノ
類ト誤認シテ斷簡殘札ニ貴重ノ事實アルヲ知
ラサル者ノ為メ且ハ民間ニ散在シテ他ヨリ知
ラサル文書ヲ遍ク集收セシカ為ナリ尚ホ各縣
其發行ノ新紙ニ之ヲ報セシヲ以テ自他大ニ採
收ノ便益ヲ得タリ而シテ其翌二十一日ヨリ三
月十一日ニ至ルマテ名東勝浦那賀海部板野名
西阿波麻植三好美馬ノ十郡ヲ巡リ所在ノ神社

図3　「史料蒐集復命書」
（［東京国立博物館・東京大学史料編纂所編 2001］より）

いる。重野たちの調査は、そうした「官の権威」を背景にしての調査であった。

一八八七年（明治二十）七月から十一月にかけて行われた九州七県の史料調査を率いた久米邦武に、重野安繹が送った一通の手紙が残されている。この中で、重野は、旧主である島津家に対し、当時鹿児島で保存されていた島津家文書の閲覧を、出張中の久米に許可するよう求めたが、島津家がこれに難色を示しているという顚末を記している。帰京後に久米が提出した報告書によると、文書の閲覧は一部実現したようだが、ちょうど島津久光が死去したこともあり、途中で調査を断念したという。修史館の威光も、旧薩摩藩主島津家に対しては通じなかったのである［松沢二〇一二］。

また、自分で所蔵史料を持ちこんでくる地元の人びとも存在した。そうした人びとは、自分の家や先祖の功績を伝える古文書や家系図に、国家の「御墨付き」をもとめたわけであるが、そのような史料には偽文書も少なくなかった。調査先で修史部局の担当者たちは真偽の判断を所蔵者に伝えることを避け、自分たちに必要なものだけを借り出して写本を作った［佐藤二〇一五］。

こうした大規模な史料調査は、「大日本編年史」編纂の時期に全六回おこなわれた。①一八八五年の関東六県（上述のもの）、②一八八六年（明治十九）の京都・大阪・滋賀（星野恒が担当）、③一八八七年の九州七県（久米邦武が担当）、④一八八八年の兵庫・和歌山・徳島・高知・愛媛（重野安繹が担当）、⑤一八八九年の茨城・宮城・福島・岩手（星野恒が担当）、⑥一八八九年の静岡・山梨・長野（星野恒が担当）。以上の六回である。いずれも三カ月から半年におよぶものであった。

こうした調査によって、一八八八年までの時点で収集した古文書の総数は約六万七〇〇〇通、書籍七八〇〇冊に及んだ。

三、正史編纂から史料集の刊行へ

こうした膨大な一次史料の収集とそれに基づく歴史書の執筆は、江戸時代の歴史書の編纂の水準をはるかに超えるものであった。「大日本編年史」の編纂は、こうして、古文書を中心とした一次史料に基づく歴史の記述という、日本の実証的歴史研究の出発点となった。冒頭でみたような、帝国大学文科大学における国史科の設置と、それにともなう内閣臨時修史局の帝国大学移管は、このような史料収集の蓄積に支えられていた。

帝国大学の臨時編年史編纂掛は一八九一年（明治二十三）には史誌編纂掛と改称され、「大日本編年史」の編纂は引き続きすすめられた。

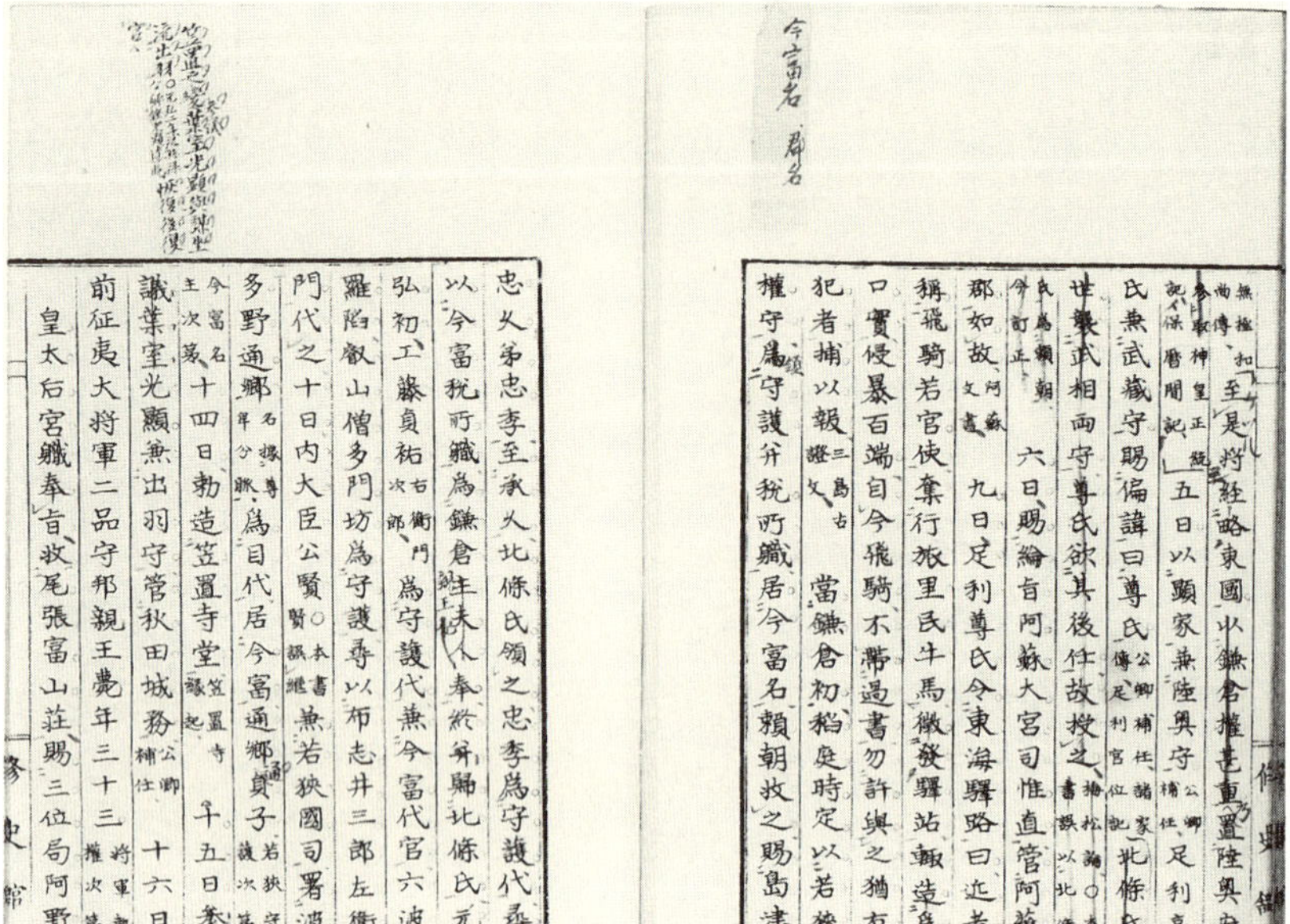

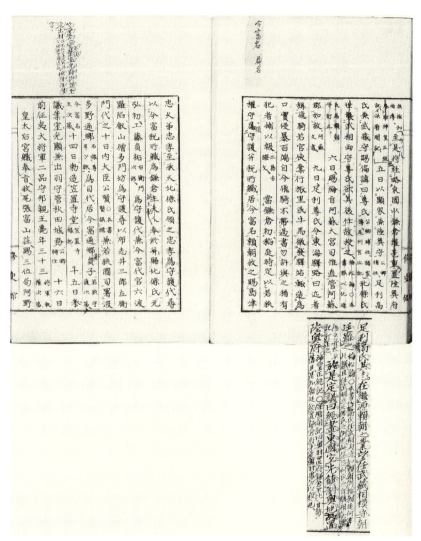

図4　「大日本編年史」　初稿
（[東京国立博物館・東京大学史料編纂所編 2001]より）

しかし史料の収集は、「大日本編年史」の執筆を早める方向にではなく、むしろ遅らせる方向に作用した。つまり、原稿を作っては新たに集めた材料によってそれを修正することの繰り返しとなってしまい、それは「大日本編年史」が結局未完に終わる一因ともなったのである。

そのうえ、重野安繹や久米邦武といった「大日本編年史」編纂担当者たちは、集めた史料の検討の結果、従来の歴史書のあやまり、特に、『太平記』の記述のあやまりを発見し、それを講演や雑誌で発表し、物議を醸した。たとえば重野は、後醍醐天皇の忠臣として『太平記』に登場する児島高徳という人物は、歴史上実在しない人物であるという論文を発表して物議を醸し、「抹殺博士」と呼ばれた。

そして、久米邦武は、一八九一年（明治二十四）、「神道は祭天の古俗」と題する挑発的な論考を発表する。日本の神道は「宗教」と呼べるような体系化された信仰ではなく、より原始的な自然崇拝であると論じたこの論文は、神道関係者の猛烈な反発を招き、ついに久米は辞職を余儀なくされる。明治二十六年（一八九三）、完成をみることなく「大日本編年史」の編纂事業は中止され、重野安繹も帝国大学教授の職を失う。

久米や重野が去った後、文部大臣井上毅は数人の大学関係者からの意見聴取を経て、結局、帝国大学における歴史編纂を、正史の編纂から、収集した史料の編纂・刊行、すなわち史料集

図5　史料編纂掛執務風景
（［小川編 1904］、国立国会図書館デジタルコレクションより）

図6　明治34年、最初に刊行された『大日本史料』『大日本古文書』（東京大学史料編纂所所蔵）

の出版へと転換させることになる。一八九五年（明治二十八）四月一日、帝国大学文科大学に史料編纂掛が設置され、一九〇一年（明治三十四）、『大日本史料』『大日本古文書』の出版が開始される。今日も東京大学史料編纂所で続けられている史料編纂事業の始まりである。

『大日本史料』は、「塙史料」の体裁を引き継ぐもので、時系列順に重要事件についてその概要を記した「綱文」を掲げ、その典拠となる史料をそのあとに配列する形態をとる。「六国史」の終わる八八七年から、一八六七年（慶応三）までの約九八〇年間をカバーする予定であったが、現在着手されているのは江戸時代の初頭までである。

一方、『大日本古文書』は、当初、各種の古文書を年代順に配列する予定であったが、ほぼ正倉院文書を年代順に配列した奈良時代の部分でこうした計画は放棄され、そのあとは所蔵者別の史料集（『高野山文書』『浅野家文書』など。「「家わけ」文書」と呼ばれている）に転換した。その後、外務省から、幕末外交文書の編纂事業が移管されてくると、『幕末外国関係文書』が『大日本古文書』のシリーズに加えられた。

一方、史料集編纂のための史料収集事業は継続的におこなわれ、戦時期の中断を経て現在まで続けられている。当初の調査方法は、現地で史料を確認したのち、借用して東京に送り、写本を作成して返却する方法が主流であった。写本には、文字を書き起こすだけの「謄写本」と、史料の下から光を当てて、文字の形を上からなぞる

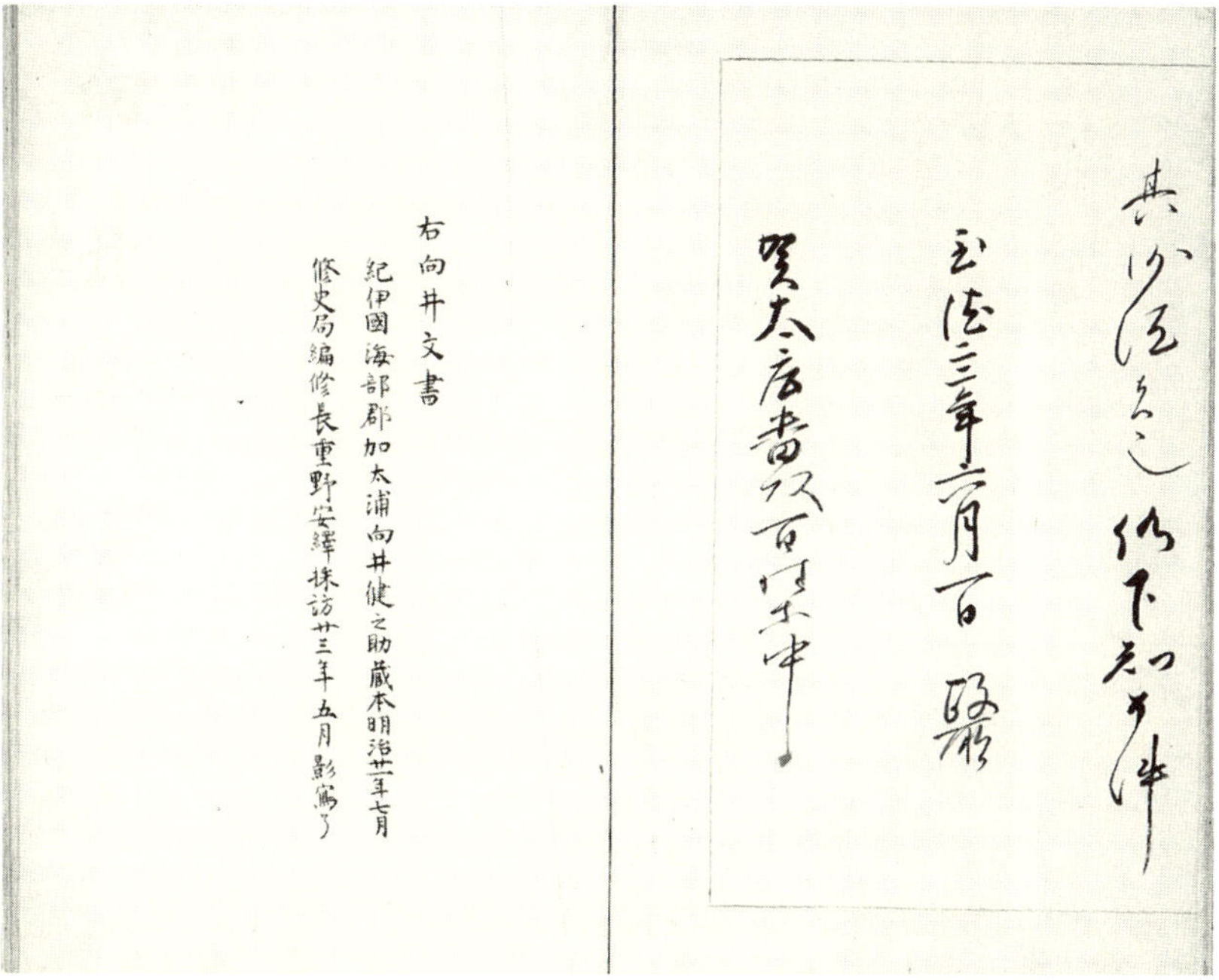
右向井文書
紀伊國海部郡加太浦向井健之助蔵本明治廿年七月
修史局編修長重野安繹採訪廿三年五月影寫了

図7　影写本「向井文書」
（［東京国立博物館・東京大学史料編纂所編 2001］より）

「影写本」の二種類がある。のちに写真技術が利用可能になると、写真が史料の複製作成に活用されるようになった［久留島・高橋・山家二〇一七］［谷二〇一六］。

おわりに

以上の通り、日本史、とくに前近代の日本史の一次史料収集は、明治政府の正史編纂事業に淵源をもつ。そして、正史編纂事業が途絶し、いわゆる「アカデミズム史学」という、大学のなかで近代的学問分野の一部門として日本史研究が一定の位置を占めるに至っても、その蓄積は遺産として研究の発展に寄与した。

とはいえ、正史編纂事業とその挫折という来歴が、史料収集のあり方や、歴史研究のあり方に与えた影響は、単に史料の物的な蓄積というだけにとどまらない。そもそも、史料編纂掛・史料編纂所が刊行した『大日本史料』の形式は、江戸時代の「塙史料」にさかのぼるものであり、正史編纂事業の時代には、その形式の編纂物は、正史編纂の準備作業として作成されていた［松沢 二〇一五］。したがって、史料集に掲載される史料の選択はもちろん、その前提となる史料の収集にも、「取り上げるに値すべき事件に関連する史料」というバイアスがかかっていたことは否定できないだろう。また、作成された写本類を、史料編纂所外の人間が自由に利用できたわけではない。

今日からみれば、東京大学史料編纂所が所有する約三万冊の明治期以来蓄積された影写本・謄写本、そして史料写真は、それ自体が、歴史学の歩みを語る史学史の史料である。また、これら写本類や写真には、調査当時以後消失してしまったもの、所在不明となっているものや、所蔵者が変わっているものも多い。写本に記された所蔵者情報から、現存する史料のかつての所蔵者を推定し、史料の伝来を知ることができることもある。正史編纂事業の「遺産」の、史学史的観点を踏まえた利用が、今後の課題となってくるであろう。

引用・参考文献

小川一真編 一九〇四『東京帝国大学』明37、小川写真製版所
久留島典子・高橋則英・山家浩樹 二〇一七『文化財としてのガラス乾板——写真が紡ぎなおす歴史像』勉誠出版
薩藩史研究会編 一九三八『重野博士史学論文集』上巻、雄山閣
佐藤雄基 二〇一五「明治期の史料採訪と古文書学の成立」松沢裕作編『近代日本のヒストリオグラフィー』山川出版社
坂本太郎 一九七〇『六国史』吉川弘文館
谷昭佳 二〇一六「歴史学と写真——史料編纂所写真室の開設」（『東京大学史料編纂所画像史料解析センター通信』

七五
東京国立博物館・東京大学史料編纂所編二〇〇一『時を超えて語るもの——史料と美術の名宝』東京大学史料編纂所
東京大学史料編纂所編二〇〇一『東京大学史料編纂所史史料集』東京大学出版会
松沢裕作二〇一一「明治太政官における歴史記述の模索——「征西始末」をめぐって」『東京大学史料編纂所研究紀要』二一
松沢裕作二〇一二『日本史リブレット人　重野安繹と久米邦武』山川出版社
松沢裕作二〇一三「明治政府の同時代史編纂——『復古記』とその周辺」箱石大編『戊辰戦争の史料学』勉誠出版
松沢裕作二〇一五「修史局における正史編纂構想の形成過程」松沢裕作編『近代日本のヒストリオグラフィー』山川出版社
松沢裕作二〇一八「戊辰戦争の歴史叙述」奈倉哲三・保谷徹・箱石大編『戊辰戦争の新視点 上：世界・政治』吉川弘文館
宮地正人一九九〇「『復古記』原史料の基礎的研究」『東京大学史料編纂所研究紀要』一
メール、マーガレット（千葉功・松沢裕作訳者代表）二〇一七『歴史と国家——一九世紀日本のナショナル・アイデンティティと国家』東京大学出版会

地域に残された歴史資料はなぜ大切か

三村昌司

はじめに

歴史資料はなぜ大切か。なぜ残されなければならないか。それは、歴史資料が過去を知るために欠かせないものだからである。おそらくこの点についての異論は、過去を研究することそのものを否定する人間以外にいないだろう。

とはいえ、歴史資料にもさまざまなものがある。そこで、歴史資料に「地域に残された」という限定を付した場合どうだろうか。つまり、国宝や重要文化財のような指定文化財のみならず、現在地域に残されている未指定文化財を含む多種多様な歴史資料の場合である。そうすると、この問いに対する答えはとたんに単純ではなくなる。同じように「その地域の歴史を知る上で欠かせないものだから」と答えるとしよう。そうすると「では、その地域以外の人にとっては大切ではないのですか?」という新たな問いがすぐに浮かんできてしまう。

この問いにどのように答えるべきか。本稿では、この問いに対し、歴史学における現在にいたるまでの様々な考察や実践を参照しながら、地域に残された歴史資料の現時点での意味について考えたいと思う。

一、日本の地域にはなぜ多くの歴史資料が残されているのか

日本には、各地に大量の文字資料が残されている。博物館・美術館・文書館・図書館のような機関にも収蔵されているし、一般の家にも残されている。各所に多くの文字資料が残った理由は、日本の近世社会が、文字による社会関係を広く作り上げたことで大量の文書を生み出したことにある［大藤二〇〇三］。

また、日本における歴史資料の残り方の特徴は、特に近世以降の村関係の文書が、一般の家に多く残されていることである。そのような状況になった主な理由は、①近世から近代に社会が移行するなかで、文書を保持していた村の社会的意味が、租税納入に責任を負う主体から境界線で区切られた行政区画に変わったことで［松沢二〇一三］、近世の村文書がかつての意味を失ったこと、②近世は村役人が代々村の文書を保管・引継していたことから、その文書が村役人だった家に近代になってもそのまま保管されるという条件ができていたこと［丑木二〇〇五］、であろう。

それぞれの家の経営や来歴に関する資料に加え、そのような村関係の文書も家に蓄積されたことで、現在でも民間に大量の文字資料が保存されているという歴史資料の残り方の特徴が形作られたのである。場合によってはそこにさらに、近代以降のものが付け加わっていくことになった。

このような特徴をもつ地域に残された歴史資料は、「民間所在資料」「未指定文化財」「地域史料」「地域歴史遺産」など、さまざまな名称でよばれる（図1）。名称は、その特徴をどの角度から切り取るかで異なり、逆にいえ

図1　地域に残された歴史資料の一例（兵庫県三木市）

ばそれだけ多様な特徴を持っているということである。本稿では「地域に残された歴史資料」とよぶが、それは近代以降の公文書を除いた、日本の各地域に残された歴史資料を包括的にとらえる概念として用いたい。というのも、近年保存や利用について考察が進む公文書に比べると、それ以外のもの（地域に残された歴史資料）についての考察は問題意識の社会的共有という側面も含め、進んでいないところがあり、別途その状況や保存について考えていく必要があると考えるからである。

さて、そのような地域に残された歴史資料は、戦後の歴史学においてどのような意味を持たされていたか。語弊を恐れずいうならば、「地域の歴史」を描くための素材として地域に残された歴史資料は位置づけられてきた。だとするならば、次に「地域の歴史」の位置づけについて、もう少し具体的にどのような議論があったかをみてみたい。そのことで、戦後の歴史学における地域に残された歴史資料の意味も見えてくるはずである。

二、戦後歴史学における地域に残された歴史資料がもっていた意味

戦後歴史学は、戦前戦中における歴史研究の反省のもと、科学的な歴史学を目指した。そこで多くの研究者に

参照されたのがカール・マルクスであり、ゆえにマルクス主義歴史学ともよばれる。そこでは「事実を生かすもの、事実に歴史的事実としての意義と価値を付与するものは、事実と事実のあいだに存在する全体的な連関と法則に外なりません」〔石母田 一九五〇〕という方法論がとられた。

このマルクス主義歴史学を背景に、地域の歴史は「全体的な連関と法則」のピースとして意味が与えられた。たとえば佐々木潤之介が「各地方社会の、歴史発展――封建制の論理を明確に把握すること、その上で、日本封建制の全体的論理を確立するための研究を推進する必要がある」〔佐々木 一九六一〕と論じたのはその一例である。地域の歴史のもとになる地域に残された歴史資料の重要性も、「全体」に貢献する歴史資料としての意味が当然与えられた。

一方で、地域の歴史の独自性を評価する論調も、同時に存在していた。木村礎は、地域の歴史にそれ自体としての意味を認め「地方史研究は一般史研究を豊富にし、変革することだけが任務ではない」と述べた。すなわち、「地方史」を「一般史」の下位概念として定置することに批判的であった。そのように木村が述べた背景には、地方史研究が、地域住民の「地方史への関心」との乖離を生んだという反省もあった〔木村 一九六八〕。また関西では、林屋辰三郎を中心した「民衆の立場にたった歴史学」が、マルクス主義歴史学と距離を置きつつ「地方・部落・女性」の歴史を明らかにしようとしていた〔佐野 二〇一四〕。

このように、戦後歴史学においては「全体」と「地域」という異なるふたつの方向性が存在していた。これを昇華しようとする試みが、黒田俊雄のいう地域史を基礎とした「全体史」への構想であった〔黒田 一九八二〕。黒田はマルクス主義歴史学を「社会の物質的基礎だけを探究する途ではなく…生活や歴史の諸側面のすべてにわたって、しかも統一的・全体的に解明する方法」と位置づけたうえで、社会史との融合による「あたらしい地域史」を提起した。ちなみに、この方向性は現在、「地域史の普遍性」には「地域史の固有性」を潜らせることが不可欠だという『和泉市史』編纂事業で実践されている塚田孝の理論へつながっていく［塚田二〇一五］。

話を戻すと、黒田は地域の歴史のみならず、地域の歴史に関心をもつ住民と研究者の関係についても言及していた。黒田は、住民の歴史認識について「専門家の調査や研究ではないから低水準とみなされるものではなく、専門家の正しい協力を求めながら、ひろく深く歴史学の基盤を育てている」［黒田一九七一］と位置づけ、住民の歴史認識の深化に肯定的見解をよせた。

しかし、一方で戦後歴史学では、研究者が地域に残された歴史資料を借用し、そのまま返却せず地域住民に不信感を植え付けるということがあった［網野一九九九］。研究者のなかには、地域に残された歴史資料から地域住民を切り離して研究に利用した者がいたのである。

全体として戦後歴史学では、地域に残された歴史資料と地域住民の関係よりも、歴史資料へのアクセス拡大に関心が注がれた。地域に残された歴史資料は「地域の歴史を描く」ためのものだから、それにアクセスするための手段を確立することが当然の大きな課題だったのである。一九六四年に明らかになった日本史資料センター構想以降の歴史学界の動きも、そのような文脈で理解することができる。

日本史資料センター構想は、全国を数ブロックに分け、ブロック内の中心的な大学にセンターを設置して地域に残された歴史資料やそれを撮影したマイクロフィルムを集約しようとするものであった。これに対し歴史学界は、構想の進め方が非民主的であること、特定の大学に歴史資料が集中することで閲覧に不便が生じること、センターに集約されない歴史資料が散逸するのではないか、などの観点から反対運動を展開した。そして一九六九年十一月一日、各都道府県に文書館を建設することなどを提起した「歴史資料保存法の制定について」が日本学術会議より政府に勧告された〔全国歴史資料保存利用機関連絡協議会 一九九六〕（図2）。

この勧告は、歴史資料の現地保存主義を基本にその保存・利用をはかるための文書館設置を骨子としている。ただ、その「利用」が具体的にどのようなものかは記されなかった。地域の歴史資料は地域の歴史を描くために「利用」されるものであり、その「利用」者のために保存され提供される、というのは自明だったからであろう。しかし、歴史資料を用いて歴史を描くことは簡単なことでなく、また文書館の側も利用者を歴史研究者に限定しており〔森本 一九九六〕、「利用」に地域住民がどのように関わるのかという問いはあまり深められなかった。

8−16　　総学庶第1662号　昭和44年11月1日

内閣総理大臣　　佐　藤　栄　作　　殿

日本学術会議会長　　江　上　不二夫

（写送付先：総理府総務長官，科学技術庁長官
大蔵，文部および自治各大臣）

歴史資料保存法の制定について（勧告）

標記のことについて，本会議第55回総会の議に基づき，下記のとおり勧告します。

記

民族の文化的遺産を正しく継承することは，それぞれの民族に課せられた欠くことのできない責務である。

われわれは，現在，わが国において，日本民族の最も貴重な文化遺産の一つである，歴史資料が急激かつ大量に失われつつあることを深く憂慮する。

よってここに政府が可及的すみやかに，歴史資料の急激な散逸の防止，その保存さらにその活用のため必要な措置をとることを要望する。そのため，歴史資料保存法の制定を含む有効な措置をとり，目的達成のため遺憾なきを期せられたい。

（別添）

「歴史資料保存法の制定について（勧告）」の説明

ここにいう歴史資料とはわが国に存在する文書（古文書を含む）。記録類のことであるが（詳細は後述）これらの資料は太平洋戦争による災害，敗戦以後の大きな社会変革等により，大量に消滅した。現在でも時々刻々散逸しつつある。

歴史資料の一方の中心をなす江戸時代までの古文書・記録類について見れば，古代（奈良・平安時代）のものは国家機関・大寺社等により比較的手厚く保護されており，それらの解読・公刊もほぼ全面的に行なわれている。中世（鎌倉・室町時代）の古文書・記録類については，時代が下るにつれて保護が十分行届いていないのが現状である。更に近世（江戸時代）の古文書・記録類になると，その大部分については，これまで何等の保護もなされてこなかったといっても過言ではない。旧大名の古文書・記録類は華族制度の廃止と共に大量に散逸した。町方のものは戦災によってその殆んどが焼失した。全国各地に存在した農村文書は，戦後の土地改革による地主の没落，ここ数年来の急激な社会変化により，今や全面的亡失の直前にある。

歴史資料のもう一方の中心である明治以降の公文書類についても事態はほぼ同様である。明治前半期の戸長役場の資料は，江戸時代の農村文書と同様の運命を辿りつつある。また明治22年の市制

図2　「歴史資料保存法の制定について」（部分）

さらに、文書館運動が展開したのと同じ時期に、自治体史編纂が日本各地で行われた。いわば自治体史ブームであったが、その動機は「明治百年」であったり、昭和の大合併や高度経済成長における地域社会の変化を契機としたりとさまざまであった。ただし、この時期の自治体史編纂は、大学の研究者・高校教員・郷土史家など歴史の専門家が編纂するものであった。それゆえに、大部で装丁も立派なものが作られるが、一方で内容が専門的で住民にとっては手に取る機会が必ず

しも多くなかった。一九七〇年代の我孫子市史のように住民参加型の自治体史もあった［高木 一九九四］が、そのようなあり方が広がりをみせているとは言い難かった。

ただし、それでも黒田がいうような市民とのかかわりは、一九七〇年代以降の文化財保存運動のなかで構築されつつあった［町田 二〇一四］。加えて関西における「地方・部落・女性」に対する関心のような意識が前提となって、次節で述べる新たな展開を迎えることには、気をつけておかねばならない。

三、阪神淡路大震災以降における地域に残された歴史資料の意味変化

総体として戦後歴史学では、地域の歴史の意味について、全体史へと位置づけるか、あるいはそれじたいの独自性を評価するかで問うていた。しかし、研究者が地域に残された歴史資料から「地域の歴史」を描き出す、という前提は共有されており、地域に残された歴史資料の価値も多くはそこに見出されていた。

しかし、そこにとどまらない意味合いが、地域に残された歴史資料に見出されていくようになる。ひとつの契機となったのは、阪神淡路大震災ではじめられた歴史資料ネットワークによる被災歴史資料保全活動である。

歴史資料ネットワークの創設メンバーの一人である奥村弘によれば、阪神淡路大震災における歴史資料保全活動を行うなかで、歴史研究者は「歴史資料」の認識が、一般の人々とのあいだでズレをもっていると感じることが少なくなかったという。一般の人々の多くは、「歴史資料」といえばいわゆる国宝のような「お宝」をイメージしており、個人の日記や最近の写真、ビラなどが歴史資料だと思っていなかったのである［奥村 二〇一二］。

このズレは、歴史研究者に「なにが歴史資料か」ということについて社会的合意を形成していく必要性を感じ

させることになった。そのため歴史資料保全活動は、単に歴史資料を災害による物理的消滅から守る活動にとどまらず、一般の人々に「歴史資料とは何か」「なぜ地域に残されたあらゆるものが歴史資料になりうるか」ということを含めて伝える活動へと展開していく。

さらに「歴史資料とは何か」という問いは、「地域に残された歴史資料でどのような歴史を描けるか」という具体像の提示を伴った。すなわち、抽象的に歴史資料の概念を伝えるのではなく、住民とともに具体的な歴史像をいかに描くかを模索しながら、「歴史資料とは何か」という社会的合意を形成する方向へむかったのである。

そのさい、研究者から啓蒙的に「これが歴史像である」と人々に伝えるスタイルは採用されなかった。そのような伝え方は、多様な読み解き方の可能性をもつ歴史資料の意味を、「研究者目線」に限定してしまう危険性をともなう。同時に、歴史資料は研究者によって「解釈されるもの」であり、一般の人々はその「解釈されたもの」を受け取る側に過ぎないという一方的関係性が固定化されかねなかった。それでは、研究者が生産する歴史研究は地域の人々にとっては縁遠いもの、という戦後歴史学が抱えた課題がそのまま残されてしまう。そうなってしまえば、人々にとって歴史資料も「研究者のもの」と思われてしまい、仮に地域に残された歴史資料が災害などで危機に瀕したとき、「我がもの」として保全しようという意識が生じない。だからこそ、阪神淡路大震災の歴史資料保全活動のように、歴史資料について研究者と市民のズレが生じていたのだ。結果、地域に残された歴史資料の廃棄へとつながり、地域の歴史が描けなくなっていく。ゆえに、啓蒙的スタイルはとりえなかったのである。

そこでめざされたのは、多くの人が参加する開かれた場で、研究者はその技能を活かしつつ、地域の人々とともに歴史像を作り上げていこうとする方法であった。それは、研究者と地域住民との双方向的な関係をつくることであった。市沢哲は、このような歴史学のありようを「公共歴史学」とよぶ〔市沢 二〇一八〕。また、吉田伸之は地域市民と研究者が相互に学び合い、深め会い、お互いがともに成長する、というような関係を、理念型としてめざすべきと提唱している〔吉田 二〇一八〕。

そのような双方向的な取り組みの具体例として、筆者も多少かかわったものをふたつ挙げてみたい。ひとつは、『香寺町史』の取り組みである。兵庫県姫路市香寺の『香寺町史』は、住民が町史づくりに参加する、というのが最大の特徴であった〔大槻 二〇〇六〕。その特徴は、町史の構成にも表われている。町史は「村の記憶」と「通史編」に大きく分かれており、「通史編」にはさらに本文編と資料編で構成される。一方「村の記憶」のほうは、地域編と資料編に分かれている。この「村の記憶」地域編が、住民の執筆によるものである。地域編では大槻守を責任者とする町史編集室が住民の研究や執筆を支援したが、大学に所属する歴史研究者は地域編の編纂には加わらなかった。歴史研究者が参画したのは、「村の記憶」資料編のほうであった。こちらは地域編の記述のもとになる歴史資料を翻刻して採録し、その解説を研究者が付すという内容であった。筆者もその解説を担当する機会に恵まれた。すなわち、資料編は地域編の学術的意味を補完する役割を与えられていた。

さらに住民参加型の『香寺町史』の取り組みは、町史編纂を終えても継続されている。香寺町と姫路市との合併にともなう曲折をともないながら、香寺歴史研究室が立ち上げられて「字史」の編纂を展開するなど、住民による地域の歴史研究は現在も続けられている〔大槻 二〇一八〕。この継続的な活動は、地域の歴史が住民のひとつの結節点として機能していることを意味する。そしてそこで描かれる地域の歴史は、地域に残された歴史資料を起点としており、住民がそれを自ら掘り起こし、調べ、学ぶこととつながっている。いわば、地域に残された歴史資料が、地域の歴史を媒介として参加住民の関係性をつくっている。

注意したいのは、単なる「地域の歴史」が「住民をつなげている」のではない点である。それならば、英雄の顕彰やお国自慢でも、極論すれば歴史資料に基づかない「歴史」でも、人々をつなげることは可能である。そういうものとは異なり、あくまで「地域に残された歴史資料」を起点としている点が意義深い。

もうひとつの事例は、兵庫県三木市の事例である［三村 二〇一五］。三木市にある旧玉置家住宅に保管されていた資料群もまた、地域に残された歴史資料である。この資料群は発見時廃棄の危機にあったが、市担当者の判断で救われ、同住宅の蔵に保管されていた（図3）。そののち、市が主体となって生涯学習団体に呼びかけて写真撮影を行ったが、担当者の異動で作業がストップしてしまった。そこでその反省から、市民ボランティアを中心とした「旧玉置家住宅文書保存会」が結成され、市は作業場所の提供や補助金の申請といったサポート側にまわった。

図3　史料整理前の旧玉置家住宅文書

この「旧玉置家住宅文書保存会」が行った事業も、住民参加型であった。ただし前述した『香寺町史』と異なる点は、自治体史を書くことを最初から目的としたのではなく、史料整理を目的としたことであった。史料の写真撮影のほか、襖の下貼り剝がし、古文書整理、書籍・絵はがきの整理が改装されコミュニティ・センターの機能をもった旧玉置家住宅で市民の手によって行われた。研究者のかかわりは、神戸大学大学院人文学研究科地域連携センターが目録作りなど史料整理の方法論を提供することであった。また襖の下貼り剝がしは文化財修復家の尾立和則の

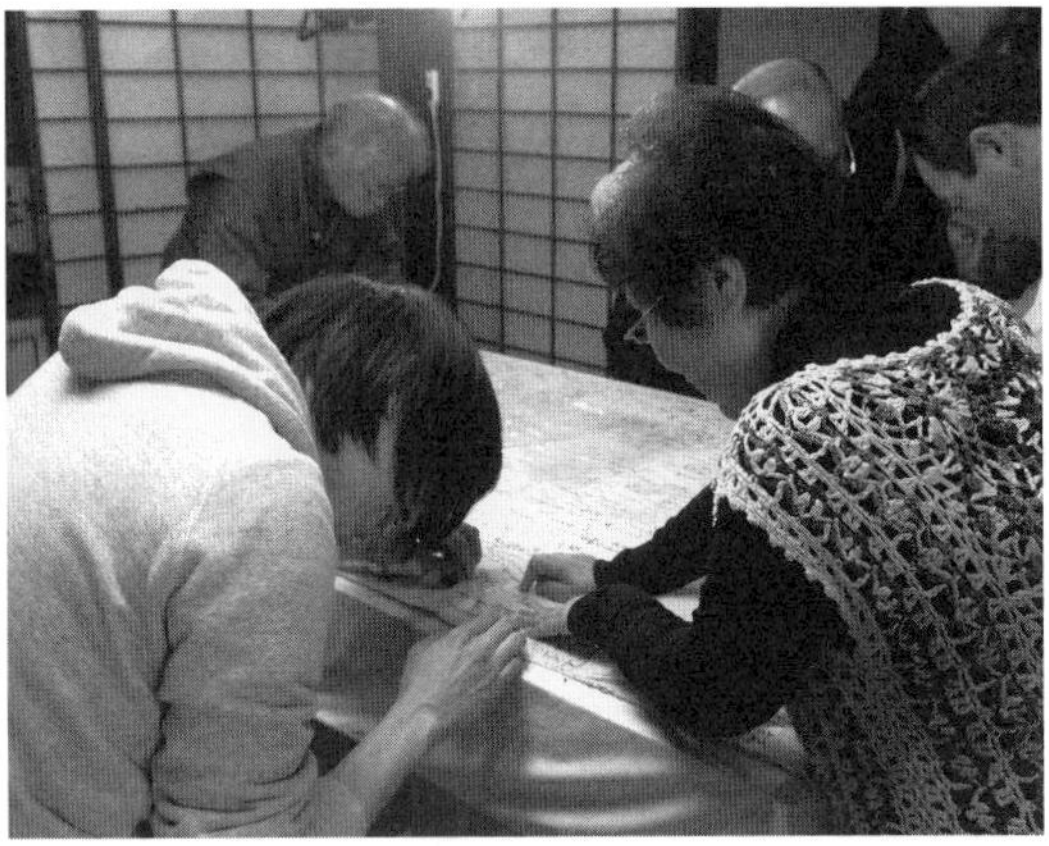

図4　旧玉置家住宅での襖の下貼り剝がしの様子

図5　旧玉置家住宅での書籍整理の様子

指導によって、市民が技術を習得していった（図4）。

くずし字の読解技術を必要とする古文書の整理以外は、特別に必要な技能を求めないため一般の市民が参加しやすかった（図5）。集まった市民は、整理している歴史資料をもとに地域の歴史について話をするが、それ以外の雑談も少なくない。ただ、歴史資料の整理の場は、歴史資料をきっかけとして人々が集まり、その関係性が維持され、つくられる「場」として機能している。筆者も当時神戸大学に所属しており目録作りを指導したが、地域の歴史については当然住民のほうが詳しいため、色々なことを教えてもらった。こういった住民のもつ歴史の知識を、板垣貴志は「ローカル知」とよび、歴史研究における「専門知」との融合の必要性を提起している［板垣二〇一八］。似たような研究者と住民の関係性について、多和田雅保も飯田市立歴史研究所での経験をもとに「普遍的な知を生み出す「場」」として描き出している［多和田二〇一七］。

三木市の事例は、「旧玉置家住宅文書」という地域に残された歴史資料を結節点として、地域住民・研究者・行政担当者が関係をつくっていることが特徴である。その関係は、必ずしも研究者から市民への一方的関係ではなく、やはり双方向的である。この旧玉置家住宅文書保存会のような歴史文化に関する活動を基盤として、現在編纂中の新『三木市史』は、『香寺町史』のように研究者による通史編と、市民参加型の地域編の二編による構成が予定されている。

以上述べたように、地域に残された歴史資料の新たな意味とは、それが地域住民・研究者・行政担当者などをつなぐハブとなり、資料を中心とした新たな「場」が作られることだということができよう。

四、地域に残された歴史資料の意味変化をもたらしたいくつかの要因

ここまでは、筆者自身も含めいわゆる「研究者」の側の変化をみてきた。しかし、それだけが地域に残された歴史資料の意味が変化する契機だったのか。別の要素もいくつかみておく必要がある。ひとつは住民の側からの見方である。つまり、前述したような双方向的な歴史学のありように関心をもつ住民が、なぜ出てきたのだろうか。もうひとつは、歴史学における歴史資料に対する捉え方の変化である。

ひとつめに挙げた住民の側の変化とは、それまでの社会に変化が生まれ、地域住民になにがしかの危機感が芽

図6　「こらっせ」となった栄村旧東部小学校志久見分校

生えた、ということである。長期的には、高度経済成長期から地域社会の変化と、一九九〇年代以降の個人主義の先鋭化が挙げられる［三村二〇一三］。他方、短期的には様々な事象があるが、ここでは、災害を例に取りたい。すなわち、住民が自らの住むコミュニティの存在意義に危機感を抱くような大災害に直面したとき、住民の意識が地域の歴史にむかう事例が出てきている。

二〇一一年の東日本大震災では、津波で親類を亡くし家財を失った被災者が、残された古文書の存在に希望を見出したという話［佐藤二〇一三］や、慶長奥州地震津波で被災した地域における開発の記録［蝦名二〇一四］が、住民の復興へのモチベーションにつながったという話［平川二〇一四］がある。

また、同年三月十二日に震度六強の地震に襲われた長野県栄村では、ある夫妻が震災で被害を受けた田んぼの復活を決めた。そのきっかけが、震災前に行った古文書輪読会だった。そこで、夫妻は江戸時代に当地が用水路開発に苦心していたという歴史を知り、復活を決めたという［白水二〇一五］。その後栄村では、地域における歴史文化の活動拠点である栄村歴史文化館「こらっせ」を開館させ（図6）、住民参加型の活動の新しい局面を見せてくれている。

ふたつめ、歴史学における歴史資料に対する捉え方の変化はどのようなものだろうか。言語論的転回という議論から、そのことを考えてみたい。

歴史資料に記された文字は、過去そのものを記しているのではなく、記した人物のバイアスがかかっている。さらに、その歴史資料を解釈する人間によってもまたバイアスがかかっている。つまり、歴史資料から過去にアクセスするには「二重のバイアス」がかかっている。ゆえに、後世の人間が過去そのものをつかみとるのは不可能なのではないか。このような考え方は言語論的転回とよばれるが、それが歴史学界のみならず特に広く議論されたのは、一九九〇年代であった［小田中 二〇〇二］。この言語論的転回からすれば、過去そのものをつかみとることは困難であるし、また高名な歴史研究者だからといってその解釈に優位性を与えることはできない。この難問をくぐり抜けるために、より開かれたかたちで、つまり複数の眼で解釈の可能性を模索していくことが、妥当な歴史像の構築にとって必要なことと考えられるようになった。

また、複数の目で歴史資料をみることの必要性は、歴史資料の意味がそれ単独で決まるわけではなく、特定の視点（関心）からその位置が同定されることで価値が見いだされるという考え方へとつながる［村井 二〇一〇］。そこから、地域に残された歴史資料への関心も、その歴史資料そのものがもたらす価値への関心のみならず、価値が形成されるプロセスへとむけられることになった。たとえば、兵庫県三木町に残された豊臣秀吉の制札を含む三木宝蔵文書は（図7）、長い期間を経て地域の「アイデンティティ」化して現在に伝わっている。ただ、制札は作

図7　毎年行われる三木宝蔵文書の虫干し（三木市本要寺）

成当初と現在では異なる価値を持っている［渡辺 二〇〇四］。だとすれば、東日本大震災での地域に残された歴史資料への関心の高まりは、危機という特定の関心から歴史資料の価値が見いだされて住民のアイデンティティとして結実したといえるのではないだろうか。

ただし逆に、戦前では、「郷土史」が「国体」観念とつながることで価値を見いだされたという指摘もある［奥村 二〇一二］。歴史資料の価値が特定の関心によって定まるという見方は、それが良からぬ方向に利用される可能性も含むことを意味する。そのような性質をもっていることに、注意を向けておく必要があるだろう。

おわりに

「地域に残された歴史資料はなぜ大切か」という問いに対しては、古くから地域の歴史を明らかにするという意義が与えられていた。現在ではそれに加えて、歴史資料がさまざまな人々をつなぐ「場」をつくるという意味が見出されている、ということを述べてきた。最後に、地域に残された歴史資料にまつわる課題と可能性について述べておきたい。

地域に残された歴史資料の位置づけが変化しても、変わらず大きな問題となっているのはその保管場所である。多くの自治体で、保管場所に四苦八苦している話は多く聞かれる。廃校になった小学校や、合併によって空いた庁舎の空き部屋に保管されている事例などが思い浮かぶ。これらの施設は温湿度の環境や、利用の便利さなど様々な問題を抱える。また、歴史資料の価値が特定の視点によって同定されるとしたら、単純に研究者や自治体の視点で保存のする・しないが決められなくなり、受け入れの基準づくりがいっそう難しくなる。

地域に残された歴史資料にかかわる人材の育成も大きな課題である。本稿でも述べたような、英雄の顕彰やお国自慢ではなく「地域に残された歴史資料」を起点とした歴史像を描くためには、史料群の目録を作ることが重要であり［西村二〇一七］、そのうえで歴史資料の解読や解釈が必要になる。そこには当然、高い専門性が必要になる。しかし、そのような人材は地域においてなかなか存在していないのが実情である。かつては学校教員がその役割を果たしていたが、今日の多忙極まる学校教員の現状においては、なかなかそれも期待できない。

「人」の問題でいえば、住民の歴史意識と、研究者の見解との乖離をどのように考えるかも難しい問題である。たとえば、歴史資料に依拠しない住民による顕彰運動や歴史意識に、研究者は放置せずどのように向き合うのか、という問題が指摘されている［斎藤二〇一七］。

資金の問題も重要である。歴史資料を整理し保管するためには、筆記用具、事務用品、パソコン、カメラ、段ボール（できれば中性紙の）、封筒（これもできれば中性紙の）など整理のための道具が必要である。また、それに担当者を何らかのかたちで置こうとすれば、人件費もかかってくる。

これらの問題は簡単に解決するものではなく、また地域の状況においてもさまざまなバリエーションがある。ただし、それらに対応する試みも各所で始められている。たとえば、前述した「こらっせ」では、公民館としての機能も併設することで、学芸員を雇用する余裕がないなか、公民館長と公民館主事を常駐職員として配置することが可能になっている。神戸大学大学院人文学研究科地域連携センターでは「まちづくり地域歴史遺産活用講座」を開催し、地域住民のなかから地域に残された歴史資料の担い手を育成しようという試みを行っている。筆者の能力と狭い知見では数多くの事例をとうてい把握しきれないが、問題とそれに対する様々な試行錯誤を共有化していくことが重要だろう。

地域に残された歴史資料の可能性にも、一点言及しておきたい。本論で触れた双方向的な実践は、地域住民が歴史像の受け手にとどまらず自ら歴史像の構築に関与するということであった。そのことは、歴史像のもととなる歴史資料への「関心」を深めることへとつながる。ここでいう「関心」にはふたつの意味合いがあって、ひとつは単なる歴史像の消費者に終わらず、その歴史像の背後にある歴史資料の存在に意識がむくようになる、ということである。もうひとつは、いわゆる「お宝」や有名人関係の歴史資料に限らず、地域に残された歴史資料に価値を見いだすようになることである。

そのような「関心」は、もしかりに大規模自然災害などで地域に残された歴史資料が滅失の危機に際したとき、住民がそれを捨てずになんらかのかたちで救おうという発想へとつながる。この点はすでに述べた。

さらに、そのことは地域に残された歴史資料が救われる、ということだけにとどまらない。地域に残された歴史資料への関心は、過去にかかわるものを大切にする社会をつくりだす可能性がある。そしてそのような社会をめざすことは、極めて現代的な問題ともつながっている。

近年、公文書をめぐる議論が活発である。公文書の保存は、健全な民主主義の基盤になるという意味合いが込められている。ただ、公文書のみを取り上げて守ろうとするのではなく、公文書に加え地域に残された歴史資料も併せた総体を社会全体で守っていこうという意識が高まることで、公文書保存への市民意識もいっそう高まるのではないか。渡辺浩一が指摘するように、現在は公文書の問題に議論が集中して、「古文書の保存は全く研究対象にあがらなくなってしまった」という［渡辺二〇一七］。そうであるならば、過去にかかわるもの総体を守っていこうとする社会のありようについて、いっそう考えていくべきではないかと思う。

引用・参考文献

網野善彦 一九九九『古文書返却の旅』中央公論新社
石母田正 一九五〇「歴史学の方法についての感想（一）」『歴史評論』二五号
板垣貴志 二〇一八「矢田貝家文書を活用した実践的な日本近現代史研究」板垣貴志ほか『地域とつながる人文学の挑戦』今井出版
市沢哲 二〇一八「連携事業の意義」奥村弘・村井良介・木村修二編『地域歴史遺産と現代社会』神戸大学出版会
丑木幸男 二〇〇五『戸長役場史料の研究』岩田書院
蝦名裕一 二〇一四『慶長奥州地震津波と復興』蕃山房
大槻守 二〇〇六「住民がつくる地域史の試み」『歴史科学』一八六号
大槻守 二〇一八「香寺歴史研究室の活動」『第一六回歴史文化をめぐる地域連携協議会予稿集』
大藤修 二〇〇三「近世の社会・組織体と記録」国文学研究資料館史料館編『アーカイブズの科学』上巻、柏書房
奥村弘 二〇一二『大震災と歴史資料保存』吉川弘文館
小田中直樹 二〇〇二『歴史学のアポリア』山川出版社
木村礎 一九六八「地方史研究の性格と方法」木村礎・林英夫編『地方史研究の方法』新生社
黒田俊雄 一九七一「今日の文化財問題と歴史学」文化財保存全国協議会編『文化遺産の危機と保存運動』青木書店
黒田俊雄 一九八一「歴史学の再生と発展」『人民の歴史学』六九号
斎藤善之 二〇一七「地域市民と交流する歴史研究」『歴史学研究』九六三号
佐々木潤之介 一九六一「地方史研究の回顧と展望」『地方史研究』五〇号
佐藤大介 二〇一三「東日本大震災での歴史資料レスキュー」平川新・今村文彦・東北大学災害科学国際研究所編『東日本大震災を分析する2　震災と人間・まち・記録』明石書店
佐野方郁 二〇一四「林屋辰三郎と戦後京都の日本史研究の環境」『京都における歴史学の誕生』ミネルヴァ書房
白水智 二〇一五『古文書はいかに歴史を描くのか』NHK出版
全国歴史資料保存利用機関連絡協議会 一九九六『日本の文書館運動』岩田書院
高木繁吉 一九九四「市民参加の自治体史我孫子市史の編纂」『岩波講座日本通史』別巻2、岩波書店

多和田雅保二〇一七「地域市民と言葉を通わせる」『歴史学研究』九六三号
塚田孝二〇一五「地域史認識の変化」『歴史科学』二二〇・二二一合併号
西村慎太郎二〇一七「民間アーカイブズの保存の担い手づくりと地域連携」国文学研究資料館編『社会変容と民間アーカイブズ』勉誠出版
平川新二〇一四「地域の史料と向きあう」『歴史学研究』九二四号
町田哲二〇一四「地域史の実践と市民社会の形成」『歴史科学』二一五号
松沢裕作二〇一三『町村合併から生まれた日本近代』講談社
三村昌司二〇一三「地域歴史資料学の構築にむけて」神戸大学大学院人文学研究科地域連携センター編『「地域歴史遺産」の可能性』岩田書院
三村昌司二〇一五「価値を蓄積し続ける地域歴史資料」『歴史評論』七八三号
村井良介二〇一〇「地域史と「地域の再生」をめぐる理論的課題」『Ｌｉｎｋ』二号
森本祥子一九九六「アーキビストの専門性」『史料館研究紀要』二七号
吉田伸之二〇一八「歴史遺産と地域連携」『歴史評論』八二二号
渡辺浩一二〇〇四『まちの記憶』清文堂出版
渡辺浩一二〇一七「「地方消滅」論と民間アーカイブズ」国文学研究資料館編『社会変容と民間アーカイブズ』勉誠出版

地域のなかの文書館

――兵庫県尼崎市の場合

松岡弘之

はじめに

兵庫県尼崎市――人口約四五万人の中核市である。約五〇平方キロメートルの市域には、一八八九年の町村制施行により尼崎町・小田村・園田村・立花村・武庫村・大庄村という一町五村が置かれた。その後、一九一六年に尼崎市が誕生したのち、さらに一九三六年から四八年にかけて三度の合併をへて、今日の市域が成立した。市内には北から阪急電車、ＪＲ東海道線、阪神電車という三路線の一二駅がひしめき、電話の市外局番は大阪市と同じ〇六でありながら、車のナンバープレートは神戸という町である。

この町にある、そして私が勤める尼崎市立地域研究史料館は、尼崎市史編さんのために調査・収集された史料の保存と活用を目的として、一九七五年に基礎自治体としては藤沢市に次いで設置された公立の文書館である。いわゆる自治体史編さんから文書館へ、という流れの先駆けとなるものであった。地域研究史料館という名は、これを設立した人々の志の表明である。とはいえ、多くの市民にはいささかの敷居を感じさせる名前でもあって、市民や庁内ではなお知る人ぞ知る存在に止まるといったほうが良かろう。文書館機能に勤めた経験のある人は誰しも、図書館でもなく博物館でもない自らの生業を親しい友人に語ろうとするとき、ある種の面映ゆさを感じるものだ。

文書館が扱う「史料」とは、突き詰めていえば人々が生きた証にほかならず、素材を見出しそこに宿るかすかな痕跡を「史料」として現在や未来の人々のためにひらいていくことが私たちの仕事の根幹にある。そのための技術や知見も大きく広がった。近現代にいたって、それは大きな可能性と困難を突きつける。記録の生成はこの社会のあり方と密着しているから、記録の所在は近現代社会が加速した人間の活動領域の面的な広がりによって今や宇宙空間にも及び、記録を定着させる媒体も紙だけでなく、フィルムやテープ、さらには0と1という電気信号の組み合わせからなるデータを格納したドライブなど、ありとあらゆるモノが史料となる。そして、ICT技術の目覚ましい飛躍が情報の流量をさらに加速させている。

そうした新しい史料に相応しい新しい地域の歴史叙述としてどう結晶するのかという期待と、それを叶えるための乗り越えるべき幾多の課題、さらには財政難の人口減少の時代に公的資金を投入することの意義を厳しく問われる現実とがある。史料をひらくという文書館の活動をめぐるいくつかのアプローチがあるなかで、尼崎は一九九〇年代以降、市民のレファレンスを重視することに取り組み、二〇一八年度の相談利用人数は二三三〇名に達した。この町をフィールドとした学術研究もあるが［沼尻 一九九五ほか］、来館者のほとんどが身近な過去への「問い」を持つごくふつうの市民なのである。だが、そうした「問い」は二つの意味で歴史を作ることにほかならない。それは、一人ひとりの問いがそれまで気づかれることのなかった新しい過去を見つけ、問いかけた者の現在のあゆみが記録として残ることで未来の誰かに参照される、という意味である。この循環のなかで私たちは日々仕事をしている。ここでは、そうした身近な問いのかたわらによりそう文書館の活動の一端を紹介したい（図1）。

図1　尼崎市立地域研究史料館の閲覧室

一、近現代史料と史料館——公害問題を事例に

尼崎市立地域研究史料館（以下、史料館）が収蔵する史料は（表1）の通りである。まずは、公害問題に関わる多様な史料を紹介しながら、記録管理の日常やこれからを概観することとする。尼崎市は、今でこそ二〇一三年に国から先駆的な取り組みにチャレンジする「環境モデル都市」として選定されたことを誇るが、公害をめぐる歴史は深刻なものでありつづけ、さらにはアーカイブズのあり方をも問いつづけているからである。

（一）　写真

図書を除けば、史料館で最も利用頻度が高い資料群は写真であろう。二〇世紀に入ると船来のカメラで市内を撮影する者も現れた。さらに高度成長期にはカメラが広く普及していき、身近な歴史資料として人気が高い。図2は一九五四年に臨海部・末広町を捉えたものである。林立する煙突群は関西電力尼崎第一・第二火力発電所で、

表1　地域研究史料館収蔵史料（2019年3月末現在）

種類	収集点数	うち整理公開点数
古文書・近現代文書	2,494件　153,107点	1,891件　105,659点
ビラ・ポスター類	41,047点	（仮整理）41,047点
公文書・資料		
歴史的公文書	16,581冊	（仮整理）16,581冊
印刷物等	未算出	
地図類	3,149点	3,149点
絵はがき	3,128点	3,128点
写真・フィルム		
航空写真	64件　9,275点	43件　1,214点
市広報課移管写真スクラップブック	306冊	306冊
同　ネガ・ポジフィルム	12,837点	（仮整理）12,837点
同　マウントフィルム	12,200点	整理中
マイクロフィルム	6,350本	6,300本
その他の写真・フィルム類	921件	（仮整理）921件
複製資料（史料コピー）	3,200冊	整理中
音響・映像資料	1,361点	1,361点
その他	未算出	電子資料102点

尼崎市立地域研究史料館事業要覧（平成31年）より。図書・雑誌は省略。

図2　水没した道路と関西電力尼崎第一・第二火力発電所（1954年11月）

地盤沈下のために電柱が水没している様子がみられる。この町の名も、鶴見・川崎に続き尼崎で埋め立て事業に関わった浅野総一郎の家紋に因んで名付けられたものであった。写真（図2）は、市内で旋盤をまわしながら写真を撮りつづけた村井邦夫氏のコレクション約一六〇〇点のなかのもので、公害が深刻化する尼崎の臨海部を象徴する。こうした個人から寄贈されたコレクションに加えて、史料館の中核的なコレクションは市の広報課が「市報」製作のために撮影した写真群である。フィルム約八〇〇〇本、プリント・ネガ・ベタのスクラップブック四三〇冊は、昭和二十年代から機材がデジタルに変わる平成年代までの尼崎を記録したもので、撮影主題や日付といった基本的な情報が記録されていたことから、データベースの整備により利用が大きく拡大したのであった。ただし、写真プリントは複製も容易なことから、同じカットが十分な注釈無く再利用されることによってオリジナルのプリントに行きあたらないこともある。また、メタデータの地道な整備とあわせて、フィルムという媒体そのものの管理の難しさがある。膨大なコレクション群すべてに、理想的な低温調湿環境を用意することはできず、冷暗所での保存が余儀なくされている。ムービーフィルムも同様で、たとえば広報課が市政の報道のために作成したフィルムも映写機器の確保とフィルム劣化という危機が迫る。かたや、高度なカメラを持つスマートフォンで誰しもが気軽に写真を撮影し、プリントすることなくディスクのデータとしてしか存在しなくなった。歴史資料としての映像の管理も変化していくこととなろう。

（二）　歴史的公文書

公文書とは、行政が業務の過程で作成・取得し、組織として共有、保存する記録である。二〇一一年に施行された公文書管理法は、公文書を「健全な民主主義の根幹を支える国民共有の知的資源」と位置づけて、その適切な管理を求め、地方公共団体にも同様の取り組みを促している。これにより地方の文書館機能の整備が期待されたものの、全体として出足は鈍い。その一方で、「公文書適正管理推進チーム」を設置した鳥取県のように文書管理の問題を自治体改革の基盤に据えるような意欲的な自治体もある。公文書管理のあり方は自治体によってかなりの差が生じつつあるのではなかろうか。

　そうした状況に照らしてみれば、尼崎市も課題が多いことを率直に告白しておかねばなるまい。関心の高まりもあることから、例年廃棄される公文書の収集事業について少し詳しく説明しておこう。尼崎市では、公文書管理は条例ではなく文書規定によって規律している。一件ごとに文書をフォルダに収納するファイリングシステムではなく、関連する文書をファイルに綴じる簿冊形式が一貫して採用されている。各所属の業務利用中の文書（現用文書）の保存期間には、無期限（永年）・一〇年・五年・三年・一年以下・常用という六つの区分が設けられ、この保存期間が完了し各所属が保存期間を延長することなく廃棄を決定した文書のうち、歴史的文化的な価値を有すると認められるものについては史料館に引き継ぐことが定められている。これにより例年七月頃、廃棄決定された文書の一覧表が、現用文書の管理を行う所属によって取りまとめられて史料館に届けられる。これは文書の表題・作成年・作成担当課などを記したごく簡単なものである。史料館では、保存期間が三年・五年・一〇年の文書約一万五〇〇〇点について、このリストを点検し収集の可否を検討する。そして八月頃、書庫に入って実際の文書を確認しながら選別作業を行う。文書廃棄作業全体のスケジュールを縫って行われるため書庫内の作業にあてることができるのは二日間程度であり、一冊の簿冊を隈なく点検することはなかなか難しい。取扱要領として定めた収集基準や過去の当該文書の収集状況、事務・事業の性格などを考慮しながら複数の職員で判断する。これらの選別された文書を歴史的公文書として収集することについて、廃棄決定した所属に確認し、最終的に収集する文書は三〇〇点程度である。もちろん、大規模な災害、選挙の実施など注目すべき事項があれば収集量は増える。ただし、史料館の書庫量は無限ではなく、基礎自治体ならではの個別具体的な申請書類といったものは移管しがたい。旧優生保護法下の手術実施記録の記録が失われていった一つの理由でもあろう。そうしたジレンマのなかでより選別の精度を高めるために、組織改廃履歴といった基礎的な情報の整理や、事務事業の分析を少しずつ進めているところである。また、電子決裁処理を行う文書管理システム上の電子データも紙とは別に収集作業を行っている。選別された文書は、文書名・決裁日・決裁経路などのシステムのメタデータを記録したＰＤＦと、ワードやエクセルなどで作成された決裁の本文テキスト・添付資料からなるフォルダに格納される。これを外付けのハードディスクに複写して史料館で保存している。文書管理システムにおける決裁率の向上など文書作成段階の課題はここでは触れないが、史料館が保有しているデータはいわば各所属で確定された時点のファイルを出力したに過ぎないから、改ざん防止措置や長期見読性の確保、閲覧に供するためのマスキングなどは実務上の課題がある。

しかし、最も大きな課題となるのは、こうして選別収集された歴史的公文書の利用である。尼崎市の文書規定に、公文書管理法がうたう「時の経過」を踏まえた利用制限の緩和は盛り込まれておらず、取扱要領では情報公開制度に準じた扱いとされる。こうした制約も結果として市民利用の機会を損ねており、そして利用頻度が少ないのであれば、あえて立法化する必要もないと構えている自治体も少なくないのであろう。公文書管理条例を設けた自治体はごく少数にとどまるが、保護すべき秘密と情報開示による説明責任の確保という情報の所有者と利用者双方の権利の調整はやはり条例によるほかない。尼崎市の場合は、二〇一六年に市政施行一〇〇周年を記念して「自治のまちづくり条例」を制定した。そして、自治のまちづくりのためには行政と地域社会が「まちづくりに関する情報を共有すること」がうたわれている。これらは、直接はオープン・データといった行政保有情報を公開していく動向を意識したもので、史料館も著作権の消滅した近現代の地図を登録しているが、これらはや

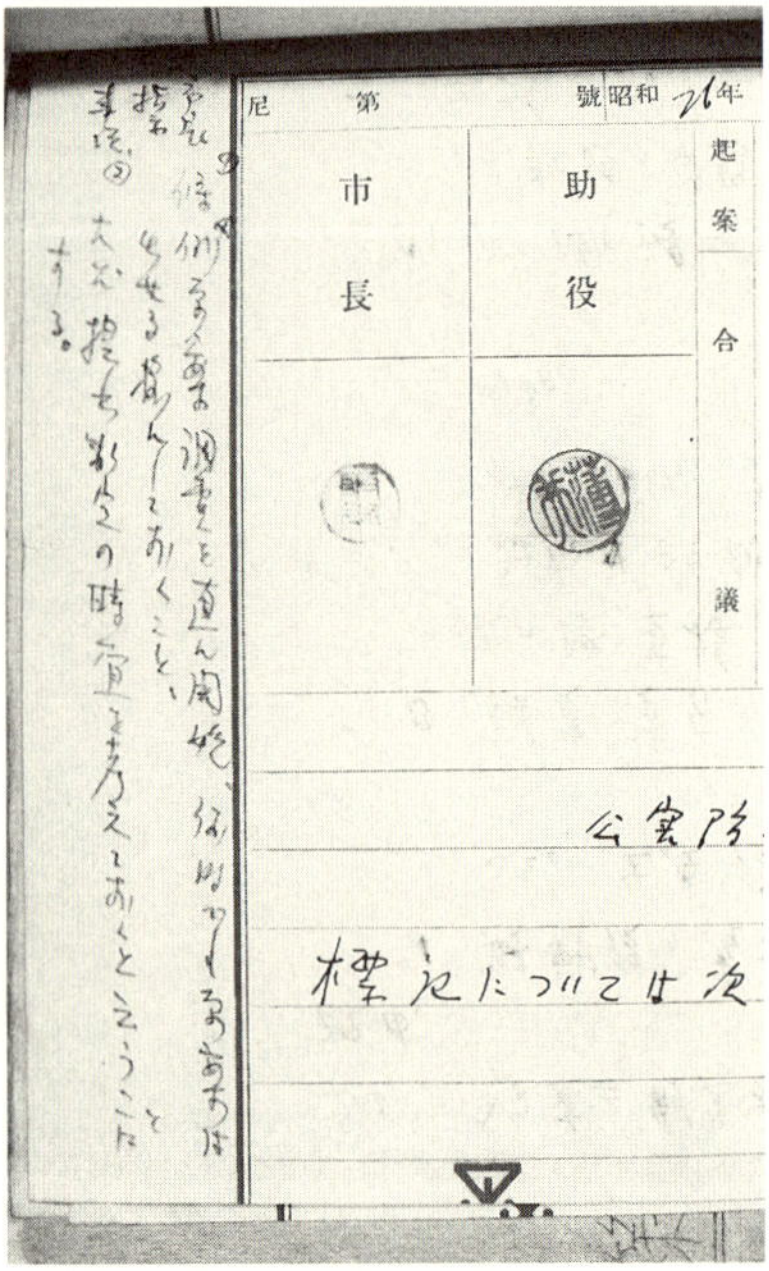

図3　「昭和26年煤煙防止関係書」には、市長から条例原案調査を開始するよう指示のあったことが決裁欄の外側にメモされている

がて役所の文書管理そのものにも及ぶことであろう。もっとも、条例さえあればよいというものではなく、文書作成・管理の規律密度をあげるためには、日々の各所属の努力が欠かせないこともいうまでもない。

尼崎市で、こうした例年廃棄される公文書の収集のしくみが整備されるのは一九七〇年代以降のことであった。このほかに、一町五村の旧永年文書は史料館に保存されて簿冊に綴られた文書一件ごとの目録作成が進められている（図3）。また、各所属が古い書庫を整理した際などに確認される現在の文書管理のルールから離れた行政文書も移管の依頼があれば「イレギュラー収集」というかたちで随時引き継ぎを受ける。大事な記録かもしれないと移管についての相談を受けることはありがたいことだ。

近年でも文書管理全体に目配りされた相模原市公文書管理条例や、歴史的公文書の管理に重点をおいた武蔵野市歴史公文書等の管理に関する条例といった工夫もみられる。逆に、根拠の規定がなくとも図書館や博物館で廃棄される公文書を文字どおり救出するために奮闘している組織も少なくない。情報公開条例を国に先行して最も早く制定したのが山形県金山町（一九八二年）だったように、地域に密着している地方からこその良い事例がたくさん出てくることを期待したい。

（三）　行政資料

一方、公文書とは別に、調査・研究等の成果として作成・公表される行政資料や行政刊行物もある。市議会議事録などもこれにあたる。個別の決裁文が細分化された意思決定の決定的瞬間――したがってその改ざんは許されない――を記録したものであるのに対して、これらの刊行物は事業や経過の全体像を摑みやすいという意味で使用頻度は公文書よりもよほど多い。尼崎市では行政刊行物を作成した場合、縦覧機能をもつ市政情報センターに各所属が提供することが要綱で定められている。また、史料館でも各所属から提供を受け、その数も多い。ただし、小さなものも含めれば行政資料の全体像把握はなかなか難しい。近年では市民への開示手段がウェブサイトのPDF掲出に限られる場合もある。一方で、報告書とはいえ秘匿すべき情報が含まれている可能性もある。一例として環境アセスメントの報告書がある。大規模開発などに先行して環境への影響を調査するこの報告書は開発の可否を検討する重要な記録であるが、例えば稀少生物の存在が記述されることでそれを狙ったハンターを呼び込むという危険性や、調査の受託者が報告書に著作権を主張する事例もあるとのことである。また、行政手続としての縦覧の過程で公文書に綴られる場合や、他の刊行物と同様に図書館で閲覧できる場合など、報告書の流通経路もそれ自体として意味はあるのだが、長期的な保存や統一的な公開ルールについては課題も多い。こうした点は環境アセスメント学会情報委員会が議論を継続している。

（四）　地域の資料

政治・経済・文化などあらゆる方面に関わって作成された個人・団体の記録は近現代では飛躍的に増加する。また、媒体も紙以外のものを含むことや、市域を離れた思いがけない場所に史料が眠っていることもしばしばで

図4　大気汚染公害裁判史料

ある。受け入れた史料群が大きなものであれば、例えば収納箱単位での概要を記録することもあるが、最終的には一点ごとに目録を作成し、和紙で作成した小さな識別票を貼付ける（中性紙封筒に収納する機関もある）までには、実に多くの時間が費やされる。そして、史料群全体の特徴について報告書を作成して調査は終了する。整理が終了した文書の目録はウェブサイトにも掲載する。近年は各館が所蔵する史料の横断検索も可能なISAD（G）やEADといった国際的な目録形式も導入され始めており、尼崎でも一部の文書群についてそれらを取り入れた目録の作成にも取り組んでいる。

だが、近現代の記録は権利や利害に関わる情報をしばしば含み、利用・公開にあたっては個人の権利と密着する。公害問題に関しても、尼崎では国道四三号線道路公害訴訟（第一次一九七六～九五年、第二次一九九六～九八年）や尼崎大気汚染公害訴訟（一九八八年～二〇〇〇年）など全国的に注目を集めた裁判が争われ、その一部の記録は史料館にも移管された。また、二〇一九年六月に尼崎公害患者・家族の会が解散した際にも、多くの記録を引き受け、その概要把握に着手したところである。寄贈にあたって公開を前提に個人情報の保護などの措置がとられたものもあるが、一方で公開が難しい資料群も確かに存在する。個人情報の保護と「時の経過」を踏まえた公開の均衡をどう図るかは、ここでも大きな課題であるといえる（図4）。

一方、ＪＲ福知山線脱線事故の発生した二〇〇五年、ＪＲ尼崎駅近隣のクボタ旧神崎工場元従業員や周辺住民にアスベストによる健康被害が発生していることが報じられ、大きな社会問題となった。二〇〇五年六月には中皮腫・アスベスト疾患・患者と家族の会尼崎支部が結成されたが、史料館ではその逐次刊行物である「尼りかん」も寄贈いただいている。公害問題は克服された「過去」ではない。かつて杭瀬団地の住民が日々の環境測定結果を「公害日誌」として記録し行政と交渉を始めたように、現在を記録しつづける意志が将来の世代に歴史を伝えていく道をひらくのである。

ところで、これまで長い時間伝えられてきた文書が散逸の危機にさらされつつあることも明らかになっている。福井県では、福井県史編纂のために一九七〇年代から九〇年代にかけて調査を実施した資料群約二〇〇〇件の追跡調査に着手したところ、自治体ごとに差違は見られるが、そもそも所蔵者に行きあたらないもの一割、返信がないものが四割に迫る場合もあり、返信があった場合でも史料の所在が分からないという回答は三割あったという［三好二〇一八］。地域社会が長く伝えられてきた記録を保持することが困難になっていることは想像に難くないが、こうして実情が改めて突きつけられると、そのインパクトはやはり大きい。

（五）オーラル・ヒストリー

歴史を生きた人々から直接当時のお話を伺うことができるのも、近現代ならではといえる。一九九〇年代後半には、尼崎をフィールドとして取り組まれたネオ・フォークロア運動［あまがさき未来協会 一九九六］や、戦後生活をめぐる聞き書き集『甦る夾竹桃――必死に生きた尼崎市民の戦後一〇年』［尼崎市民の戦後体験編集委員会 一九九七］、さらには一九九六年から二〇〇一年にかけて史料館が実施した農業に関する二六二人の聞き取り調査である『尼崎の農業を語る二六二』（二〇〇六年）など、まとまった成果が現れている。一方、史料館では日々のレファレンスに対して、これまでのレファレンスを蓄積したデータベースとあわせて、史料館自身が調査を行った内容を「調査記録」と称して活用しているが、この調査記録なかには聞き取りも多く含まれる。そして、話者に確認を取りながら公開可能な内容証言記録を作成し、許諾が得られたものについては音源そのものの公開も行う場合もある。公害問題についても、被害者、運動の支援者、行政担当者、議員などさまざまな立場で向きあった人々の証言記録があり、かつ公開されている。

とはいえ、人々の記憶は移ろいやすく、時に「事実」と異なる場合もあって、資料としての「正確性」が争われることもある。聞き取りの現場は迫力のあるものであるが、語り手は聞き手の関心を引き出す単なる器ではなく、聞き手と語り手の共同作品といった性格のものであることが強調されるようになってきた［大門 二〇一七］。日本オーラル・ヒストリー学会では、戦争体験など公共性の高いオーラル・ヒストリーのアーカイブ化への公的な仕組みづくりに取り組むべきとして、二〇一八年三月にシンポジウム「オーラルヒストリーのアーカイブ化を目指して」を開催した。これらライフストーリー研究では、トランスクリプトの様式も定められている。報告書と聞き取りの臨場感との距離を埋めつつ、地域の文書館においてそれらが集積されるとき、近現代史の叙述はどのように変わるであろうか。

(六) ボランティアとの協働

史料館は、このようにそれぞれの関心にさまざまな資料から応えることのできるという点において、市民が歴史を学ぶ「自主トレルーム」のような性格を持っている。さて、実はこうした多くの史料に活用の途を開いているのは、ボランティアのみなさんである。図書館で開催する「『尼崎市史』を読む会」の運営協力などとして始まったボランティアが史料整理にも広がるきっかけとなったのは、一九九五年の阪神・淡路大震災であった。史料館には、一九九五年の二月から六月にかけて歴史資料ネットワーク（神戸市）の前身にあたる「歴史資料情報保全ネットワーク」の事務局がおかれ、歴史資料を災害から救うという活動の草創期にボランティアを受け入れたこともある。

かつて作成された古文書目録の再整理作業にあたる古文書整理ボランティアについては、史料館を会場に開催される自主勉強会「尼崎の近世古文書を楽しむ会」の会員に限っているが、それ以外は特に参加資格を設けてない。ここ数年はウェブサイトの募集情報をご覧になって問い合わせをいただく方もあり、現役世代も少しずつ増えつつあるように思われる。膨大な広報課撮影写真に継ぎ目のセロファンテープを除去したのも多くのボランティアであり（図5）、スクラップブックに貼り付けられたベタ焼きに添えられた日付や撮影主題を入力し、写り込んだ人物の比定に挑んだのは職員ＯＢであった。大正・昭和初期の電話帳入力も先祖捜しのレファレンスに絶大な力を発揮する。ふすまの下張り文書はがし作業は、ふすまの補強材として貼り交ぜられた反古紙を剥離する作業である。少し根気が必要だが、春秋年二回の集中作業で経験を積んだあるボランティアの方は、紙を剥がすときの「つるんとした感覚」がたまらないと話された。モノが史料になっていくためのプロセスにはいくつもの段階があり、くずし字を解読することができなくても、史料館は史料との出会いを楽しみ、またそれぞれの力を発揮していただくことのできる

図5　フィルムを接合する粘着テープを除去するボランティアのみなさん

場となっているのである。二〇一八年度のボランティアは計四八七回延べ六一八人に達している。

二、フィールドのほうへ

(一) デジタル・アーカイブの構築

文書館が扱う史料は唯一無二のものであるから、保存と活用を図るためには、原本以外のかたちで閲覧手段を作成する必要がある。古文書に和紙を重ねて筆のかすり具合まで写し取る影写本は、カメラやマイクロフィルムによる接写写真やその紙焼き冊子によって置き換わり、さらに今日では専らデジタルカメラもしくはスキャナによるデジタル転換が史料館でも中心となっている。こうした媒体の変化は、単に閲覧手段を置きかえるだけではなく、ICTを用いた情報発信の自体の枠組みを大きく変え、史料館でもブログやSNSだけでなく、さまざまなコンテンツをウェブサイトへと展開することで、史料館の活動は館内に限られるものではなくなった。例えば、『尼崎地域史事典』(一九九六年)は、二〇〇六年にウェブ版尼崎地域史事典apediaとしてwikipediaのような姿となり、項目の追加や修正なども継続し、現在の内容項目は二〇〇〇件となっている。市制施行九〇周年を記念し図版を多く用いるなど分かりやすい叙述を目指して二〇〇七年に刊行された『図説尼崎の歴史』はすでに販売を終了し、二〇〇八年からは園田学園女子大学の協力を得てWEB版図説尼崎の歴史として公開され、市域の歴史を体系的に学ぶことのできる最も手軽な情報源となっている。

このほか、尼崎藩の家臣団約三〇〇〇人について、姓名・役職・家禄・履歴などを検索するためのデータベース「分限」(二〇一三年)、明治から一九八〇年代を中心とする絵はがきデータベースPCD(二〇一四年)など、関心や方法による多様なコンテンツが用意されている。技術の進歩を睨みながら、多くの利用者に届けることも求められている。

（二） 学びの動機づけ

展示を行わない史料館にとって、出前講座もフィールドでの市民との接点となっている。市制施行一〇〇周年（二〇一六年）や寄附による尼崎城の「再建」（二〇一九年）などシティプロモーション政策と関わって市民の歴史への関心は高まっており、講座の依頼はかなり増加している。講座が身近な地域への愛着を深めるきっかけとなればよいが、これらのほとんどは座学の講義形式である。もっとも、公害問題といったいわゆる負の歴史そのものをテーマとして希望されることはやはり稀である。

そうしたなか二〇一八年六月から十月にかけて、尼崎では「公害クエスト」という連続講座を通じて公害問題の歴史を学ぶ教材が作成された。その元になったのは、あおぞら財団（大阪市西淀川区）が開発した、「もしあなたのまちで公害が発生したら？」というロールプレイ教材である。これは、「二〇三X年に大気汚染によると思われる謎の病が発生」したある町で、環境調査が実施され企業活動と病気との因果関係ははっきりしなかったという結果を伝える住民説明会に続いて、関係者がこれからの対応策について話し合いの場を持ったという想定で進められるロールプレイである。参加者には「行政職員（公害問題担当係長）」「子どもが病気になった住民」「発生源と疑われた工場の経営者」「患者を診察している町医者」「長く町に住む工場の従業員」という五つの役割が与えられる。それぞれの人物像と冒頭で発言すべき内容だけを記した紙が配布されるのだが、この冒頭発言には当事者間の対立する論点が巧みに配置されており、合意形成を目指した議論は紛糾する。一定時間のロールプレイ終了

図6　公害クエストでのワークショップの様子
（2018年6月、尼崎貴布禰神社）

後に、各グループで出た意見を参加者全体で共有しつつ、西淀川区の公害問題について進行役が解説をしていく、というものである（図6）。経験を伝える当事者がいなくなる、そして当事者の語りが必ずしも聞き手に伝わらないというなかで、当事者の立場を想像させることで参加者に公害問題の多面的な歴史や今も続く問題解決のために何ができるかを自問させるプログラムとなっている。こうしたプログラムが作成され、環境教育として実際に学校で利用されるまでにこぎ着けたのは、西淀川公害訴訟の和解金によって設立され、訴訟資料をはじめとする多くの公害資料の整理、企業を含む関係者からの聞きとりなどの調査を継続し、さらには全国の公害資料館をネットワークしてきたあおぞら財団の蓄積によるものに他ならない〔栗本 二〇一七〕。尼崎では、これを患者会代表、医師、行政、といった当事者の話を聞く連続講座に先駆けて実施し、財団からの助言を得ながら尼崎の経験を盛り込んだプログラム「KOGAI QUEST」を完成させたのだった。ワークショップを盛り上げるファシリテーターとしての能力を磨くことはなかなか難しいが、これまで紹介してきた史料を用いて尼崎の公害について理解を促すことは史料館の役割に他ならない。

（三） 調べるための市史

一方、史料館は二〇一六年に市制百周年を記念して『たどる調べる尼崎の歴史』を刊行した。上・下巻五三八頁は、市内の文化財をカラー写真で紹介する第一部、市制施行後以降の百年を中心とした市域の歴史年表である第二部、そして本書の中心である第三部「ガイダンス調べる尼崎の歴史」という三つの部分から構成される。端的にいえば『たどる』は、レファレンスを重視してきた史料館の蓄積を反映した「調べ方ガイド」という個性をもった市史である。特に第三部は、地理および古代から現代までの各分野について、調査者の視点を整理するため『尼崎市史』『図説尼崎の歴史』や史料館紀要『地域史研究』といった先行研究を振り返る第一節「入門編」、時代を考察するためのさまざまな資料やその特徴について解説した第二節「史料編」、さらに実際に市域をフィールドとした研究成果を発表してきた方々から、特定のテーマについて調査を行ったきっかけや具体的な調査の進め方、さらには叙述にいたる過程を紹介した第三節「実践編」からなる。こうした挑戦が思いがけずメイドインアマガサキコンペ準グランプリ受賞というかたちで地域から評価されたことは嬉しかった。とはいえ、歴史学を学ぶ学生には親しみやすい内容かもしれないが、アカデミックで難解であるといった率直な感想も少なくない。だが、こうした市史の評価を決する上で最も重要なことは、史料館が市史を踏まえていかなる活動を果たしたかということにある。二〇二〇年度に史料館は博物館機能と統合する予定であるが、地域の学びを開く市史があって良かった、といっていただけるような施設でありつづけるために、私たちは日々努力している。

むすびにかえて

フィールドのなかの問いと可能性によりそう近現代史料の保存と活用の現場を紹介する最後に、『たどる』実践編に原稿を寄せた大矢暹さんのことを紹介したい。特別養護老人ホームの施設長である大矢さんは、一九六〇年代に当時の勤務先で年配のろうあ者から「尼崎」という地名の手話表現が銃を構える姿勢であると知って、その歴史をめぐる聞き取りや文献調査を始めた。そして、尼崎精工という工場で戦時中に百名を越えるろうあ者が採用され、産業戦士として武器を製造しつづけていたという事実にたどりつく。手話「尼崎」誕生の背景には、こうした戦時ろうあ者の軌跡が隠されていたのである。

史料に親しむことは歴史を楽しむことにほかならないが、問いに関らせながら権利に密着する問題としていささか固く論じすぎたかもしれない。しかし、それは現代社会において、記録というものが日々のウェブサイトの閲覧履歴であれ、位置情報であれ、意識しないままに蓄積されて日々恩恵に浴する一方、私たちがあたかもデータ生成の器として匿名化され、あるシステムのなかを生かされているに過ぎないのではないかという不安さえ抱かせるためでもある。だが、何かを記録し伝えようとする人の意志がフィールドの問いと出会うとき、知る権利と忘れられる権利のせめぎ合いをへて、かけがえのない個性を回復し、忘れてはならない歴史を立ち上がらせることを私に教えてくれる。文書館はそのための開かれた場として存在しているのである。

引用・参考文献

尼崎市立地域研究史料館編 二〇一六『たどる調べる尼崎の歴史』尼崎市

尼崎市民の戦後体験編集委員会編 一九九五『甦る夾竹桃』尼崎市

あまがさき未来協会編 一九九六『ネオ・フォークロア入門――あまがさき発「街かど学」のすすめ』神戸新聞総合出版センター

大門正克 二〇一七『語る歴史、聞く歴史 オーラル・ヒストリーの現場から』岩波書店

栗本知子 二〇一七「公害に向きあった市民の経験から学ぶ――あおぞら財団教材開発の試み」『J-CEF NEWS』一五号

河野未央・城戸八千代 二〇一八「尼崎市立地域研究史料館の実践――ボランティアとの協働」『記録と史料』二八号

全国歴史資料保存利用機関連絡協議会 二〇〇九『劣化する戦後写真』岩田書院

高野修 一九九五『地域文書館論』岩田書院

辻川敦 二〇一八「尼崎市制一〇〇周年記念新市史について――『たどる調べる尼崎の歴史』『尼崎の歴史ダイジェスト版』の編さん刊行」『歴史科学』二三一号

西村豪 二〇一八「市民協働によるデータベース構築―尼崎市の事例から」『会報』全国歴史資料保存利用機関連絡協議会、一〇三号

沼尻晃伸 二〇一五『村落からみた市街地形成――人と土地・水の関係史 尼崎 1925－73年』日本経済評論社

松岡弘之 二〇一八「学ぶ市史から調べる市史へ――『たどる調べる尼崎の歴史』をめぐって」『LINK』一〇号

松岡資明 二〇一八『公文書問題と日本の病理』平凡社

三好慶太 二〇一八「文書館による資料所在確認調査について――2017年度の調査結果」『福井県文書館研究紀要』一五号

◉コラム◉

公害に関するアーカイブズとその活用

林　美帆

一、公害の被害地は想像よりも多い

公害と聞いて、皆さんが思い浮かべるのは四大公害裁判であろう。新潟の水俣病、富山のイタイイタイ病、四日市の大気汚染、熊本の水俣病の責任を問う裁判を四大公害裁判というが、四大公害裁判だけが公害ではない。一九六〇〜一九七〇年代にかけて日本全国で公害が発生し、社会問題となっていた。その中で健康被害が生じて、国が救済した公害指定地域は一六都府県になる。中でも公害患者は都市部に多く、一番多いのは東京であり、次いで大阪、名古屋と大都市圏に公害患者は集中している。

筆者が勤務しているあおぞら財団付属西淀川・公害と環境資料館（エコミューズ）は、大阪の大気汚染公害被害を受けた大阪市西淀川区にある資料館で、西淀川公害裁判（一九七八〜一九九八）の記録を中心に公害の経験を伝えている。

西淀川の大気汚染公害は、現在においては無名な存在であるが、四日市公害裁判（一九六七〜一九七二）が提訴され、大気汚染問題が社会問題となり、公害患者の救済が喫緊の課題として浮かび上がってきた頃は有名であった。四日市公害裁判が係争中の一九七〇年二月には国によって公害に係る健康被害の救済に関する臨時措置法が施行されたが、その際に四日市の塩浜地区等・川崎市の大師・但馬地区とならんで大阪市西淀川区が最初の指定地域の一つに数えられ、世間からの注目を集めた。この法律は、のちに公害健康被害補償法（以下、公健法）となるが、西淀川の公健法の

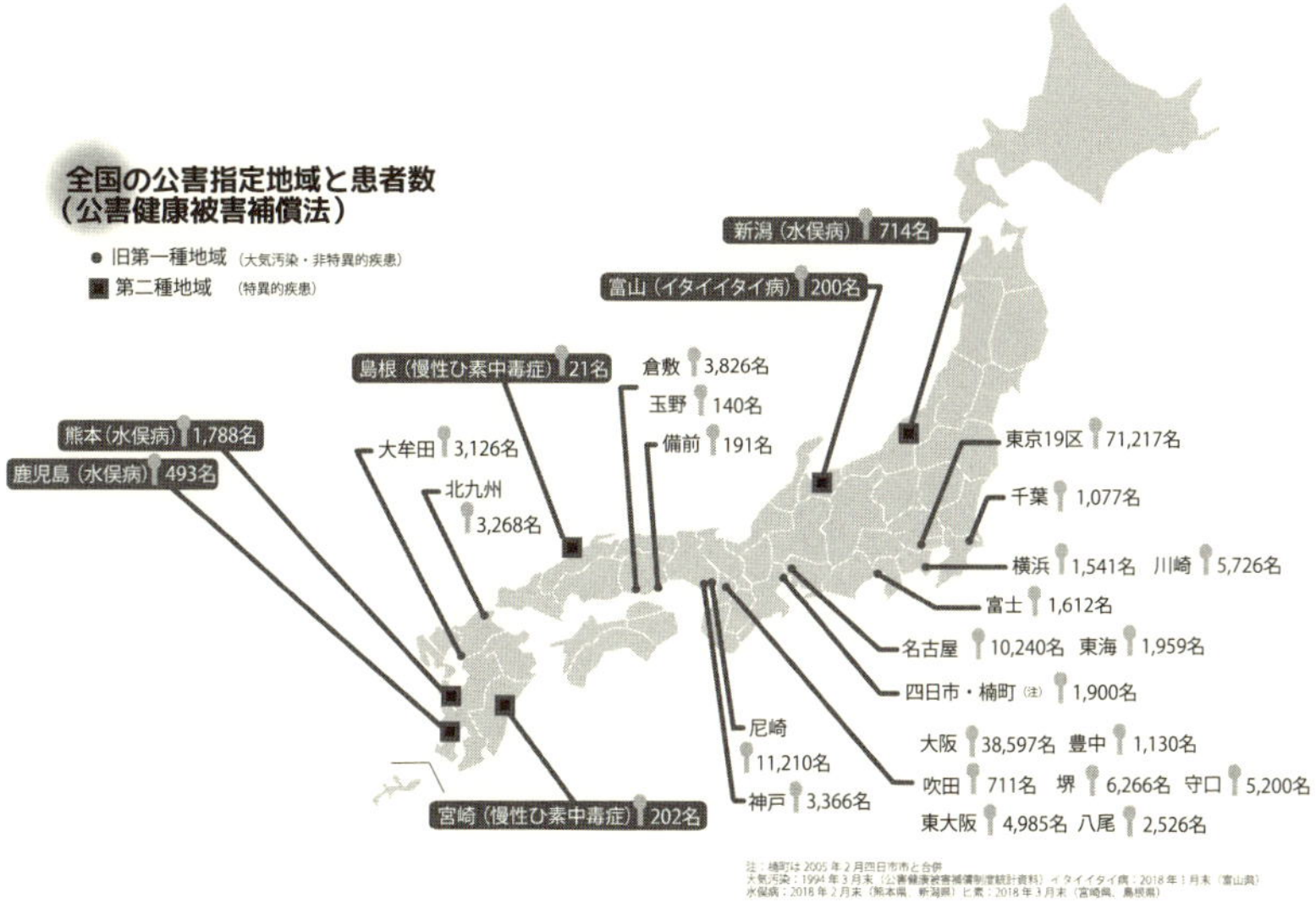

全国の公害指定地域と患者数（公害資料館ネットワーク共通展示パネルより）

認定患者数は累計で七〇〇〇人を超えており、一九七六年の時点で区民の二〇人に一人が公害認定患者であった。

西淀川の大気汚染公害は汚染の数値が高く被害者は多い事が問題となっていたが、四日市のような石油コンビナートが建築されて発生した大気汚染ではなく、戦前からの工業地帯であったために発生源が特定できず、汚染改善の為の方策を取ることが困難であった。汚染源として、固定発生源の工場と、移動発生源の自動車が疑われており、被害者はその対応の為に行政や企業と交渉をしたが、改善が見られないことから公害病の認定患者によって裁判が行われた。

二、公害裁判と公害資料館

西淀川大気汚染公害裁判（一九七六～一九九八）は、道路管理者として国と阪神高速道路公団（当時）、固定発生源の工場として企業一〇社が被告となった。複合大気汚染の訴えられる側からすれば「法律は守っているし、わが社の責任といわれても」という気持ちがあったが、被害者からは「私が病気になったのは公害であることを認めてほしい」という気持ちで裁判に挑んでおり、議論のすれ違いは

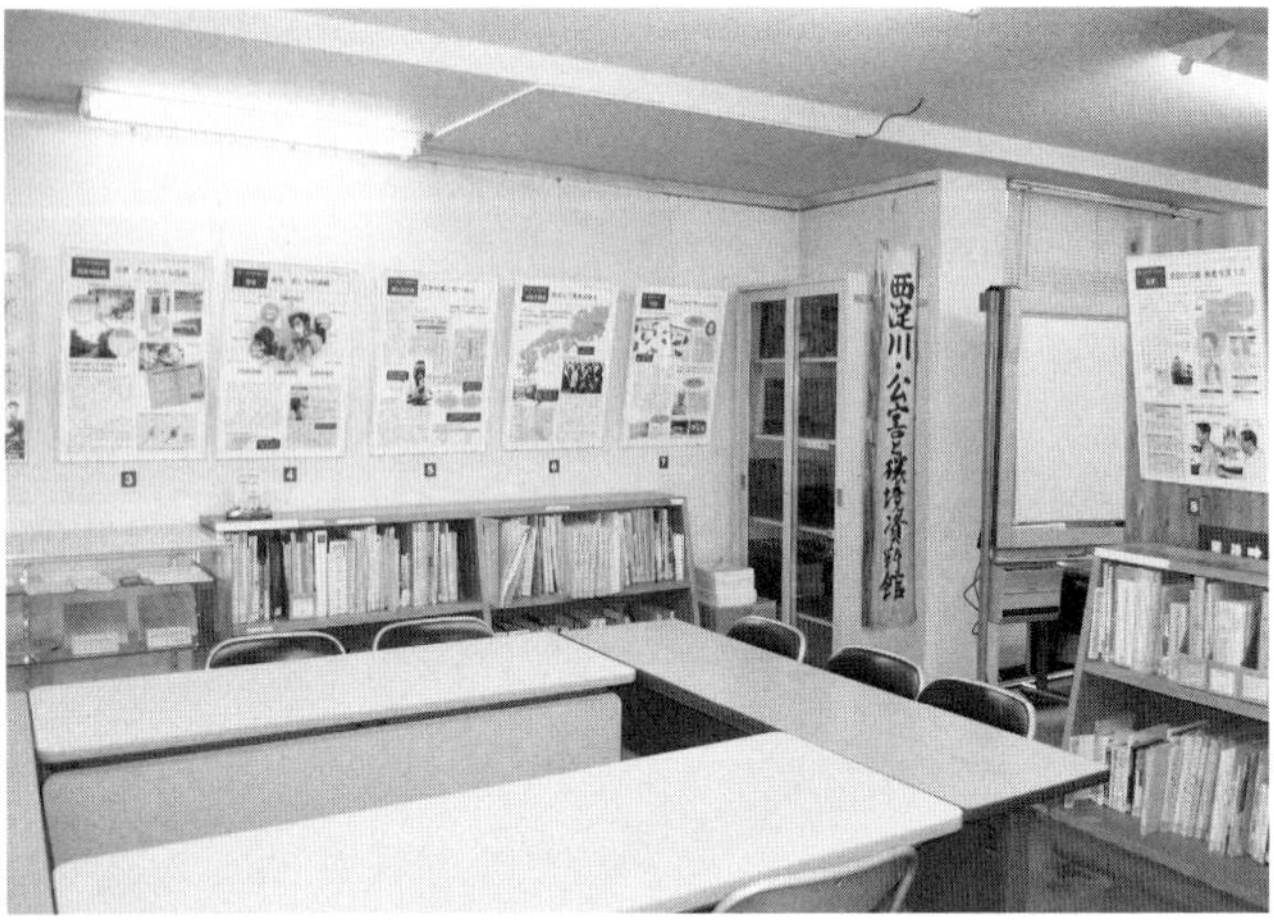

西淀川・公害と環境資料館（エコミューズ）

大きかった。

この溝がある状況の中で歩み寄ったのは、公害患者である原告側だった。一次地裁判決前の一九九一年に「西淀川地域再生プラン」を発表し、公害患者の願いは子供や孫の未来世代が住み続けられる地域にしてほしいことなのだと、「未来」に視点を移した交渉を行った。このことが被告側に受け入れられて、和解を結ぶこととなり、まちづくりの為に企業から和解金が支払われることとなった。

まちづくりの一環として、公害の経験を伝えて研修を行う施設として「公害資料館」が構想された。ここで注意が必要なのは、被害者にとっては「公害の経験を伝える」ことが重要で、「資料」が必要と思っていなかったということにある。展示パネルがあり、被害を伝える展示物になる「モノ」ぐらいがあればいいと思っている人が大多数であった。不幸中の幸いで、西淀川の公害裁判に歴史学者が協力していたことと、弁護団が資料の保存に理解があり、資料館をつくるにあたっては、資料保存が最優先で方針が立てられることとなった。いろいろな偶然が重なって、西淀川の公害資料は保存され、二〇〇六年に西淀川・公害と環境資料館がオープンされることとなった。

三、資料に主役を奪われたくない当事者の気持ち

一言で資料の活用といっても、直接的に利益を生み出さない資料の有益性を納得してもらうことは難しい。有益性

どころか、公害の経験を語る当事者からみれば、当事者の自分たちよりも、資料が珍重されているようで気分が良くない。自分たちが経験した公害を、他人に語られるのはどこか違うような気がする。当事者の記憶違いが生じる中、資料を元に修正しようものなら「何も知らない小娘が!!」と怒りを買いかねない。保存した資料によって、自分たちの活動を否定する為に資料が使われてしまうのではないかという不信感も拭えない。そんな危険を冒すなら、資料なんてないほうがいいのではないか…となっても仕方ない。

資料の保存がもたらすマイナスの感情を解消するために、専門家が口酸っぱく「資料保存は正義」と語ったところで、事態はなかなか改善をしないうえに、資料は保存されないのである。

当事者が資料館に求めているのは、公害の経験の「事実」を伝えるだけではなく、その事実の位置づけを探ることであり、運動の成果を価値づけて、その要素を元に教育事業を行うことにあった。「公害の経験を学ぶ」ことは、「公害を学ぶ」だけでなく「公害から学ぶ」への転換が資料館に求められていた。資料保存や活用から遠く離れているように見えるが、これらの布石を打つことが、遠回りながら一番の近道であることを、西淀川・公害と環境資料館での活動を通じて感じている。

四、「公害」の難しさ

西淀川でも一九九〇年代の水俣の地元学のアプローチのような、地元の良さを再発見するような取り組みや、地方史の視点に立って西淀川の歴史の中に西淀川公害の価値を位置付けることを目指して、フィールドミュージアムマップの作成やウォーキングマップの作成などを行った。しかし、地域の中での「負の歴史」である公害は、地域の中では受け入れがたい壁があり、地域の「誇らしい歴史」の中で同列に扱ってもらうことは非常に難しかった。

同じようなことが、他の公害地域でも生じている。川崎市は公害を克服したとPR映像を作成し、JR川崎駅で映像を流していたが、この克服の過程に市民の反対運動があったことを示さなかったことで、二〇一六年に川崎公害病患者と家族の会から抗議を受けて中止されたことがあった（『神奈川新聞』二〇一六年八月十日記事）。「克服した」の言説は、被害者には暴力的に響く。公害があったこと、公害で苦しんでいる人がいたこと・いること、それら一つ一つが、マジョリティの利益の為に、公害が発生した時と同じようにマイノリティの存在が消されかねない状況にあるからだ。

公害資料の保存は、このように消されがちなマイノリティの存在や活動があったことを伝える為に、必要不可欠なものである。当事者が亡くなった後も、多様な視点があることを世の中に示す為に資料を保存する意義があるのだ。

五、市民力という価値

公害の経験の価値は、地域の中だけでは見えにくい部分がある。公害被害者が願う「公害の経験」を伝えることの中には「公害の被害」だけでなく「市民が声を上げた」ことによって改善してきた誇りが含まれている。勿論、それを無批判に受け止めるのではなく、歴史の中に位置づけることが必要になってくる。

公害の被害者は、マイノリティであるがゆえに地域の中の活動だけでは打開が難しいために、同じ状況に陥っている全国の人たちとつながって、一九七六年から「公害被害者総行動」というネットワークを作って運動を展開してきた。これらは、労働運動が分裂する中で、公害被害者が「被害」というたった一点の共通点のみで団結し、分裂せずに運動を続けるプラットフォームを創った市民力は、現在の協働の文脈に通じる価値がある。地域の中ではマイノリティであっても、声を集めて訴えることで社会は動く。その運動に専門家や行政を巻き込みながら、裁判も行い、動きを作りだしてきたことが誇りなのである。このようなネットワークの動きは、地方の特質を探る方向性の中では抜け落ちてしまいがちである。

六、新しい価値を見つける

二〇一三年から、あおぞら財団が声かけ役となって公害資料館ネットワークを結成した。資料館の設置主体が行政や、公害反対運動の流れを汲む団体であったことで、主義主張の違いからこれまで公害を学ぶことの情報共有がなされてこなかった。立場を超えて話し合い、協働できる場をつくりだしているが、その中で実現したものの一つに「公害資料館ネットワーク共通展示パネル」がある。

二〇一五年の構想から三年越しの議論を経て、二〇一八年に七枚の展示パネルが完成した。「なぜ今公害から私達は学ぶのでしょうか？」と題した展示パネルは、個別の公害の紹介ではなく、公害が起きた際に被害者が感じたこと、地域の人たちが戸惑った心情や、マイノリティの声が届かない時に被害者が組織を作り、協力者を募り運動に展開したこと、その動きに呼応して行政や企業が対策を行ったこと、現在では予防的な措置がなされており住民参加の道が開けてきたこと、公害のような地域課題からどのような社会になってほしいかと考えることが、二〇三〇年までに全世界的に到達するべき目標として掲げられている持続可能な開発目標（SDGs）を考えることに通じるというストーリーが描かれている。これらの動きは、立場を超えて共有できる、公害地域で起きた「共通点」である。地域の公害のみを見ていると見落としてしまう部分をすくい上げ、共通認識として公害の新しい価値を作り上げたのである。

新しい共通点から、新しい公害教育の価値を作り、公害のアーカイブズへの理解と利用が進み、じわじわとこれらの認識が一般化することを期待している。

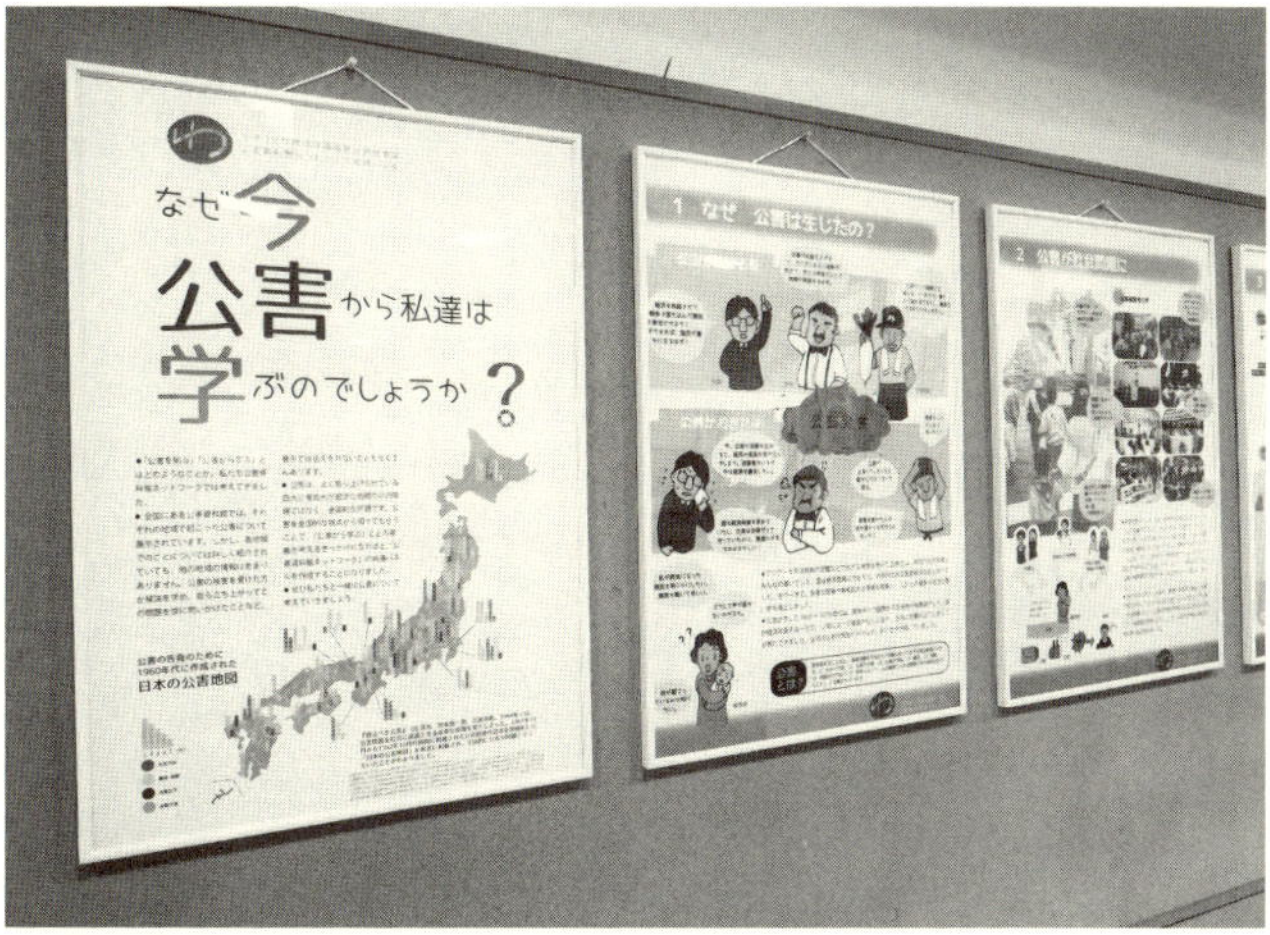

公害資料館ネットワーク共通展示パネル巡回展示
（地球環境パートナーシッププラザ）

七、資料と当事者に寄り添う

公害資料の活用というと、資料の整理方法や解説といった文字にすることに注力してしまうが、多くの人は文字を読まず、せっかく提示した情報が共有化されにくい状況にある。西淀川・公害と環境資料館では、資料の活用を広げるために、資料が持つ力を広く一般的に共有する場を作ることに尽力してきた。当館が所有する資料は現代史の資料であるために、資料の作成者が生存しているという特殊事情が影響している部分は否めないが、資料の背後には人がおり彼らに寄り添う視点を加えることが、資料の活用についての理解を深めるのではないかと感じている。

自治体史の場合
――小平市史の経験を中心にして

大門正克

はじめに――自治体史による歴史編さんと守備範囲

日本では、都道府県や市町村の単位による歴史編さんが盛んであり、これらを総称して自治体史と呼ぶことが多い。地域の歴史編さんにかかわる自治体史の淵源を探れば、戦前の日露戦争後の地方改良運動における『郡誌』などの地方誌の編さんにまで行き着く。背景には、明治政府による地方統治の強化（地方改良運動）や、東京帝国大学などを中心にした官学アカデミア史学の形成が地域意識の形成を促したことなどがあった。第一次世界大戦前後における柳田国男による民俗学の形成もまた、地方を郷土ととらえ、地域の歴史意識形成に影響を及ぼすものであった。

戦後になると、東京・京都などでは、戦前の皇国史観批判としてマルクス主義歴史学の影響が強まったことに対して、一九五〇年には地方史研究協議会が設置され、地域を地方ととらえる動きがみられた。一九六八年の明治百年祭は、中央や地方の歴史意識にさまざまな影響をあたえ、こうしたなかで、一九六〇年代以降、都道府県や市町村を単位とする自治体史の編さんが盛んになり、今に至っている。
自治体史は自治体の歴史ではないが、大まかにいえば、以前の自治体史ほど、自治体の政治・行政にかかわる範囲に限定して歴史を編さんする場合が多かった。また、同じ自治体史のなかでも、政治・行政中心の歴史編さんを軸にして、それとは別に、地域の教育の歴史が編さんされる場合があった。これに対して、一九八〇年代以降の自治体史になると、歴史学における民衆史の台頭を背景にして、地域の民衆のくらしを射程に含むものや、政治・行政と教育などを別個に扱わず、同じ時代のなかで、政治、行政、経済、教育、くらしなどを関連づける自治体史が登場するようになった。

私自身の経験に即してみれば、私は今まで、新潟県史、山梨県史、田無市史、小平市史と四つの自治体史編さんにかかわってきた。このなかで印象深かったのは、一九八〇年代に編さんを開始した田無市史である。現在の西東京市が合併する以前、東京西郊の田無市で始まった田無市史の編さんは、日本中世史の永原慶二を監修者とするものであり、永原は、田無市史の編さんにあたり、明確な方針で臨んだ。それは、当時としては珍しく、地域の人びとの暮らしに焦点を合わせて、それを中心に政治や経済、社会を描くというものだった。とはいえ、市役所に残されている行政文書は政治・行政の観点から作成された史料であり、史料のなかのくらしの痕跡は限られていた。そこから田無市史の編さんでは、市内の悉皆調査を課題とした。

田無市史の近現代史委員は私を含めて四名、毎月一回、近現代史部会を開き、市内の悉皆調査を旺盛に進めた。小学校や農協、商工会、寺院、商店、駅、電信電話局（現ＮＴＴ）、宗教団体、政党支部や個人宅など、それまでの私の調査では出かけたことのない団体にまで調査範囲を広げた。他方で、新聞の地方版の記事収集、統計類の収集、江戸時代の名主の明治以降の日記翻刻、市報の記事検索や市民団体などの史料収集に取り組んだ。

田無市史編さん委員会『田無市史　第三巻　通史編』（一九九五年）の刊行にあたり、それまでの自治体史が、「支配や行政の歴史中心に叙述されることに対する批判的反省」にもとづき、『田無市史』は、どこまでも、市域住民の生活と生業の具体相と、信仰・教育・文化など、ひろい意味での地域生活文化の諸相を、日本歴史の流れとかかわらせながら、歴史的に展望できるものにしよう」ということを基本方針としたのは、右に述べた編さん方針と史料収集をふまえてのことであった。

一、史料収集――小平市史の場合（1）

ここでは、田無市史の経験をふまえて取り組んだ小平市史の経験を中心にして、自治体史の史料収集と保存について述べてみたい。

小平市史編さん事業は、二〇〇八年十月にスタートした。小平市史編さん事業は、出発にあたり、「小平市史編さん基本方針」を確認している。そのなかに「事業方針」が七項目ある。近現代の編さんにあたって、まず取り組む必要があったのは、第一項と第二項であった。第一項には、「内容の充実した市史を目指すため、必要な資料や情報を収集し、調査・研究を進める」とあり、第二項には、「調査研究の成果は、史料集及び市史研究等として刊行する」とある。小平市史の通史編は、「考古・自然・民俗編」「近世編」「近現代編」の三編で予定されていた。このうち、同じ歴史分野の近世編と近現代編は、編さん事業の出発にあたり、事情が異なっていた。

今回の小平市史に先立ち、小平の歴史や民俗を記述した刊行物として、『小平町誌』（一九五九年）がある。『小平町誌』の近世では新田開発としての小平の出発が詳細に検討され、その後の小平近世史研究の基礎を築いた。

図1 『小平町誌』(1959年)
([小平市 2013]より)

『小平町誌』以降、小平市中央図書館では、近世史料の史料集や目録づくりに多くの成果をあげている（小平市中央図書館『小平市史料集』や同『小川家文書』など）。それに対して、小平市中央図書館による小平の近現代の史料編集はごくわずかだった（小平市中央図書館『多摩東京移管前史資料展史料集』など）。小平の近現代については、検討がほぼ空白の状態におかれていたために、研究の基礎となる史料の収集や史料集の編さんもほぼ手つかずの状態にあった。それゆえ、今回の編さん事業では、小平の近現代の史料の収集・編さんについて、基礎から始めなければならなかった。それに加えて、小平の場合には、小平町役場や小平市役所などの公文書の残存がきわめて限られていた。小平市史では、田無市史同様に、くらしを中心にして編さんするために広く民間の史料の収集につとめたが、それは公文書の不足を補うためにも必要なことだったわけである。また、『小平町誌』編さんからは半世紀以上が経過し、『小平町誌』では扱わなかった一九六〇年代以降の現代史の編さんのためにも、現代史料の収集をひろく行う必要があった。

小平市史編さん事業では、二〇〇九年度から二〇一一年度の三年間にわたり、史料集を五集発刊する予定が組まれ、すべて近現代で発刊する予定になっていた。近現代に関係する編さん委員は三名、調査専門委員は三名である[1]。この六名で近現代部会をつくり、調査研究と史料集発刊の打合せを重ねた。調査については、行政文書をはじめ、市内の近現代に関する史料について悉皆調査を心がけ、『小平町誌』で対象にしていなかった一九六〇年代以降についても精力的な調査を続けた。

調査研究での成果をもとに、二〇〇九年度から二〇一一年度の三年間に、『小平市史料集　近現代編』として、史料集を五集刊行することができた。第一集『小平村議会会議録』（上下巻）、第二集『小平町議会会議録』、第三集『小平市関連新聞記事集』（上下巻）、第四集『小平市の市民生活』、第五集『小平の近現代基礎史料』である。第一集から第三集までは、小平の近現代に関するまとまった基礎史料であり、一九〇一年から一九四三年までの「村議会会議録」と一九四四年から一九五一年までの「町議会会議録」、一九二六年から一九六〇年までの新聞記事集を編集した。今後の小平の近現代の研究に、必ず役に立つ史料集である。第四集は、今までまとまった史料集がまったくなかった一九六〇年代から一九八〇年代半ばまでの市民生活に関するものである。以上の史料集発刊をふまえ、第五集では、通史編である近現代編の刊行を見通しつつ、近現代編の目次構成に近い構成をつくって重要な史料を配列した。わずか三年間に全五集（全七冊）の史料集を発刊することは、正直、きわめて大変だったが、これらの史料集の編集が近現代編の刊行の基礎になった。

近現代部会の調査研究の成果は、毎年一回刊行される『小平の歴史を拓く――市史研究』に発表してきた。二〇一三年発刊の第五号までに、近現代に関する主立った成果として、論文一本、研究報告七本、調査報告一本が掲載されている。

近現代編の編さん過程で収集した史料の一例として、『小平市史史料集　近現代編　第五集　小平の近現代基礎史料』に収録した史料所蔵先を記してみれば、小平市役所や小平市中央図書館（個人文書、市内諸団体文書など）、個人、各大学資料室（一橋大、津田塾大、恵泉女子大）、企業（株式会社ブリヂストン、ルネサスエレクトロニクス株式会社、西武鉄道、西武バス）、市内諸団体（社会福祉協議会、商工会、医師会）、市民活動資料・情報センターをつくる会などをあげることができる。市民活動資料・情報センターをつくる会には、福祉や教育の諸運動の関係史料があった。また小中学校、各種学校、PTA、自治会など、従来収集されていない広範な史料を収集した。

二、編別構成――小平市史の場合（2）

史料収集と並び、自治体史の大きな課題は編別構成である。「はじめに」でも述べたように、自治体史の編別構成はどれも同じではない。編別構成には、自治体史の編集委員会の歴史認識が反映する。

小平市史編さんの場合、出発点で、一九五九年に発刊された『小平町誌』をどのように評価するのかということがあった。『小平町誌』は、一四〇〇ページ近くの大冊のうち、近世が三〇〇ページ、近代が一三〇ページ、現代が六〇〇ページ、自然と民俗が二〇〇ページであった。ページ数からもわかるように、『小平町誌』の重点は、近世と現代、民俗にあった。近世では新田開発としての小平の出発が詳細に検討され、ついで、敗戦後から一五年弱のあいだに急速に変化する小平の現状が分厚く検討されている。同時代への関心の焦点は、東京の西郊としての「都市化」にあった。『小平町誌』では、人口や農業、社会組織、町民の一生などに多くのページをさき、急速に都市化する小平の変貌の様相を多角的にとらえようとした。近世と現代への関心の高さに対して、『小平町誌』における近代への関心は高くないが、東京の「近郊化」の開始にページをさいている。新田開発としての近世と「都市化」の現代、その歴史的前提としての近代の「近郊化」の開始、これが『小平町誌』の描く小平の歴史像であった。

小平の歴史において、近世の新田開発と戦後の郊外化に大きなポイントがあることは間違いない。このような歴史の見方は、小平市の『長期総合計画』などにも引き継がれており、二〇〇六年発刊の『小平市第三次長期総合計画』では、「小平市は、かつては江戸時代に新田開発の地として、さらに戦後は大都市の近郊都市として主に市民の皆様の居住・憩いの場としての役割を担ってきました」と書かれている。

これに先立つ一九八五年刊行の『新長期総合計画』では、小平の歴史を三つに時期区分し、第一期は、一六五七年以降に新田が開かれた「小平開拓の時代」、第二期が一九二三年以降に小平学園開発が始まり、鉄道敷設、教育研究施設などの大規模な開発が行われて「主要な町づくりの骨格」が形成された「都市的骨格形成の時代」、第三期が、それ以降、各駅周辺を中心にして、農村から住宅都市に急速に変貌する「住宅都市的性格形成の時代」である。近世の新田開発と戦後の都市化を大きな画期とし、そこに戦前の学園都市を加える歴史の見方であり、開発を主軸とした歴史がそれまでの小平像だった。

とはいえ、『小平町誌』以来の小平の歴史では、明治維新からアジア太平洋戦争終結までの小平の近代の印象はきわめて乏しい。近世の新田開発に始まった歴史が、一挙に戦後の都市化に結びつくわけではなく、戦前の学園都市を画期に加えるにしても、開発だけが小平の歴史を説明する要因なのか、検討を要した。とくに『小平町誌』で近代が本格的に検討されなかったことをふまえると、小平の近代を明らかにする作業はほぼ空白のまま残されていた。新田開発の近世の歴史は、明治以降にどのように受け継がれて戦前をたどり、アジア太平洋戦争の終結をむかえたのか、小平の近代の歴史的特徴を明らかにし、戦後の現代への接続が解明されなくてはならなかった。開発を主軸にした今までの小平の歴史観を再検討し、小平の近世と現代だけでなく、小平の近現代の歴史の道筋を総体として明瞭に描く必要があった。史料収集を進めながら、小平の近現代史をどのように理解するのか、近現代部会で議論を重ねた。

小平市史の近現代編の編別構成を考えるうえで、一つの画期になったものとして、二〇一〇年十月に近世部会と近現代部会で開催した合同部会「小平市域の近世・近現代の移行期をどう考えるか」があった。(2)

当日は、近世と近現代から三本の報告が行われ、小平の近世から近現代への移行をめぐって意見交換をした。そのなかで、小平の明治期の史料には、「改良」や「改良進歩」という言葉が頻繁に出てくることに気づき、小平の近代を理解する重要なキーワードに「改良」があるのではないかと考えるようになった。小平の歴史では、「開発」の歴史に加えて「改良」も重要なテーマだったのではないか。史料の調査研究を進めるなかで、戦後の小平では「福祉」も重要なテーマであることがわかってきた。近現代の歴史全体をめぐる議論を積み重ねるなかで、近現代編全体を貫くキーワードとして「改良」「開発」「福祉」の三つがあることがみえてきたのである。

二〇一三年に発刊された小平市史編さん委員会『小平市史　近現代編』は、明治維新から現在までを全八章で構成した。以下に章別構成を示す。

第一章　村の維新〈一八六八～一八八八年〉
第二章　小平村の誕生〈一八八九年～一九二〇年代半ば〉
第三章　学園開発と小平村〈一九二〇年代半ば～一九三六年〉
第四章　戦時開発と町制施行〈一九三七～一九四五年〉
第五章　戦後小平町の出発〈一九四五～一九六一年〉
第六章　郊外化と市制施行〈一九六二～一九六九年〉

第七章　郊外都市と市民生活　〈一九七〇～一九八〇年代半ば〉
第八章　郊外都市としての小平市　〈一九八〇年代半ば～現在〉

各章は時間の流れにもとづいて区分され、時期区分では、日本全体の歴史の大きな流れと小平地域固有の歴史的要因、小平における行政組織の変遷の三つの組合わせを考慮した。

自治体史の編別構成にあたっては、いくつか留意すべきことがある。第一は、大文字の歴史と小文字の歴史の関係である。ここでの大文字の歴史とは、日本や世界にかかわる政治・行政・経済の歴史のことであり、小文字の歴史とは地域の歴史のことである。地域の歴史に大文字の歴史がかかわっていることはいうまでもない。とはいえ、地域の歴史に対する大文字の歴史のかかわりをどうふまえて編別構成をつくるのかは、そう簡単なことではない。以前の自治体史の編さんでは、冗談のように、どこの自治体史でも、地域名のみを変更すれば叙述できると言われたことがあった。大文字の歴史が地域を強く規定する考えにもとづくものであるが、この間の自治体史では、大文字の歴史と小文字の歴史の関係についての考え方は一様ではなく、さまざまな工夫がされてきた。

第二に重点主義と網羅主義がある。ここでいう網羅主義は、右の大文字の歴史の規定性への留意と重なるところがあり、大文字の歴史を前提にした小文字の歴史を全般にわたり対象にするものである。それに対して、重点主義は地域の特性に留意し、地域の特性を中心にして描くものである。

第三に、自治体史における地域の範囲、内容がある。「はじめに」で指摘した点に加え、地域を自治体の範囲に限定するのか、地域にくらす人びとに視点を定め、人びとにとっての地域を対象にするのかで、地域の範囲は大きく異なる。前者に焦点を合わせれば、自治体の境域が自治体史の範囲になる。それに対して後者に視点を定めれば、人びとの移動が視野に入り、自治体の境域をこえた範囲までの移動を含めて検討することになる。具体的には、戦前・戦後の移民、日本帝国の膨張にともなう朝鮮・中国への人びとの移動、戦時期における大東亜共栄圏とのかかわり、朝鮮から日本への移動、戦後の高度成長期の地方から都市への労働力移動などを含めるか否かということになる。前者だけに焦点をあわせるのか、後者を含むのかで、編別構成は大きく異なることになる。

以上の三点を念頭におくとき、小平市史は、大文字の歴史を前提にしながらも、地域の特性をふまえた歴史に留意し、網羅主義というよりもある程度の重点主義をとり、自治体の境域をこえた地域の人びとの移動を視野に含んで地域を設定し、これらを念頭において編別構成をつくったところに特徴があった。

先述のように、小平の近現代史像として浮かび上がったのは、「開発」「改良」「福祉」の三つのテーマであった。近世新田開発に始まった小平の「開発」の歴史は、近現代に入ると、一九二〇年代の学園開発、戦争中の戦時開発と戦後の転用、戦後の郊外化による住宅建設と工場移転による開発というように、三回の波を経験する。各時代の開発は、それぞれ意味が異なる。一九二〇年代の学園開発は、関東大震災後の土地会社（箱根土地株式会社）による学園都市計画の一環であり、関東大震災後の近郊化の時代風潮のもとで、企業が農地取得と住宅建設を促進した開発であった。戦時開発は、戦争の進行にともない、東京府（東京都）の区内から軍事施設や戦争関連施設が移転するものであった。これに対して戦後の郊外化による住宅建設と工場移転による開発は、東京の都市化の膨張と経済成長の進行によるものだった。以上の三つの開発の波のなかで、戦時開発と戦後の開発については検討すべきことが多く残されており、近現代編で詳しく検討をした。

「改良」は江戸時代にはなかった言葉で翻訳語であり、明治前期の小平では、自由民権運動や殖産興業政策にかかわって、「改良進歩」などのかたちでしきりに使われていた。「改良」は、一九三〇年代から一九五〇年代にも「農事改良」や「生活改良」のかたちで使われている。「改良」では、茶業や養蚕・蚕種業を中心に産業の展開が構想されていることからすれば、産業展開の主軸は第一次産業とも連携した在来産業であり、在来産業の展開を「改良進歩」と呼んでいたということができる。「改良」は外から持ち込まれる側面が強い「開発」と異なる小平地域の重要な構想だったのであり、小平地域の明治前期を理解する重要な鍵である。

もうひとつが「福祉」である。「福祉」はどの地域でも一九七〇年代ころから重視されるようになった政策テーマだが、小平では、「福祉」がとりわけで重要な意味をもった。一九七〇年代の小平では、「福祉」という言葉がしきりに使われるようになる。それは、一九五〇年代以来つづく「開発」に対して、地域でくらすことを見直す言葉にほかならなかった。

新田開発にはじまった小平の歴史は、明治に入ると「改良」という新しい考えが台頭し、一九二〇年代から一九五〇年代までは「開発」と「改良」の併存の時代に入り、一九六〇年代に強まった「開発」は、一九七〇年代になると「開発」と「福祉」の関係を問う時代になり、一九八〇年代半ば以降から現在は「福祉」を軸にした町づくりが問われている、とアウトラインを整理することができる。

「開発」「改良」「福祉」の三つのテーマが小平の近現代の歴史の流れを理解する鍵であるとすれば、そのうえで留意したことは各時代の「くらし」を明らかにすることであった。小平市史では、「くらし」を明らかにするために以下の四点の工夫をした。

第一に、「くらし」の特徴を明らかにするだけでなく、「くらし」にかかわる行政や民間の諸団体、運動などをまとめて検討することで、「くらしを支える仕組み」を明らかにし、「くらしを支える仕組み」の歴史的な変化を解明しようとしたことである。ここでの「くらし」には、衣食住の生活から学校教育、社会教育、医療、福祉などを含み、各章には「くらしを支える仕組み」にかかわる節を配置した。

第二は、公職につかなかった人びとを含めて、小平の歴史に刻まれた人びとの足跡をしっかり描こうとしたことである。近年、個人情報保護とのかかわりで、自治体史では、たとえば公職についた人以外は固有名詞を記載しない傾向がでている。自治体史で、公職につかなかった人びとの固有名詞をすべて記述する必要はもちろんない。しかし、「くらし」や「福祉」に焦点を合わせて地域の歴史をたどるとき、公職につかなかったとしても、「くらし」や「福祉」にかかわる重要な役割を担った人びとが必ず存在している。あるいは、歴史の断片であったとしても、小平の重要な歴史に登場する人びとがいる。地域に刻まれた人びとの足跡を描くうえで、固有名詞は歴史のリアリティにかかわる重要な事柄である。近現代編では、固有名詞の必要性をしっかり確認したうえで、小平の歴史を理解するうえで大事な足跡についてリアリティをもって描くことにした。そのため近現代編では、文字史料と並んで聞き取りも活用し、文字史料と聞き取りのバランスをとった叙述につとめた。近現代編では、公文書とともに、広く民間の史料収集につとめたことが大変役に立った。

第三は、人びとの「定着」と同時に「移動」の視点で小平の近現代の歴史を理解しようとしたことである。今までの自治体史は、自治体の域内にくらす人びとや諸団体、土地、自然などを対象にする傾向が強かった。これらを対象にすることは、もちろん必要なことだが、そのことから、自治体史では「定着」の視点が当然となり、「移動」を視野に含むことが難しくなった。だが、いうまでもなく、戦前・戦時の時代には、兵隊や軍需工場への労働力動員などによって、小平の人びとは村外に移動しており、逆に学園開発から戦時開発に至る過程では、村外から多くの人びとが小平に流入した。戦後の小平も郊外化が進むことで人口が急激に増加し、市外から大学や病院などに通う人も多くなった。近現代編では、第四章と第六章に「移動と生活圏」の節を設け、戦前と戦後の「移動」の特徴について長期的な視点から検討した。

第四は、小平という地域の歴史意識（自己認識）に注目したことである。この点は、従来の自治体史で検討されることがほとんどなかったと思われるため、節を変えて述べることにしたい。

三、地域の歴史意識（自己認識）――小平市史の場合（3）

小平市史で地域の歴史意識に注目するようになった背景には、東日本大震災後に私が小学生用の副読本に出会った個人的な事情があった。[3] 小学生用の副読本に地域の歴史や産業、地理が詳しく書かれていることを知ったころ、私は小平市史編さん室に通うと、必ずのように小平市中央図書館の地域資料室に足をのばした。すると、小平にも小中学生用の副読本があり、地域の歴史にかかわった史料がさまざまにつくられていることがわかった。何度も訪ねていた地域資料室であったが、それまでは、地域の歴史にかかわった史料という観点で史料をみることがなかったのである。

図2　小平市の中学校社会科の副読本『私たちの小平』（1985年）（［小平市 2013］より）

小平の歴史にかかわる史料を整理してみたところ、『小平町誌』ができてから、小平の人たちは自分たちの地域の歴史や地域の人たちの歴

図3　小平郷土研究会の『会報』(創刊号(1962年)・第2号(1964年))
([小平市 2013]より)

史についていろいろなかたちで取り組み、行政もまたそこにかかわっていたことがみえてきた。地域の歴史認識がはぐくまれてきた歴史があったのではないだろうかと思い、それは地域の人たちが自分たちの地域を見つめなおす自己認識だったのではないか、ということに気づいた。

そのトップバッターをつとめたのが小平郷土研究会である。『小平町誌』ができてから、地域に永く住む人たちを中心に小平郷土研究会がつくられ、小平の歴史を明らかにするうえで大きな役割を果たすことになる。次に一九七五年に、「小平市玉川上水を守る会」が『玉川上水』という機関紙をつくる。この「玉川上水を守る会」の活動は、後述のように、とても大事な意味を持っていた。

小平の歴史意識の最初の画期が一九六〇年代から七〇年代であるとすれば、次は、一九九五年、戦後五〇年ぐらいの時期に、もうひとつ大事な時期が出てくる。それは戦後五〇年を経て、戦争の時代を振り返る取り組みであり、小平市では、「小平・ききがきの会」の設置と平和のための戦争展の開催に結びつく。前者では、『ききがき　その時小平では』という聞き書き集が編まれ、戦時下の暮らしや市民の戦争体験などが聞き取られている。同じ時に、平和のための戦争展が小平で開かれて、戦争展の記録が毎年一冊つくられている。

小平市では、そのほかにも図書館が一九七五年に開館され、個人のお宅で子ども文庫がつくられた。小平は子ども文庫と読み聞かせの取り組みがとても盛んな地域である。民話の収集や清瀬高校生による地域の歴史や文化の調査、鈴木囃子の保存、芸能、遺構、古文書の保存・編さん、小学校の副読本や小中学校の周年誌の編さんな

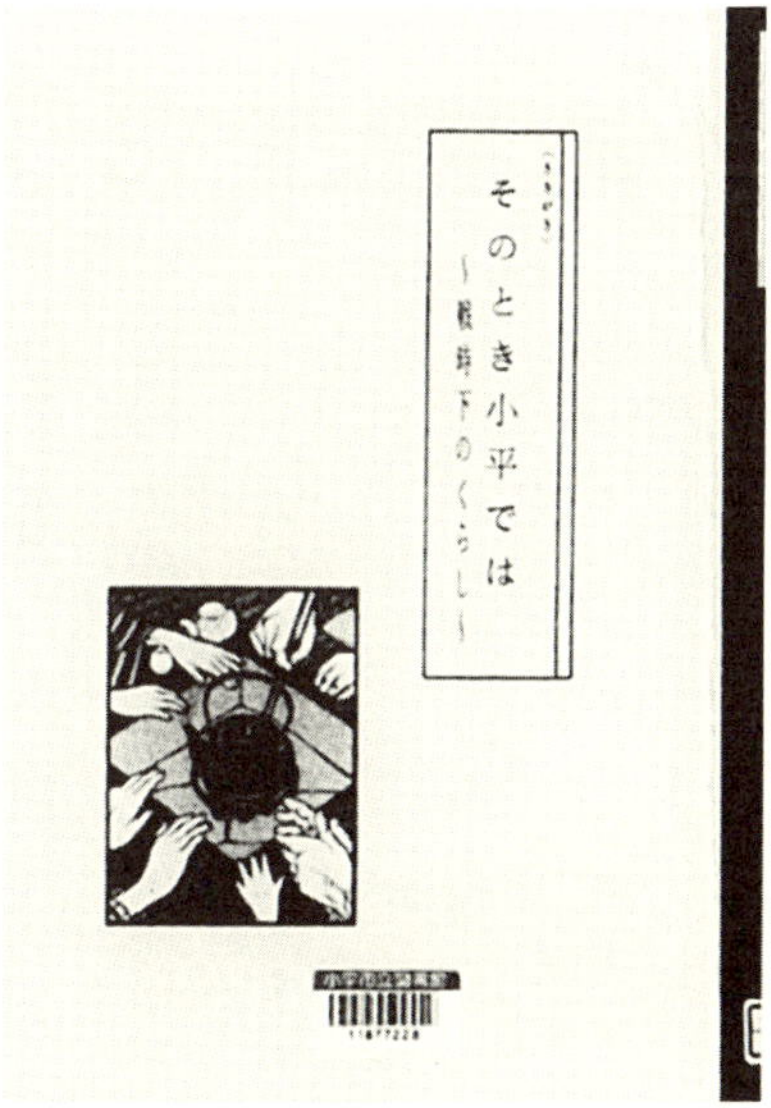

図4　小平・ききがきの会『ききがき　そのとき小平では　戦時下のくらし』（1996年）
（［小平市 2013］より）

図5　『平和のための戦争展・小平の記録』（1996年）
（［小平市 2013］より）

ど、小平では地域の歴史意識にかかわる取り組みが盛んにおこなわれている。郷土史家の人たちなどを中心にスタートした地域の歴史意識のかかわる取り組みは、その後、小平に移り住んできた人たちがむしろ中心になって、この地域の歴史を知りたい、地域に住んでいる人たちの話を聞きたい、ということで歴史にかかわる活動をしている。教員や生徒たちもこの歴史にかかわる大事な人たちである。

地域の歴史意識の意味を二つ指摘する。ひとつ目は、地域の価値の再発見である。その代表例は「玉川上水を守る会」の活動である。一九七〇年代の玉川上水の機関紙には、玉川上水の断面図が載り、川底にはゴミがたまっているので、みなさんごみ捨てないようにしましょう、というようなことが書かれていた。一九七〇年代、開発の考え方がまだ強かった時代に、「玉川上水を守る会」はとても印象的な表現をしていた。何も加えない

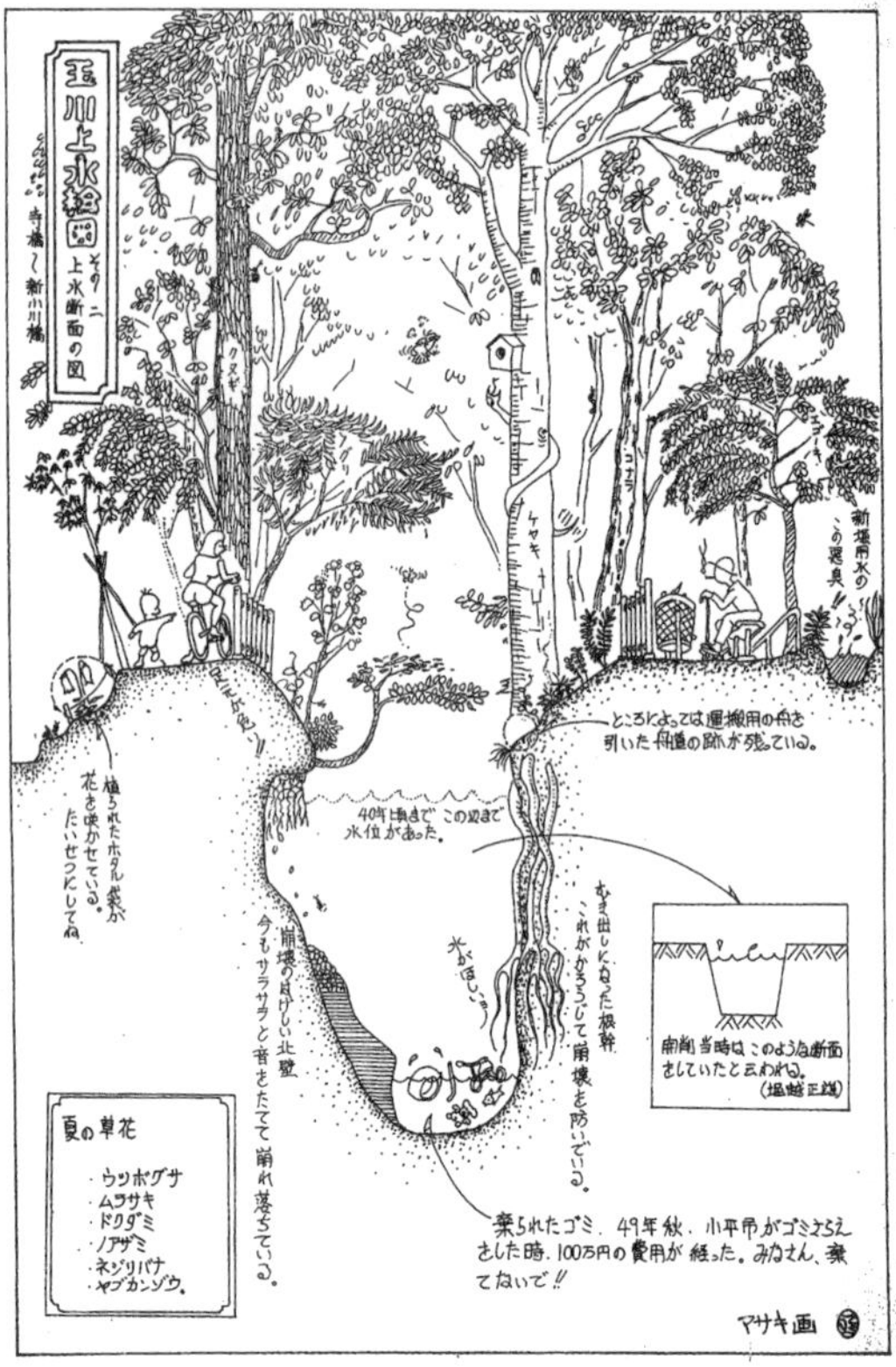

図6　玉川上水を守る会『玉川上水』第4号（1975年）
（[小平市 2013]より）

保存をしようということである。少しだけ補修することがあっても、できるだけ手を加えない形で残そう。それは地域の価値の再発見にほかならなかった。地域の歴史意識の醸成とかかわって、開発の時代に大事にされなかった玉川上水には実は大事な価値があることに気づいていく。

二つ目は、人びとの経験に学ぶということである。広範な領域で人の話を聞く、聞き取りが行われている。小平での暮らし、生業、働き方がどうであったのか。それからさらに戦争の問題。小平の人たちは戦時中にアジアにいろいろな形で出ていったので、その体験も当然人々の経験に学ぶなかに加わってくる。小平市史は小平という地域の歴史だが、小平の人たちの経験はこの地域だけに限らず、小平の地域を超えている。小平の外からも人が多数流入した。そのことも当然小平の歴史として書く必要がある。

以上の検討をふまえ、小平市史の近現代篇の第五章から第八章には、地域の歴史意識にかかわる節を必ず設け、歴史意識を検討した。

図7　小平・ききがきの会『そのとき小平では』第2集（1997年）・第3集（1998年）より作成した、ある従軍看護婦と兵士の移動経路
（［小平市 2013］より）

おわりに——史料の保存と公開

今回の小平市史編さん事業では、小平市役所や小平市中央図書館にも所蔵されていない現代史料についても幅広く収集した。これらの史料が『小平市史近現代編』の編集と執筆に大いに役立ったことはいうまでもない。

小平市史編さん事業で収集された史料は、現在、小平市中央図書館に移管されている。編さん事業で収集した公文書や市内の団体・組合・企業等の資料及び関係機関の資料収集と調査研究を進めたものについては、編さん過程ですでに目録を作成してある。

移管した資料のなかで、一九二七年から一九六二年までの三大紙の多摩版のなかの小平市に関する新聞記事索引と、『小平町報』『小平市報』の一九五一年から二〇〇一年までの記事検索については、二〇一九年一月から小平市立図書館のホームページで検索できるようになった。図書館ホームページでは、「こだいらデジタルアーカイブ」が開設され、小平市史編さん事業で収集した史料や近現代編などが順次デジタルで公開される予定になっている。

二〇一八年八月に小平市立中央図書館に確認したところ、市内の団体・組合・企業等の資料及び関係機関、公民館、創立年代の古い小学校の資料など、資料によっては、個人情報の取り扱いを含めて、取り扱いや閲覧方法などを検討中とのことである。

小平市史の編さん事業では、膨大な史料を収集して目録を作成し、保管してある。これらのうちの一部は、『小平市史史料集』に収録し、近現代編で活用したとはいえ、まだ利用していない史料が膨大に存在している。それらは、小平地域における歴史意識（自己認識）を検討するうえでも貴重な史料である。小平市史編さん過程で収集した史料の公開については、編さん過程からくりかえし要望してきたことである。今後の公開をあらためて望みたい。

注

（1）編さん委員は、大門正克、大岡聡、梅田定宏、調査専門委員は、三野行徳、杉本仁、鈴木理彦である。

（2）合同部会の記録は、小平市史編さん委員会『市史研究』第三号、二〇一一年三月、に掲載されている。

（3）二〇一一年に東日本大震災が起きた時、私はちょうど小学校高学年から中学生用の、子ども向けの日本の歴史を書いていた。この本はその後四月末には、『ジュニア版日本の歴史7　国際社会と日本』というタイトルで小学館から発刊された。戦後の日本の歴史を子ども向けに書いたものであり、私はその本で、全国の子どもたちが書いた作文を多数使っていた。そのなかに、岩手県陸前高田市の広田小学校で、一九七〇年代に小学校五年生だった二人が書いた作文があった。一九七〇年代における陸前高田市の広田湾でおきた地域開発問題に対して、賛成と反対の立場から書いた作文であり、二人の作文は立場をこえて、地域の実情や背景がしっかり書かれていた。

東日本大震災後に被災地や津波の様子が連日のように報道されたとき、そこでは市街地が津波で壊滅的にやられてしまった岩手県陸前高田市も頻繁と登場し、広田小学校の名前も何度もニュースに出てきた。八月に大学生と一緒に陸前高田市にボランティアに行った私は、作文を書いたお二人がもし存命であるならばお会いしたいと思い、その後幸いにも会うことができた。そのひとりの徳山高志さんに会って作文のことを聞いたところ、小学校三・四年生のときに副読本『私たちの陸前高田市』で、地域の歴史と地理、産業などについて詳しく教えてもらい、それをふまえて作文を書いたように思う、とのことだった。その後、徳山さんの実家で副読本がみつかり、高志さんが勉強した『私たちの陸前高田市』を読むことができた。副読本には、思っていた以上に地域の歴史や産業、地理が詳しく書かれていた。

引用・参考文献

小平市二〇一三『小平市史　近現代編』小平市

大規模自然災害と資料保存
――「資料ネット」活動を中心に

川内淳史

はじめに

この三〇年間の「平成」という時代をあらためて振り返ってみると、日本列島は多くの大規模自然災害に曝され続けてきたことを思わせられる。表1に一九八九年（平成元）以降の主な大規模自然災害を挙げたが、例えば地震災害だけを見ても、史上初めて最大震度七を記録した一九九五年の兵庫県南部地震（阪神・淡路大震災）をはじめとして、新潟県中越地震（二〇〇四年）、東北地方太平洋沖地震（東日本大震災、二〇一一年）、熊本地震（二〇一六年）で二度、北海道胆振東部地震（二〇一八年）の六度の最大震度七を記録する地震など、人命や家屋に被害をもたらした大規模地震が頻発していることがわかる。また、本稿を執筆している二〇一八年には、岡山、広島、愛媛をはじめ、西日本各地で大きな被害をもたらした「西日本豪雨」が発生しているが、このような大きな被害をもたらす風水害は、毎年のように日本列島のどこかで起こっていると言っても過言ではない。

こうした三〇年間の大規模自然災害の連続のなかで、様々な分野で災害への対応策や、また事前にその被害

表1　1989（平成元）年以降の主な大規模自然災害（1989～2018年）

年月	名称	種別	被害概要
1990年9月	1990年台風19号	台風	死者行方不明者44名、家屋全半壊1056棟
1991年6月	雲仙岳噴火	火山	1990年11月より噴火活動開始、91年6月火砕流発生。死者40名
1991年9月	1991年台風19号（りんご台風）	台風	死者62名、青森県でリンゴ落下被害
1993年7月	北海道南西沖地震（奥尻島地震）	地震津波	M7.8、死者行方不明者230名、最大震度6（北海道奥尻町・推定）、津波最大遡上高31.7m（奥尻町藻内地区）
1993年8月	1993年8月豪雨（8.1水害）	水害	死者71名、家屋全壊437棟
1993年9月	1993年台風13号	台風	死者行方不明者48名、家屋全半壊1784棟、床上浸水3770棟
1994年12月	三陸はるか沖地震	地震	M7.6、最大震度6（青森県八戸市）、住宅全半壊501棟
1995年1月	兵庫県南部地震（阪神・淡路大震災）	地震	M7.3、最大震度7（神戸市など）、死者行方不明者6437名、家屋全半壊249180棟、住宅全焼7035棟
1998年10月	1998年台風10号	台風	死者122名（日本国内死者行方不明者13名）
1999年6月	6.29豪雨災害	水害	死者行方不明者39名、家屋全半壊225棟、床上浸水3701棟
2000年10月	鳥取県西部地震	地震	M7.3、最大震度6強（鳥取県境港市、日野町）、家屋全半壊3536棟
2001年3月	芸予地震	地震	M6.7、最大震度6弱（広島県河内町、大崎町、熊野町）、家屋全半壊844棟
2003年7月	宮城県北部地震	地震	M6.4、最大震度6強（宮城県南郷町、矢本町、鳴瀬町）、家屋全半壊4945棟、最大震度6弱以上の地震が1日に3回発生
2004年7月	2004年7月新潟・福島豪雨（7.13水害）	水害	死者16名、家屋全半壊5424棟、床上浸水2149棟
2004年7月	2004年7月福井豪雨	水害	死者4名、家屋全半壊201棟、床上浸水4052棟
2004年8月	2004年台風18号	台風	死者行方不明者45名
2004年10月	2004年台風23号	台風	死者行方不明者98名、家屋全半壊8836棟、床上浸水13341棟
2004年10月	新潟県中越地震	地震	M6.8、最大震度7（新潟県川口町）、死者68名、家屋全半壊17982棟
2005年3月	福岡県西方沖地震	地震	M7.0、最大震度6弱（福岡市など）、死者1名、家屋全半壊497棟
2005年8月	2005年台風14号	台風	死者行方不明者27名、家屋全半壊220棟、床上下浸水8074棟
2006年7月	2006年7月豪雨	水害	死者32名、家屋全半壊1770棟、床上浸水1980棟
2007年3月	能登半島地震	地震	M6.9、最大震度6強（石川県穴水町、輪島市、七尾市）、死者1名、家屋全半壊2426棟
2007年7月	新潟県中越沖地震	地震	M6.8、最大震度6強（新潟県柏崎市など）、死者15名、家屋全半壊17180棟
2008年6月	岩手・宮城内陸地震	地震	M7.2、最大震度6強（岩手県奥州市、宮城県栗原市）、家屋全半壊176棟
2009年7月	2009年中国・九州北部豪雨	水害	死者31名、床上浸水2180棟
2009年8月	2009年台風9号	台風	死者行方不明者27名、家屋全半壊1313棟、床上下浸水5602棟
2010年10月	奄美豪雨	水害	死者3名、家屋全半壊443棟、床上浸水116棟
2011年3月	東北地方太平洋沖地震（東日本大震災）	地震津波	Mw9.0、最大震度7（宮城県栗原市）、死者行方不明者22252名、家屋全半壊404934棟、津波最大遡上高40.1m（岩手県綾里湾）、福島第一原子力発電所事故による深刻な原子力災害
2011年3月	長野県北部地震	地震	M6.7、最大震度6強（長野県栄村）、死者3名、家屋全半壊397棟
2011年8月	2011年台風12号（紀伊半島水害）	台風	死者行方不明者98名、家屋全半壊3539棟、床上浸水5499棟

（表1続き）

2012年7月	2012年7月九州北部豪雨	水害	死者行方不明者32名、家屋全半壊1863棟、床上浸水3298棟
2013年10月	2013年台風26号	台風	死者行方不明者43名、家屋全半壊147棟、床上浸水1884棟
2014年7-8月	2014年8月豪雨	豪雨	死者84名、全国広範囲での被害、広島市での大規模土砂災害
2014年11月	長野県神城断層地震	地震	M6.7、最大震度6弱（長野県小谷村、小川村、長野市）、家屋全半壊253棟
2015年9月	2015年9月関東・東北豪雨	水害	死者20名、家屋全半壊7171棟、床上浸水2523棟
2016年4月	熊本地震	地震	M7.3、最大震度7（熊本県益城町、西原村）、死者267名、家屋全半壊43339棟、2度の震度7を記録
2016年10月	鳥取県中部地震	地震	M6.6、最大震度6弱（鳥取県倉吉市、湯梨浜町、北栄町）
2017年7月	2017年7月九州北部豪雨	水害	死者行方不明者44名、家屋全半壊1439棟
2018年6月	大阪北部地震	地震	M6.1、最大震度6弱（大阪市北区、高槻市、枚方市、茨木市、箕面市）、死者4名、家屋全半壊428棟
2018年6-7月	2018年7月豪雨（西日本豪雨）	水害	死者行方不明者245名、家屋全半壊18010棟、床上浸水7173棟
2018年8-9月	2018年台風21号	台風	死者14名、家屋全半壊215棟
2018年9月	北海道胆振東部地震	地震	M6.7、最大震度7（北海道厚真町）、死者42名、家屋全半壊2032棟

を最小限に抑えるための防災・減災の方策が講じられるようになってきている。本稿では大規模自然災害の被災地やその周辺において、歴史資料や記録文書の保存に向けた取り組みがいかにして行われているかについて検討する。本稿で検討する災害時の資料保全についても、この三〇年間で仕組みや方法、考え方などが深められてきた分野であるが、紙幅の関係より、その全体をここで検討することは筆者の力量を超えている。そこで本稿では、大規模自然災害時に被災した歴史資料等の救出保全活動を行う、歴史研究者を中心としたボランティア組織である資料保全ネットワーク（以下、資料ネットと略記）の活動を事例に見ていきたい。

一、資料ネットによる被災資料保全活動

日本における大規模自然災害時の資料保全活動が組織的に開始されたのは、一九九五年一月十七日に発生した「阪神・淡路大震災」からである。淡路島北部に位置する兵庫県北淡町（現淡路市）付近を震源とするマグニチュード七・三の兵庫県南部地震は、神戸・阪神間から淡路島にかけた広い地域で激しい被害を引き起こした。特

に神戸・阪神間という国内有数の大都市圏の直下で発生したこともあり、死者六四三四名を数える、当時の戦後日本史上最悪の被害をもたらした（表2）。

こうした被害は被災地に暮らす人々の生命や財産を危機におよぼすことのみならず、被災地で育まれてきた「歴史文化」にも甚大な被害を与えた。たとえば阪神・淡路大震災時の兵庫県内の指定文化財被害は、国指定四六件、県指定五四件、市町指定四三件の計一四三件にのぼっており［阪神・淡路大震災記念協会編 二〇〇五］、また、これ以外の未指定文化財や民間所在の歴史資料等の被害状況については、発災当初はその把握すら困難な状況に置かれた。阪神・淡路大震災の民間所在の歴史資料の被害状況については、網野善彦の名著『古文書返却の旅』に次のように書かれている［網野 一九九九］。

> 一九九五年一月十七日、阪神大震災は芦屋市津知町を襲い、家屋に壊滅的な打撃を与えた（中略）この大震災によって、文書を含む文化財が破壊され、散逸するのを憂慮し、その状況を調査、救出すべく、阪神大震災対策歴史学会連絡会、通称〝史料ネット〟が結成されて精力的に活動をはじめていた（中略）（史料ネットが——引用者註）芦屋市教育員会の方々と一緒に、津知町の小山家の跡に行って調べて下さったが、時すでに遅し、文書の入った長持は、蓋だけ残してすべて何者かによって持ち去られたあとだったのである。

ここに描かれるのは阪神・淡路大震災時における芦屋市のあ

表2　阪神・淡路大震災の被害
（総務省消防庁 確定報、2006年5月19日）

人的被害

死者	6,434 名
行方不明者	3 名

住家被害

全壊	104,906 棟
半壊	144,274 棟
一部損壊	390,506 棟
合　計	639,686 棟

火災被害（兵庫県）

全焼	7,035 棟
半焼	89 棟
部分焼	313 棟
ぼや	97 棟
合　計	7,534 棟

る旧家での様子であるが、旧家に保管されていた歴史資料が被災後、何者かによって持ち去れてしまった事例である。このように災害時には、災害そのものの直接的な被害による歴史資料の滅失のみならず、災害時の混乱の過程での資料の盗難や不当な廉価での買い叩き、また復旧・復興過程での廃棄等によって、歴史資料が散逸ないしは滅失するリスクが急激に高まるという状況がある。

阪神・淡路大震災に際して、こうした歴史資料や文化財の散逸・滅失を防ぐための活動がいくつか始められた。そのうちの一つが、関西に拠点を置く歴史学系学会によって設立された「歴史資料保全情報ネットワーク（史料ネット）」である。史料ネットは、一九九五年二月四日に大阪歴史学会、大阪歴史科学協議会、日本史研究会（のちに京都民科歴史部会も参加）によって設立された「阪神大震災対策歴史学会連絡会」の情報窓口として、同月十三日に尼崎市立地域研究史料館に開設された［奥村 二〇一二］。史料ネットは被災自治体や地域住民と協力しながら、民間所在の歴史資料を中心に救済・保全活動を実施した。翌九六年四月には組織を改め、新たに「歴史資料ネットワーク（史料ネット）」として発足して、引き続き被災地での活動を実施、その結果、九六年十一月段階でのべ参加者数八七六名、被災家屋からの歴史資料救出三八回、被災地での巡回調査三七回、歴史資料の緊急仮整理四八回を実施、段ボール換算で約一五〇〇箱の歴史資料を救出・保全した［藤田 一九九七］（図1）。

図1　阪神・淡路大震災時の被災資料救出活動
（1995年、兵庫県尼崎市）

史料ネット代表の奥村弘は、史料ネットの活動では「地域の歴史を語るものすべてを価値ある歴史遺産と考えて保全を進めることを当初から原則」とし、それは「特定の価値を持つ歴史遺産を対象として、その保存をすすめるというこれまでの歴史研究者の文化財保存運動と異なる史料ネットの歴史資料保全活動の基本的特質」であるとしている［奥村二〇一二］。また大震災に際して歴史研究者が〝ボランティア〟として歴史資料の救出・保全活動を行うに至った背景として、「ボランティア元年」と呼ばれた阪神・淡路大震災時の災害ボランティア活動の展開を前提としつつ、「現代日本に生きる若手の研究者が自己の分限を越えて被災地と対峙した時、歴史学の課題とそのための方法の一端が、凝縮した状況の中で浮かび上がってきた」ためであるとしている［奥村二〇一二］。

このように阪神・淡路大震災に際して始まった「資料ネット」という活動形態は、その後の大規模自然災害の連続の中で急速に展開していく。二〇〇三年七月に発生した宮城県北部地震を契機に設立された「宮城歴史資料保全ネットワーク（宮城資料ネット）」は、災害「後」における被災地での歴史資料の救出・保全活動を実施するとともに、災害「前」の歴史資料の保全活動に取り組んだ。こうした取り組みを始めたきっかけについて、宮城資料ネット設立者の平川新は次のように述べている［平川二〇〇五］。

二〇〇三年七月にこれだけの地震が来たにもかかわらず、翌年二月、宮城県防災会議地震対策専門部会は衝撃的な発表を行った。震源地を異にする宮城県沖などで震度六〜七の地震が発生する確率は二〇年以内八八パーセント、三〇年以内九八パーセントだと警告した（中略）そこで宮城資料ネットや東北歴史博物館の関係者と相談して、「歴史資料のための防災対策」をスローガンに掲げて活動をやってみようということになった。

すなわち、目前に迫る災害への危機感より、宮城資料ネットでは「歴史資料の防災」を掲げ、デジタルカメラ

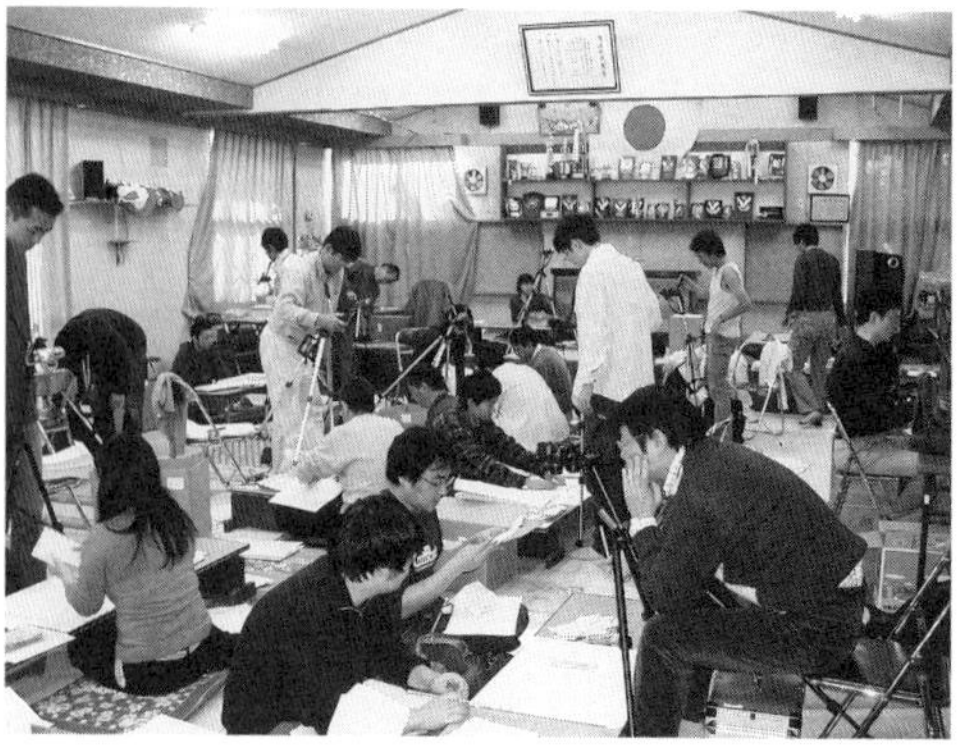

図2　宮城資料ネットによる一軒型資料保全活動
（2005年、宮城県唐桑町（現気仙沼市））

などを活用した一軒型資料保全活動（全点撮影型調査）や歴史資料所在調査（悉皆調査型調査）といった、通常の研究利用のための歴史資料調査とは異なる、災害対策を前提とした歴史資料「保全」のための調査活動を展開した［伊藤二〇〇九］（図2）。こうした宮城資料ネットによる調査法は「宮城方式」[1]と呼ばれ、歴史資料の防災対策としての有効性は、はからずも大津波によって多くの歴史資料が流失した東日本大震災に際して認められることになる。宮城県石巻市のとある旧家において、土蔵ごと所蔵資料がすべて流失し、その撮影データだけが残った事態を受けて、宮城資料ネットの佐藤大介は「私たちが活動のスローガンとしてきた「災害『前』の防災対策」としての歴史資料保全になぜ取り組まなければならなかったのかを、もっとも悲しい形で心に刻むことになった」としている［佐藤二〇一二］。

このように、阪神・淡路大震災において、災害から歴史資料を「救出」する活動としてはじまった「資料ネット」は、災害前の歴史資料の「防災」をも視野に入れた活動として展開することになったのである。

二、東日本大震災と資料ネット

阪神・淡路大震災以降、資料ネットは急速に全国に普及していく（表3）。二〇一八年十月現在の各地の資料

表3　各地の資料ネット一覧（2018年10月現在）

No.	名称	事務局所在地	成立経緯となった災害	備考
1	歴史資料ネットワーク（史料ネット）	兵庫県神戸市	阪神・淡路大震災（1995年1月）	
2	山陰歴史資料ネットワーク（山陰史料ネット）	島根県松江市	鳥取県西部地震（2000年10月）	
3	愛媛資料ネット	愛媛県松山市	芸予地震（2001年3月）	「芸予地震被災資料救出ネットワーク愛媛」より改称
4	広島歴史資料ネットワーク	広島県東広島市		「2018年西日本豪雨」を契機に再組織化
5	資料ネットやまぐち	山口県山口市		
6	NPO法人宮城歴史資料保全ネットワーク（宮城資料ネット）	宮城県仙台市	宮城県北部地震（2003年7月）	2007年NPO法人化
7	福井史料ネットワーク	福井県福井市	2004年福井豪雨（2004年7月）	
8	新潟歴史資料救済ネットワーク（新潟資料ネット）	新潟県新潟市	新潟県中越地震（2004年10月）	
9	宮崎歴史資料ネットワーク（宮崎史料ネット）	宮崎県延岡市	2005年台風14号（2005年8月）	
10	岡山史料ネット	岡山県岡山市		
11	ふくしま歴史資料保存ネットワーク（ふくしま史料ネット）	福島県福島市		2010年11月に「ふくしま文化遺産保存ネットワーク」より改組
12	山形文化遺産防災ネットワーク（山形ネット）	山形県米沢市		
—	能登歴史資料保全ネットワーク	—	能登半島地震（2007年3月）	2008年3月解散
13	岩手歴史民俗ネットワーク（岩手歴民ネット）	岩手県盛岡市	東日本大震災（2011年3月）	
14	茨城文化財・歴史資料救済・保全ネットワーク（茨城史料ネット）	茨城県水戸市		
15	地域史料保全有志の会	—	長野県北部地震（2011年3月）	長野県栄村で活動
16	三重県歴史的・文化的資産保存活用連携ネットワーク（みえ歴史ネット）	三重県津市		事務局：三重県総合博物館
17	神奈川地域資料保全ネットワーク（神奈川資料ネット）	神奈川県横浜市		2014年に「神奈川歴史資料保全ネットワーク」より改称
18	歴史資料保全ネット・わかやま	和歌山県和歌山市	2011年台風12号（2011年9月）	
19	千葉歴史・自然資料救済ネットワーク（千葉資料救済ネット）	千葉県千葉市		
20	静岡県文化財等救済ネットワーク	静岡県静岡市		事務局：静岡県教育委員会文化財保護課
21	歴史資料保全ネットワーク・徳島（徳島史料ネット）	徳島県鳴門市		
22	鹿児島歴史資料防災ネットワーク	鹿児島県鹿児島市		
23	長野被災建物・史料救援ネットワーク	—	長野県神城断層地震（2014年11月）	
24	熊本被災史料レスキューネットワーク（熊本史料ネット）	熊本県熊本市	熊本地震（2016年4月）	

ネット一覧を掲げるが、大規模自然災害の恒常化およびそのことによる地域の歴史資料の散逸・滅失のリスクの上昇にともない、全国で資料ネットの組織化が急速に図られていることがわかる。とりわけ資料ネットの組織化が急速に行われる契機となったのが、二〇一一年三月十一日に発生した「東日本大震災」であった。

表4　東日本大震災の被害
（総務省消防庁 第159報、2019年3月8日）

人的被害

死者	19,689名
行方不明者	2,563名

住家被害

全壊	121,995棟
半壊	282,939棟
一部損壊	748,109棟
合　計	1,153,043棟

「東北地方太平洋沖地震」によって引き起こされた東日本大震災は、周知のように近代日本史上稀に見る激甚な被害をもたらした（表4）。特に「被災三県」と呼ばれる岩手・宮城・福島の太平洋岸を中心に大きな被害をもたらした大津波被害と、そのことによって引き起こされた福島第一原子力発電所事故による放射能汚染被害により広域複合災害となり、避難生活および被災地の復旧・復興の長期化をもたらしている。こうした甚大な被害は、当然ながら歴史資料や文化財にもおよぼされた。東日本大震災に際しての指定文化財被害は、一八都県で七四四件（文部科学省発表、二〇一二年九月現在）にも及んでおり、また、所在把握の困難な民間資料の多くは津波による流失を免れ得ず、その被害規模は今もって把握することができない。しかしながら、発災当初より歴史資料・文化財の被害規模は阪神・淡路大震災以上となることが予測されたことから、文化庁では二〇一一年三月三十日付で「東北地方太平洋沖地震被災文化財等救援事業実施要項」を策定、四月十五日には東京文化財研究所内に事務局を置く「東北地方太平洋沖地震被災文化財等救援委員会」が結成され、同委員会による「文化財レスキュー事業」が開始された（図3）。

同委員会の目的は、「文化庁及び被災地各県と協力して、東北地方太平洋沖地震によって被災した動産文化財（美術工芸品等）を中心に緊急に保全するとともに、今後に予想される損壊建物の撤去等に伴う我が国の貴重な文化財等

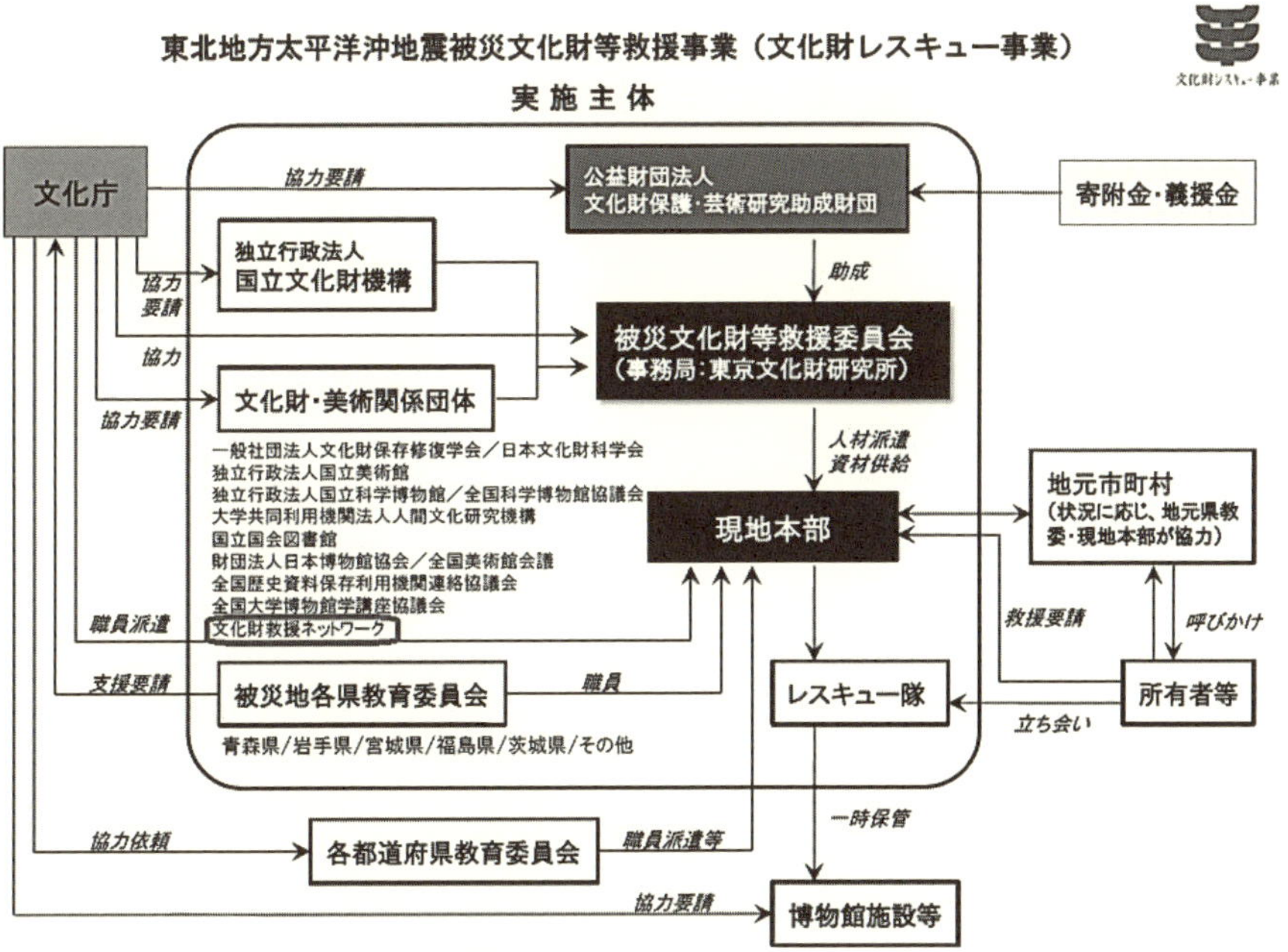

図3　東日本大震災文化財レスキュー事業機構図

の廃棄・散逸を防止すること」とされ、文化財関係団体・機関へ参加が呼びかけられた。このうち資料ネットについては、「文化財救援ネットワーク」と総称され、具体的には史料ネットと宮城資料ネットが構成団体として参加した。同委員会は救出対象を「国・地方の指定の有無を問わず、当面、絵画、彫刻、工芸品、書籍、典籍、古文書、考古資料、歴史資料、有形民俗文化財等の動産文化財及び美術品を中心とする」とし、また実際の活動の過程で自然史資料や図書資料、公文書なども対象とされるなど、狭義の文化財に留まらない、幅広い対象が救出された。このことは同委員会の加わった、専門性の幅広い構成団体が、それぞれの特性を活かした救出活動を実施した結果であり、また、同委員会の枠外での多様な救出活動も見られたため、東日本大震災を契機に救出すべき「文化財等」の対象は大きく広がったのである［吉原二〇一五］。

東日本大震災における被災資料救出活動を資料ネットに則して評価すると、以下の三点が挙げられる。一点目は、前述のとおり、文化財レスキュー事業において救出された対象の拡大と関連する点である。東日本大震災と同様に文化庁が主導した文化財レスキュー事業は、実は阪神・淡路大震災に際しても実施されている［阪神・淡路大震災被災文化財等救援委員会事務局 一九九九］。その際も救出対象は指定文化財に留まらないものとされ、館蔵資料や寺院所蔵資料などが救出されたが、一方で民間所在資料については主として史料ネットが中心となってレスキューが実施された。これは民間所在資料の所在情報が行政ルートでは充分に把握されておらず、緊急的なレスキューが困難であったことが大きな要因であったと考えられる。これに対して、阪神・淡路大震災から東日本大震災までの間、全国各地の資料ネットにおいて、民間所在資料の救出・保全活動のノウハウが積み上げられたこと、また東日本大震災被災地となった宮城県では「宮城方式」による防災的な保全活動の実施による所在情報の蓄積が行われたことにより、民間所在資料の救出・保全に対する情報やノウハウ、また意識などが格段に向上していた。こうした資料ネットの蓄積を前提として、東日本大震災時の文化財レスキュー事業においては、行政や各構成団体との連携がはかられたことで、多数の民間所在資料が救出・保全の対象となったのである。

二点目は、各地の資料ネット同士の横の連携による救出・保全活動が実施されたことである。東日本大震災以前の資料ネット活動では折に触れて情報やノウハウの交換・共有などはなされていたものの、基本的にはそれぞれの地域における活動が中心となっていた。しかしながら未曾有の広域複合災害となった東日本大震災においては、被災地の資料ネットと被災地外の資料ネットが連携した活動が展開された（表5）。資料ネット間の連携の状況を見ると、発災直後の二〇一一年段階は、主として被災地でのレスキュー活動におけるマンパワーの不足に対応するため、被災地の資料ネットへ人員を派遣し、協力した事例が多く見られた。たとえば二〇一一年四

表5　各地資料ネット連携による救済保全活動（主なもの）

実施期間	活動	連携ネットワーク
2011年4月	須賀川市文化財収蔵庫被災資料レスキュー	福島、山形
2011年4月～5月	宮城県農業高校水損資料レスキュー	宮城、山形、神戸（※1）
2011年5月	陸前高田市立海と貝のミュージアム所蔵資料搬出	山形、神戸
2011年6月	長野県栄村・文化財保全活動	栄村（※2）、神戸、新潟
2011年10月頃～	被災資料救出保全活動のための旅費助成事業	神戸（宮城、岩手、山形、茨城）
2011年12月	石巻文化センター被災図書クリーニング作業	宮城、神戸
2011～14年	鳥羽源蔵関連図書資料目録データ化作業	山形、宮崎
2011年～	茨木史料ネット救出資料整理作業	茨城、じゃんぴん（※3）
2012年7月	茨城県茂木町資料レスキュー	茨城、神奈川、千葉、神戸、じゃんぴん
2012年9月	被災資料デジタル化作業	福島、宮城
2013年6月	福島県双葉町埼玉支所震災資料保全活動	茨城、じゃんぴん、福島、宮城、神奈川、神戸
2016年3月～	岩手県大船渡市旧家被災資料整理作業	宮城、神戸

※1：神戸＝歴史資料ネットワーク（史料ネット）
※2：栄村＝地域史料保全有志の会
※3：じゃんぴん＝NPO法人歴史資料継承機構

月～五月に実施された宮城県農業高校水損資料レスキュー作業は、同校所蔵の水損資料の情報が宮城資料ネット経由で史料ネットにもたらされ、宮城資料ネット、史料ネットとともに山形文化遺産防災ネットワーク（山形ネット）および東北芸術工科大学との連携が行われ、現地での応急処置の後、水損度合いの激しい資料については東北芸工大へ搬出し、芸工大学生と山形ネットのメンバーによって乾燥・クリーニング処置が実施された［松下・川内二〇一二］（図4）。また被災地でのマンパワー不足を補うため、史料ネットでは稲森財団と企業メセナ協議会からの助成金を受けて、被災地の資料ネットの活動に対する人員の派遣事業を展開した［川内ほか二〇一四］。また、レスキュー自体が収束した段階においては、たとえば歴史資料継承機構（じゃんぴん）による茨城史料ネットの整理作業への協力や、史料ネットによる大船渡被災資料整理についての宮城資料ネットへの支援（図5）など、レスキュー後も長く続くクリーニング処置や資料整理作業への継続的な協力を行うことで被災地の資料ネットの活動を支える連携も行われている。こうした

図4　宮城県農業高校水損図書レスキュー作業
（2011年、宮城県名取市）

図5　史料ネットによる岩手県大船渡被災資料整理作業
（2016年、神戸大学）

取り組みは、各地域を拠点にネットワークを組織した資料ネットをさらにネットワーク化し、日本全体に歴史資料の救済・保全のための広域ネットワークを形成させることにつながった。

三点目は、こうした資料ネットの活動が、東日本大震災以後、日本における文化財防災にとって重要な意味を持つことが認知されつつあることである。たとえば二〇一四年六月に日本学術会議史学委員会文化財の保護と活用に関する分科会による提言「文化財の次世代への確かな継承――災害を前提とした保護対策の構築をめざして」では、「文化財の防災と救出にむけた国レベルの常設機関の必要性と期待される業務」の一つとして、行政機関と資料ネットの連携の必要性が銘記された。そのために各都道府県に資料ネットと連携する公的機関を設置するとともに、資料ネット未設置都道府県に対する設置の促進がうたわれている(2)。後述のように、東日本大震災以降、各地で資料ネットと行政との連携強化の動きが見られるようになり、今日の文化財防災の枠組みの中で一定程度の認知を得つつある現状にある。

三、東日本大震災以後の文化財防災と資料ネット

東日本大震災を契機として、災害から歴史資料や文化財を守る体制づくりが全国的に進められており、資料ネットと行政等との連携が強化されつつある。前述した東日本大震災での文化財レスキュー事業を担った救援委員会は、当初の予定より一年延長した二〇一三年三月をもって解散したのであるが、構成団体からは今後の大規模災害に備えて、救援委員会によって結ばれた文化財防災のためのネットワークを維持することが必要であるとの意見が出された結果、二〇一四年七月に「文化財防災ネットワーク推進事業」が国立文化財機構によって開始され、旧救援委員会構成団体を中心とする「文化遺産防災ネットワーク推進会議」を発足させた。同会議には資料ネットからは引続き史料ネットおよび宮城資料ネットが参画している。

また、地域ごとの資料ネットと行政との連携の動きも進められている。たとえば徳島県では二〇一四年三月、徳島県文化財保存整備市町村協議会と徳島県博物館協会、および歴史資料保全ネットワーク・徳島(徳島史料ネット)の三者間で「文化財防災に関する共同宣言」が締結され、県内における文化財関係ネットワークの構築および歴史資料基礎情報の整備、被災文化財対応手法の確立が確認された。こうした資料ネットと行政とによる共同宣言が締結されたことは非常に画期的であり、実際にこの共同宣言は、二〇一四年八月の台風被害により徳島県内で歴史資料の被害が発生した際、資料ネットと行政とが協働してその救出・保全にあたる際に大きな意味を持つものとなった[徳野二〇一七]。

また、大分県では地域防災計画中の「文化財等の応急対策」の項目の中に、「(4)被災者の心の救済活動(地域に残る遺産の保全)」を設け、「県・市町村・教育委員会は、歴史資料ネットワーク(神戸大学文学部地域連携センター内)などの協力を得ながら、被災した地域に残る遺産(歴史史料等)の救出・修復・保全に努める」と、資料ネットと協力しながら災害時の歴史資料等の救出・保全の必要性が述べられている。ここで重要なのは、地域防災計画の中に資料ネットとの協力を銘記したこと、および災害から歴史遺産を救出・保全することが「被災者の心の救済活動」につながると捉えている点である。歴史資料の救出・保全が、単に歴史資料というモノを救う活動に留まらない(もしくは留まるべきではない)活動であるという主張は、これまでの資料ネット活動の中でも強調されてきた。たとえば史料ネット副代表を務める松下正和は、歴史資料の救済は歴史研究者の研究の必要性からのみ行われるべきではなく、「災害からの中長期的な復興や、日常のまちづくり、コミュニティーの維持と密接に」関わって行われる活動であるとするが[松下 二〇〇九]、こうした資料ネットの活動やそのスタンスが、地域防災計画という災害制度の中に組み込まれたという点において、大分県の地域防災計画は非常に重要な意味を持っていると考える。

さらに、前述した東日本大震災以後の資料ネット同士の連携強化という点においては、二〇一五年より「全国史料ネット研究交流集会」が開始されたことが特筆される(表6)(図6)。この集会は、史料ネット設立二〇周年記念事業として第一回が開催され、その後ほぼ一年に一回、各地の資料ネット(単独もしくは複数の資料ネットによる実行委員会組織)および国立文化財機構(第五回以降は人間文化研究機構)により共同開催されている。本集会は全国各地の資料ネットの活動を共有しつつ、それぞれの地域で活動している人びとが交流する場となっており、資料ネット同士の(ゆるやかな)連携を強める場として機能している。実際にこうした集まりを年一回維持するこ

表6　全国史料ネット研究交流集会開催一覧

回数	日時	開催地	主催
第1回	2015年2月14・15日	神戸市	歴史資料ネットワーク、国立文化財機構
第2回	2016年3月19・20日	郡山市	第2回全国史料ネット研究交流集会実行委員会、国立文化財機構
第3回	2016年12月17・18日	松山市	愛媛資料ネット、国立文化財機構
第4回	2018年1月20・21日	岡山市	第4回全国史料ネット研究交流集会実行委員会、国立文化財機構
第5回	2018年11月17日・18日	新潟市	第5回全国史料ネット研究交流集会実行委員会、人間文化研究機構

図6　第1回全国史料ネット研究交流集会（2015年、兵庫県神戸市）

とで全国の関係者が顔見知りになっておくことは、いざ災害が起こった際にすぐに連絡をとることができる関係を築くことにつながる。実際に熊本地震（二〇一六年）や西日本豪雨（二〇一八年）のような大規模災害が発生した際、様々な形での連携体制がスムーズに構築されている。

また、こうした資料ネット同士の連携を基礎として、二〇一七年から「歴史文化資料保全の大学・共同利用機関ネットワーク事業」が開始されている。これは人間文化研究機構および神戸大学、東北大学の三者協定によって進められている事業であり、全国の歴史系大学・研究者および資料ネットとの連携構築を通じて、地域に残る歴史文化資料の保全事業を進めていくものである。いわば大学研究者「個人」が関わっている資料ネットの活動と、「組織」としての大学をつなぎ合わせることで、大学が地域の歴史文化資料保全の拠点としての役割を果たしうるようなネットワークを構築しようということである（図7）。

このように東日本大震災以降の文化財防災体制の構築において、資料ネットの存在は重要な意味を持っている。しかしながら、単に文化財防災の「仕組み」の中に資料ネットを位置付けただけでは、真の意味で歴史資料を災害から守っていくことにはつながらない。大切なことは、私たちが社会全体で資料を守り、伝えていくことを、意識的に実践していくことである。前述した二〇一五年二月に開催された第一回全国史料ネット研究交流集会では、『地域歴史遺産』の保全・継承に向けての神戸宣言」が採択された(3)（図8）。この宣言では、大規模自然災害

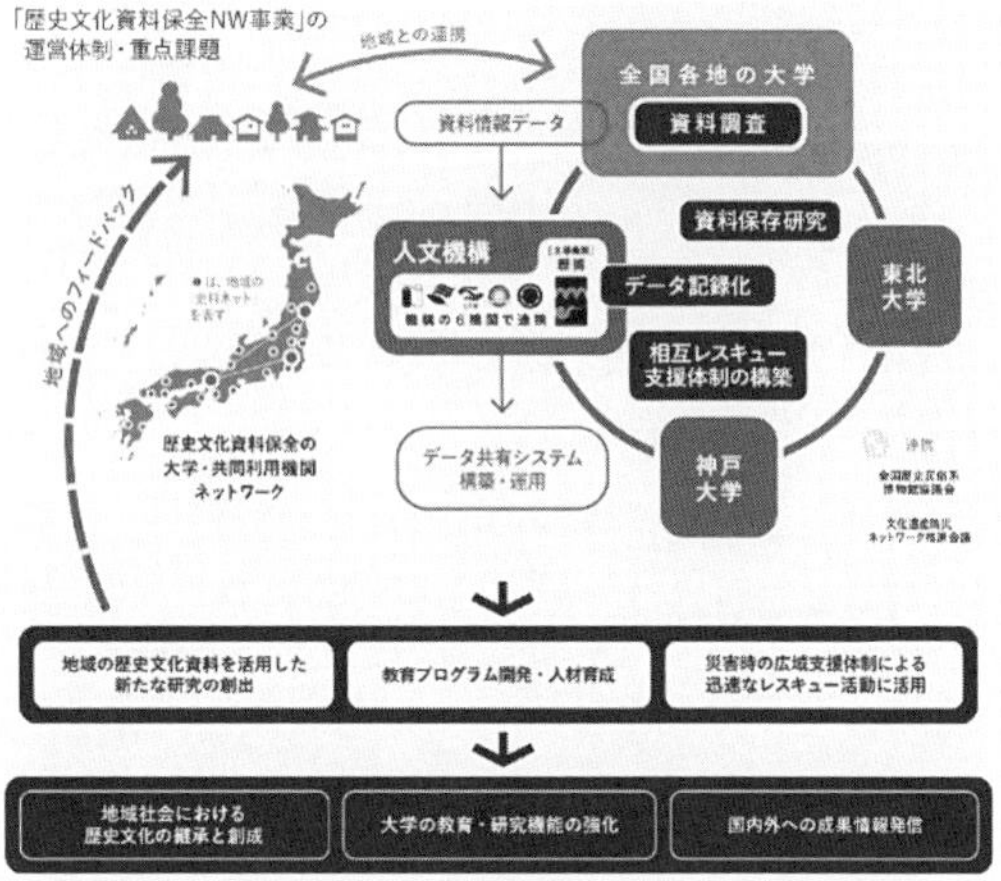

図7　歴史文化資料保全の大学・共同利用機関ネットワーク事業

図8　第1回全国史料ネット研究交流集会での「神戸宣言」の提案

に対応し得る歴史資料の保全・継承に向けて、次の様に述べている。

一、基本的な考え方
歴史文化に関わる多様な分野の専門家と地域の歴史文化の多様な担い手が、ともに手を取りあって、文化財等の保存・継承活動を一層強めていきます。
一、専門家の役割
多様な分野の専門家は、その専門領域を超えて、地域の方々との持続的な連携を進め、相互につながりを強めていきます。
一、市民の役割
地域の歴史文化の担い手である市民は、文化遺産の保存・継承活動へ積極的に参加し、またその活動を支援します。
一、政府、地方公共団体および大学等の役割
政府、地方公共団体および大学等が、この活動を支援し、地域の歴史文化を豊かにするための基礎的な環境を、縦割りを超えて整備するよう求めます。

ここにある様に、歴史資料を災害から守っていく上では、専門家や市民がともに手を取り合いながら歴史資料を守り、伝えていく仕組みを作ることが必要であると考える。

おわりに

二〇一五年三月、仙台において開催された「第三回国連防災世界会議」では、その成果文書として二〇三〇年までの世界的な防災・減災の指針となる「仙台防災枠組」が採択された。ここでは政府や国連機関のみならず、地方自治体や市民社会、子ども、女性、高齢者、障害者など多くの主体（マルチステークホルダー）が防災・減災へ果たすべき役割の重要性が強調されている。すなわち、この「仙台防災枠組」のもとでの歴史資料の防災・減災という点においては、前述の神戸宣言の精神をいかに社会全体に広め、それぞれの立場からいかに具体的に行動していくかが重要な鍵になると考える。その意味において、専門家と市民社会をつなぐ資料ネットの活動を広め、参加を促していく事は、災害から歴史資料を守り、伝える社会を築く上での重要な基礎となると考えている。

注

（1）宮城資料ネットによる「宮城方式」の方法については、同ネットのホームページ（http://miyagi-shiryounet.org/）にマニュアルが掲載されている。

（2）http://www.scj.go.jp/ja/info/kohyo/pdf/kohyo-22-t193-6.pdf

（3）この宣言の全文は、史料ネットのホームページにて閲覧可能（http://siryo-net.jp/info/201502-kobe-declaration/）。

引用・参考文献

網野善彦 一九九九『古文書返却の旅――戦後史学史の一齣』中央公論新社

伊藤大介 二〇〇九「宮城歴史資料保全ネットワーク」『宮城歴史科学研究』六三・六四合併号

奥村弘二〇一二『大震災と歴史資料保存――阪神・淡路大震災から東日本大震災へ』吉川弘文館
川内淳史・板垣貴志・添田仁二〇一四「被災史料を〝みんな〟で守るために――被災史料保全活動における後方支援の現状と課題」奥村弘編『歴史文化を大災害から守る――地域歴史資料学の構築』東京大学出版会
佐藤大介二〇一一「歴史遺産に未来を――東日本大震災後の歴史資料レスキュー活動」『歴史学研究』八八四号
徳野隆二〇一七「徳島資料保全ネットの活動――二年間を中心に」愛媛資料ネット編『第三回全国史料ネット研究交流集会――愛媛――報告書』独立行政法人国立文化財機構文化財防災ネットワーク推進室
阪神・淡路大震災記念協会編二〇〇五『阪神・淡路大震災復興誌』第一〇巻、（財）阪神・淡路大震災記念協会
阪神・淡路大震災被災文化財等救援委員会事務局編一九九九『阪神・淡路大震災被災文化財等救援委員会活動記録』阪神・淡路大震災被災文化財等救援委員会事務局
平川新二〇〇五「災害「後」の資料保全から災害「前」の防災対策へ」『歴史評論』六六六号
藤田明良一九九七「阪神大震災における史料救出・保全活動――史料ネットの議論と活動」『日本史研究』四一六号
松下正和二〇〇九「災害と歴史資料保全」地方史研究協議会編『歴史資料の保存と地方史研究』岩田書院
松下正和・川内淳史二〇一二「歴史資料ネットワークによる東日本大震災への後方支援活動について――大規模災害における歴史資料保全活動の現状と課題」『東北地方太平洋沖地震被災文化財等救援委員会平成二三年度活動報告書』東北地方太平洋沖地震被災文化財等救援委員会事務局
吉原大志二〇一五「文化財等の災害対策をめぐる地域体制整備の現状について」『保存科学』五五号

「多仁式すきはめ」について

多仁照廣

一、「多仁式すきはめ」開発の動機

確かな数はわからないが、百姓・町人の書き記した記録の数は二〇億点とも推定されている。博物館や図書館、文書館などに保管されているものもあるが、多くは個人や区で保管されている。これは世界の中でも希有のことで、他国の歴史研究者は、こうした町や村の民衆が書き残した記録こそが、日本が世界に誇る歴史遺産であると指摘している。しかし、今日、その消失が極めて憂慮される事態となっている。ここでは、地方小都市にあった小さな短期大学日本史学科教員であったが故に、こうした国民文化の消失という事態に、真っ先に直面せざるを得ず、実践的な記録保存のためのデジタル化や修復方法を開発しなければならなかった経緯について、その開発の背景となった事情も含めて紹介したい。

なお、開発の動機と手法については、「多仁式漉き嵌め法による資料修復と水損資料の脱水試験」（奥村弘編『歴史文化を大災害から守る　地域歴史資料学の構築』東京大学出版会、二〇一四年刊所収）および「文化大国NIPPONの危

機　歴史資料のデジタル化と古文書修復技術開発の経緯」（公益社団法人日本文書情報マネジメント協会『ＩＭ』二〇一六年十二月号および二〇一七年一月号）に載せた。

私が修復に関心を持つようになった直接の動機の一つが、一九七二年度末から関わった国税庁税務大学校租税資料室で、多彩な税務行政資料を研究した経験であった。租税資料室研究調査員として、租税資料と向き合う中で、反社会的団体から姫路市一カ所で当時、国家賠償請求が二〇〇〇億円という訴訟に邂逅した。土地台帳では「官地成」（現在の国有地）という三文字で国有地として使用されている土地が、登記簿では民有地とされていて、「官地成」の行政手続きの正当性を証明する資料が大蔵省理財局にはなかった。全国的な訴訟であった。賠償請求額の総額を知ることはなかったが、名古屋市街地も含んでいたので、億ではなく兆の単位の訴訟だったのではないかと想像している。まさしく国家の危機であった。

風呂敷包みに山のような訴訟書類を持って姫路市役所職員や理財局等関係者が、資料室に訪ねてみえた。大蔵省に反訴できる証拠資料がないので、税務大学校大坂研修所に租税資料が集められていると聞いたので訪ねたら、新宿区若松町の税務大学校本校に租税史料が集められていると教えられて訪ねて見えた。私と既に亡くなった元税務大学校研究部教授の大村巍研究調査員で対応し、保存規定もない、松戸税務署の「地租事務取扱規程」という税務監督局の地租担当税務官吏への手引書を書庫から出して閲覧に供した。そこには、土地台帳に「官地成」と追記することで官有地化する手続きが書いてあった。租税資料室研究調査員は、嘱託の身分なので裁判所の証人としては難しく、大蔵省本省に持っていって訴訟側弁護士に資料を見せ、全国の訴訟は取り下げになった。国家はたった一点の保存規定もない資料に救われた。この経験から、私は媒体への複写も大事だが、現物の保存に重きを置き、その修復に関心を強くすることになった。

もうひとつ、「多仁式すきはめ修復法」開発の動機と深く関係することは、東京青山にある日本青年館とその資料室に所蔵されている一万三〇〇〇タイトルの地方青年団報の研究資料化であった。一九六九年度に中央大学文学部国史学科へ提出した卒業論文のテーマである「文政取締改革と若者仲間」の作成過程で、資料室にあった地方青年団報を初めて閲覧した。しかし、酸性劣化の激しいものが多く、利用しにくい状態であり、容易に閲覧できるように複写することが必要と感じていた。この日本青年館および地方青年団報との結びつきが、私の修復法開発と深い結びつきを持つようになることは、当時全く想像すらしていなかった。さらに税務大学校租税資料室で起きた、記録によって国家を救うことにつながるとは全く思っていなかった。

実は、一九七二年度から租税資料室の資料整理を依頼された。契機は、中央大学の森克己教授が満洲建国大学で世界史講座をもった時の教え子の奥村繁教育官が、税務大学校本校の図書室及び租税資料室の担当で、一九七〇年に開設した租税資料室の収集資料の整理について、恩師の森教授に弟子の派遣を依頼されてきたことであった。しばらく、年度末の予算の余りで私が研究室の後輩を集めて資料の整理にあたった。一九七七年六月か七月に、高木文雄元大蔵事務次官の進言により、租税資料室に非常勤ではあるが研究調査員を置くことになり、私にも要請があった。以降、『租税資料目録』の発行など資料整理が進んだ。しかし、一九八四年度になると、翌年度から人件費をゼロにすることが伝えられた。研究調査員は年度毎の非常勤嘱託の契約であったので、受け入れるしかないとしても、全国の局署から収集した資料は、国民のために必要なものであるという強い思いを持つようになっていたので、事態の克服をひとり懸命に模索した。日本青年館職員ＯＢで、戦時中に貯蓄推進の実績で大蔵省に出向し、戦後はそのまま大蔵省に残り、ドッジの奥さんの通訳を担当して、退職後は局長級の集まりである霞会のメンバーであった根津恭氏に事情を話した。根津氏に手ぶらで長官室へ行ってもらう訳には行かないので、急遽『租税資料叢書　南部藩検地検見作法書』を翻刻刊行することにした。同僚の鈴木芳行氏と勤務後の夜の時間を活用して、寒い部屋の中で校正を進め、解題作成を含めて数ヶ月で刊行にこぎつけ、長官・局署および都道府県立図書館・大学に配布した。その後に根津氏へ連絡して長官室へ出向いてもらった。その結果、租税資料室に研究調査員を継続して置くことができた。もし、こうした配慮をしなかったら、途方もない多額の血税が反社会的な組織にさらわれ、犯罪に使われて国民が苦難に陥るだけではなく、その克服にどれだけの税が費やされることになったのか。また、国税組織への国民の信頼が崩壊していたかを考えると、今でも背筋が寒くなる。

公文書館法、公文書管理法など、公文書を保存活用するための法律の整備は、遅ればせながら進んできた。まだ、資料を保存管理するためのアーキビストなどの資格の創設には至っていない。保存規定にこだわらず、国民の権利を守るための資料保存を心性に有する人材を育成することが大切であることを、わずかな経験からではあるが次世代に伝える責任を痛感する。

二、地方からの視座

一九八七年四月、人口七万人弱の北陸の小都市敦賀市に前年度開学した敦賀女子短期大学へ赴任した。大学院時代の指導教授であった中田易直教授の勧めによって、今はなくなった鈴渓財団からの助成金でポータブルマイクロカメラを持参しての赴任であった。短期大学日本史学科を育てるために、将来の歴史資料の全国的なアーカイブ化に備え、福井県嶺南地方とその隣接地である北近江の古文書のアーカイブ化を目指すことにした。そのためには、集落ごとの悉皆調査が基本となるので、集落ごとの記録と記憶の記録化及び景観復元を含めた報告書の作成を学生たちに課した。水利調査や古文書のマイクロ撮影、石造遺物や古老からの聞き取り調査など、よくがんばってくれた。短期大学が潰されるまで三三ヶ集落を調査し、その報告書は一九巻約三五〇〇頁余に及んだ。そのような活動のなかで、傷んだ古文書を多く見かけることになった。展開することもできずに撮影をあきらめざるを得ない文書も多くあった。撮影して記録を遺したいけれどもできない。これが古文書の修復技術開発へのもう一つの動機であった。ことに、私が専門とするところの若者仲間や青年団の史料は、旧名主や庄屋にある文書よりも、たいしたものではないと、大事には扱われてこなかった事実がある。

学生の演習と自分の研究調査にマイクロカメラを使ってきたが、滋賀県立図書館の委託で信楽町の文書調査を行った際に、マイクロフィルム一二本で済むはずが、定置型マイクロカメラはフィルムを誤って装填しても走ることによって、結果として三六本を消費した。これがデジタルカメラ入力に全面的に踏み切った直接の契機となった。デジタルカメラに踏み切ったことが、結果として新たな古文書修復法の開発につながった。失敗を自らの意志で休日を返上して取り返してくれ、そのことが契機となってデジタル化へ踏み切らせてくれた学生たちに感謝している。

二〇〇〇年度から二〇〇三年度にかけて文部省の科学研究助成を得て、日本青年館に所蔵される大正から昭和十三年までの地方青年団報二一万画像すべてをデジタル化した。KODAKがデジタルカメラ市場から撤退したために、TIFFをJPEGに変換することが古いコンピュータOSではなくてはできずに苦労したが、マイクロソフトOSのXPを復活させるなどして、二〇一七年に完成したデータを日本青年館に渡すことができた。この作業で図らずもソフトの継続性が失われるという、デジタルデータ保存の欠点を経験することになった。

三、『多満自慢石川酒造文書』編纂と古文書修復

一九八三年から二〇年かけて、東京都福生市熊川にある石川酒造文書から選んで編年体の文書集を九巻刊行した。その編纂過程で、酒造業を始める契機となった多摩川を挟んだ対岸にある、あきる野市小川の森田家の文書調査を行った。秋川市史編纂の折りに五〇〇〇点余の文書が整理されていたが、マイクロ撮影はされていなかった。そこで、とうきゅう多摩川環境浄化財団から二次にわたる研究助成を頂戴してマイクロ化した。その際に、石川酒造編纂とは別個に多摩川流域史研究会を組織し、今日まで活動を継続している。森田家文書の研究も一段落したときに、納屋から新たな文書が見つかったという連絡が森田家からあった。早速、研究会メンバーの牛米努氏と一緒に多摩川にかかる睦橋を渡り森田家に着くと、ご主人が竹に和紙を貼った高さ九〇センチメートルほどの篭を持ってきてくれた。見ると横に大きな穴があり、ネズミの巣になっていた。三分の一は紙屑となっていた。虫食いがひどく固着してはいるが、この文書群が村の史料としては本体であった。この一万枚を越す傷んだ森田文書があったからこそ、様々な修復技法の開発に使えるサンプルを手にすることができた。森田家には修復技術の開発と学生たちの教育資料として使用する許可をいただき、無料で修復に取りかかった。この森田文書は毎年直した文書を返還しているが、まだ多くの文書が修復を待っている。当分、実際の文書を使用した修復技術を教えることができる。

四、他の修復工房・越前和紙技術からの学び

税務大学校租税資料室、日本青年館収蔵資料、多摩の石川酒造文書編纂、敦賀の地域研究などを積み重ねるなかで、文書のデジタル化と修復技術の開発が、専門領域研究の外に私の研究者としての大きなテーマとなった。文部省史料館や国立公文書館および全史料協を通じての知見と交流も力となった。ちょうど日本に紹介されたリーフキャスティング法を東京修復保存センターの坂本勇氏に見せていただいた。日本の溜め漉きの方法を基本にしていたことに驚くとともに、なぜこのような方法が、日本ではなくヨーロッパで生まれたのか、残念に思った。しばらくして元興寺文化財研究所において留め漉きで風合いよくできたというニュースに接し、敦賀女子短期大学和紙工芸担当の梅田太志先生と見学に行った。ちょっとがっかりして帰ってきた。文書の裏に厚く繊維が被っていて裏書きが見えない方法であった。しかし、文書に裏書きがあってもどうすれば良いのかは、この見学で朧気ながら頭の中に浮かんだ。欠損部を塞ぐのに必要以上の繊維を使うから厚く被ってしまう。だとしたら必要な繊維の量だけを使うことができれば、裏書きがあっても読めるように修復できるはず、と考えた。

それからは神奈川県公文書館をはじめ、いろいろな修復工房を見学させていただいた。ことに東京修復保存センターには卒業生を研修生として受け入れてもらった。また、花谷敦子氏の紙資料修復センターには、用具などの適切なものをご紹介いただいた。こうして多くの方々のご協力を得ながら、修復のための装置等がなるべく身近なところで安価に入手できる、技術的に習熟度があまりなくても可能である、再修復がしやすい、というコンセプトによって、常時には大量に修復しない機関でも、臨機応変に自分たちで修復ができることを目標に修復技術開発が始まった。原型器は、発泡スチロールの板を枠に銅網を張った簡単なものであった。問題は、修復繊維

材料の定量化だった。

五、「多仁式すきはめ」の技術開発の経緯

それは全くの偶然だった。私の研究室では一九九六年に発売されたCANON DCS3（一三〇万画素）をフィールドワークに使用するために、Mac G3ノート型パソコンとMOドライブをつなげたシステムを、同僚の角畠博（現、富山大学工学部教授）と相談しながらつくった。その際の課題はSCSIケーブルだった。カメラメーカーは、コンピュータからカメラを動作するのではなく、カードを二枚用意して、一枚がフルになったらそれをコンピュータに差し込んで画像を確認し、その間にもう一枚で撮影を進めて下さい、とのことだった。それでは撮影画像の確認ができないのでだめだということで、いろいろ試した結果、あるメーカーの一メートル以内のSCSIケーブルだとできることがわかり、ホームセンターで売っている器具などで三脚に折りたたみ式の台を取り付け、コンピュータとMOドライブを載せて何処でも撮影できるようにした。一九九七年の全史料協高松大会に持ち込んだのがこのシステムであった。一眼レフデジタルカメラをフィールドワークに使えるようにしたシステムは、多くの参加者の関心を誘った。

デジタルカメラをフィールドワークに使い始め、その成果が上がってきた頃、修復に必要な材料繊維の定量化という課題を克服して、文書修復へ踏み出す契機が訪れた。教室で学生たちと一緒に文書を撮影していたとき、教務の職員から、広報誌に使うための撮影風景を撮らせてほしいと申し出があった。文書を載せている台が灰色で映えないので、紺色のビロードに換えて良いですか、というので、良いよ、と即答した。職員が帰ってから、

撮影した文書の画像をゴミ箱に移そうとして開いたとき、画像を見てイケルと直感した。学生を文房具屋にすぐに向かわせた。青の色域の紙をすべて買ってくるように頼み、試験した結果、水色ならば、欠損部分をPhotoshopの色域選択で都合良く選択できることがわかった。これによって、一枚一枚の文書の修復に必要な紙繊維の定量化に目処が立った。

はじめは、電子秤がなかったので、文書全体の面積と破損面積の比率だけで、修復に必要な和紙繊維の量を求めていた。確かにこれでもまあまあ欠損を補うことはできたのだが、これでは厚みも本紙と同じようにしたいという望みは果たせない。そのためには小数点二桁は算出できる電子秤が必要だった。数年後やっと予算がついて秤を購入できたので、残った面積と、穴や欠損の面積の面積比率を、文書の重量に掛け合わせ、穴や欠損部を補うに必要な繊維重量を求め、経験値でその値の二倍の重さの繊維を準備する方式がやっと完成した。

六、「多仁式すきはめ」の技術解説

ここでは、「多仁式すきはめ」について、具体的な手順を追いながら、手順毎に冒しかねない失敗例を挙げ、失敗しないように、また失敗を克服する手段を示しておきたい。

◇現状記録撮影（図1）

平面と立面だけではなく、全体の様子がわかりやすいように角度を考えて撮影する。

失敗例：横帳を撮影する場合、表裏が白紙の場合は、裏表が分からなくなることがある。

失敗しないためには：綴じを必ず右側にして撮影すること。
失敗例：文書を撮影する場合、撮影者と逆向きに撮影すると、見開きが逆順になることがある。
失敗しないためには：撮影者から読める向きで撮影し、撮影後にプレビューで、すべてを選択してから、一八○度向きを変えればよい。

◇現状を記録紙に記録（図2）

デジタル画像だけではなく、記録紙にデッサンをして現状を記録すること。

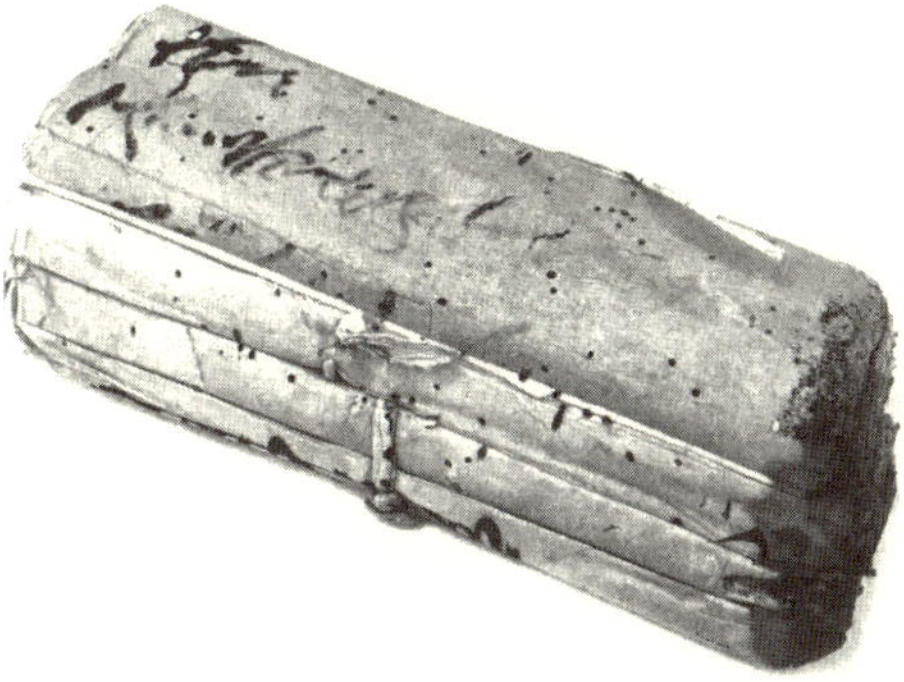

図1　解体前の文書

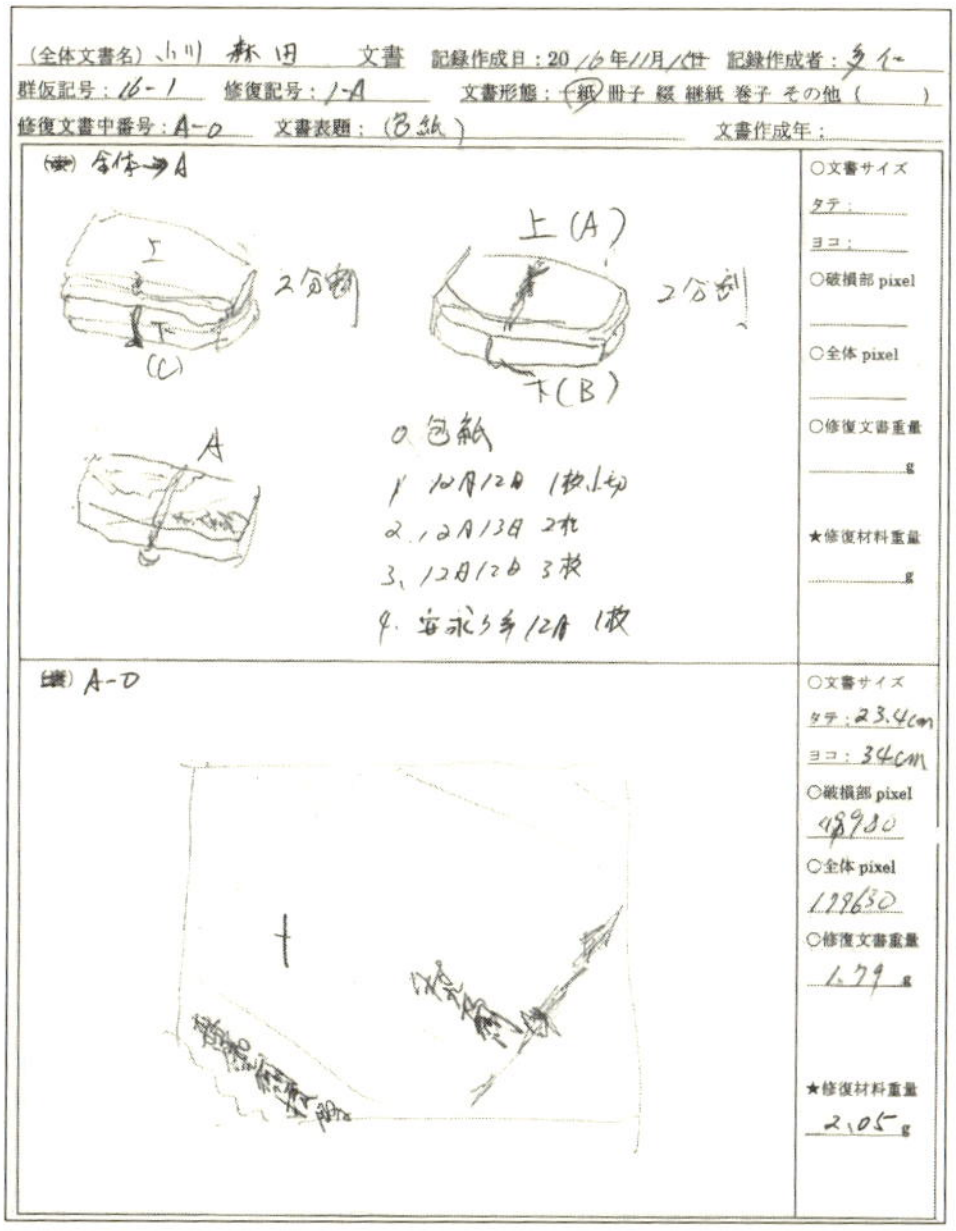

図2　解体に際しての記録

失敗例：横帳の場合、綴じ位置を間違えると、折り紙の表裏が入れ替わってしまう。
失敗しないためには：綴じ位置を右側にしてデッサンすると間違えない。

◇解体クリーニング
失敗例：文書群としての形を大事にしないと、群としての意味を失う。
失敗しないためには：現状記録を文書群毎にファイルする。修復後、袋に入れる際も文書群の形を失わないようにし、目録でも配慮する。

◇被修復文書へのイニシャル貼付
修復する文書一枚ずつに和紙小片に鉛筆でイニシャルを書いて、メチールセルロース糊で虫穴のないところに貼付する。
失敗例：虫穴を塞いで貼付すると、すきはめたときに穴が空いたままになる。
失敗しないためには：貼付位置を虫穴から避ける。穴が開いてしまった場合、細かな繊維で繕う。

◇何枚も重なった破片の処置
失敗例：破片の順番が分からなくなる。
失敗しないためには：デジタルカメラまたはスマートフォンカメラで破片の重なりを順番に記録しておく。

◇水損などで老けてしまった文書の処置

失敗例：スパチュラなどの物理的な方法では、解体時に粉々になってしまう。

失敗しないためには：熱湯や高温スチームによって、紙の力を少し回復してから処置する。

◇修復のための撮影

失敗例：露光量が不適切だと修復すべき箇所が明確にならない。

失敗しないためには：露出計で測定するか、露光のムラがないようにする。露出計が準備されていない場合には、鉛筆を被写体の位置に立てて、鉛筆の影が均等になるようにする。

◇すきはめのための繊維量の測定と算出（図3）

失敗例：破損部分のＰＩＸＥＬを測定するには、水色のシートを背景にして撮影するが、破損部分のＰＩＸＥＬを計測した時に、色のムラができて適切な計測ができない。

そのためには：Ｐｈｏｔｏｓｈｏｐでも調整ができない時があるので撮り直す。ＰＩＸＥＬの調整は、文書の文字がプレビュー画像で見えなくなるように調整する。

◇修復材料の算出（図4）

失敗例：手計算で計算ミスをする。また、計算式をＥＸＣＥＬで構築した計算式で計算する時にも、計数の記入間違いをする。

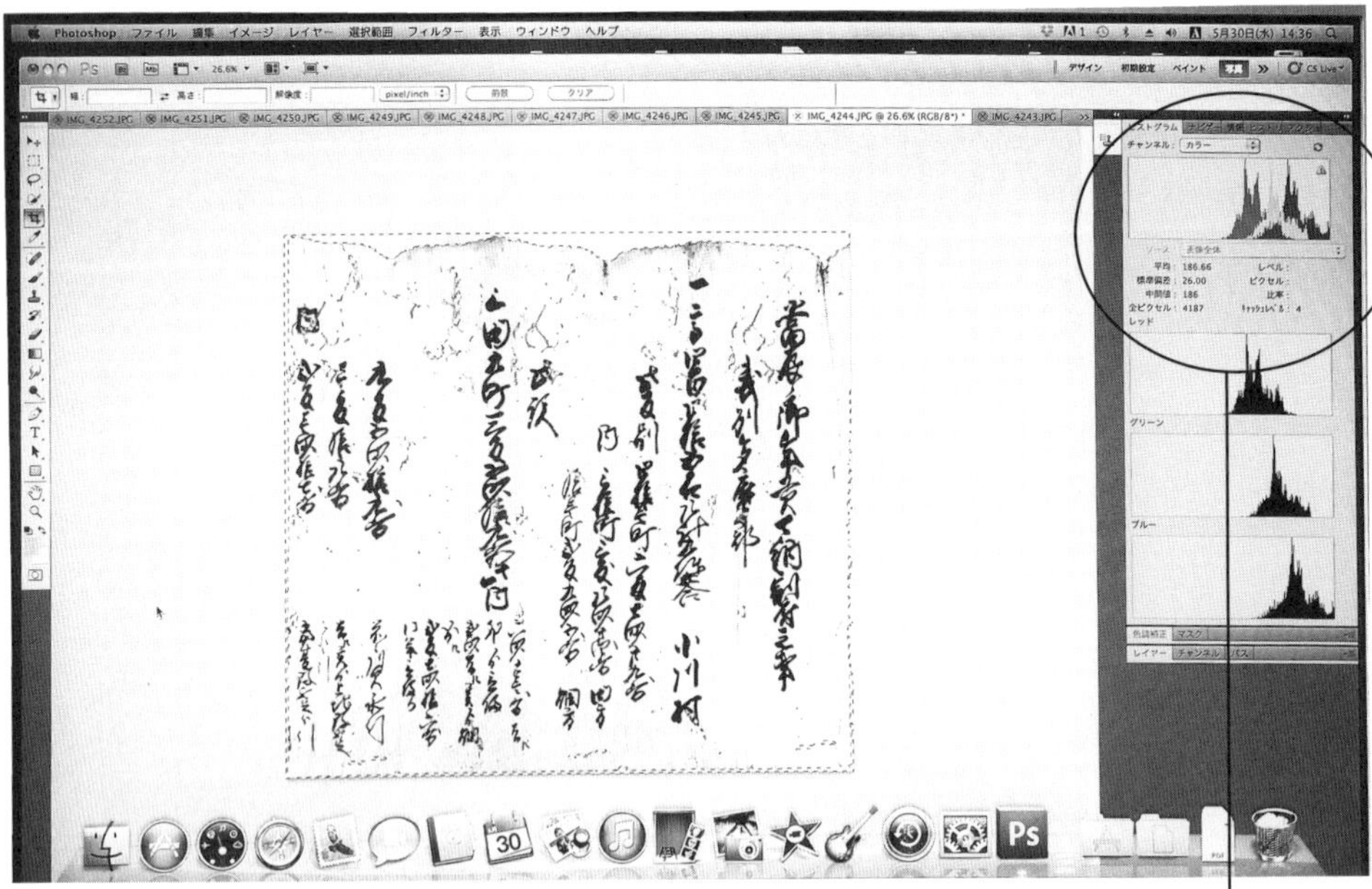

図3　破損部分のPIXEL測定

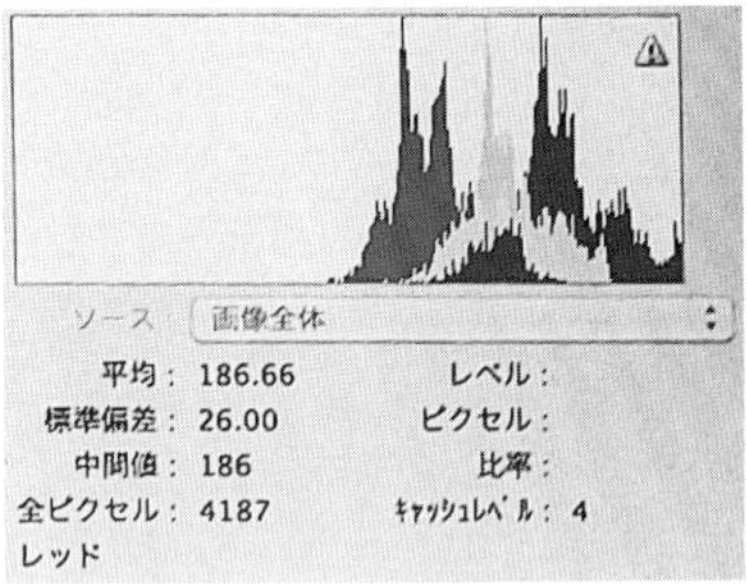

部分拡大図

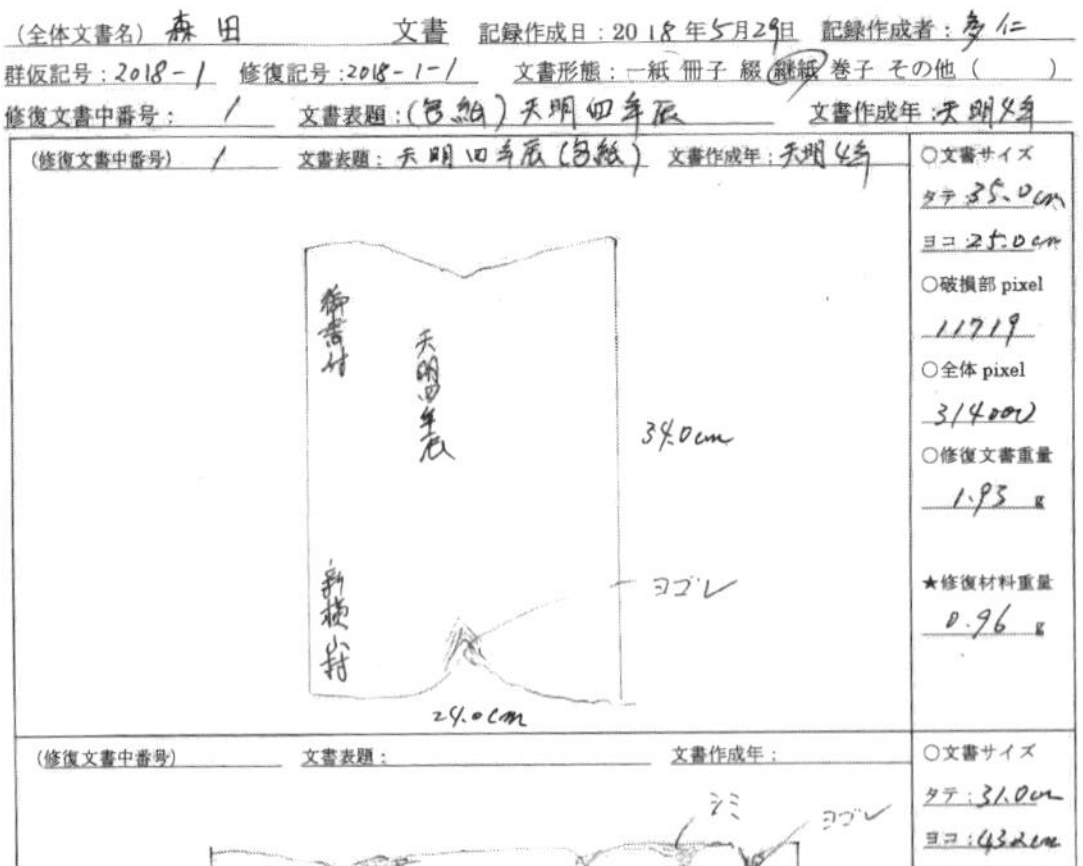
(全体文書名) 森田 文書 記録作成日：2018年5月29日 記録作成者：多仁
群仮記号：2018-1 修復記号：2018-1-1 文書形態：一紙 冊子 綴 継紙 巻子 その他（　　）
修復文書中番号：1 文書表題：(包紙) 天明四年辰 文書作成年：天明4年

(修復文書中番号) 1 文書表題：天明四年辰(包紙) 文書作成年：天明4年
○文書サイズ タテ：35.0cm ヨコ：25.0cm
○破損部 pixel 11719
○全体 pixel 314002
○修復文書重量 1.93 g
★修復材料重量 0.96 g

(修復文書中番号) 文書表題： 文書作成年：
○文書サイズ タテ：31.0cm ヨコ：43.2cm
○破損部 pixel 4187
○全体 pixel 102279
○修復文書重量 2.15 g
★修復材料重量 1.56 g

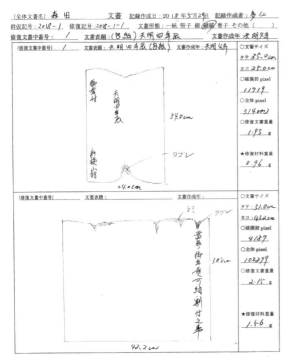

図4　修復材料算出のための記録

失敗しないためには：算出のための数値を誤って打ち込んでいないか、確認をする。算出された数値が誤っていると、修復をやり直す必要が生じてしまう。ヒトは誤りを犯すものとの考えを頭に刻んでおくこと。

◇修復材料の用意

失敗例：和紙繊維に鳥の子などの雁皮繊維のみ使うと平滑にならない

失敗しないためには：雁皮は繊維が丈夫なので絡まりやすく、すきはめはられた部分にダマダマができてしまう。修復に使う繊維は楮ないし三椏を主にするとよい。和紙として製品化されたものを購入して、一〇センチメートル程度の短冊形に切ってシュレッダーで細くしてからハサミで五ミリメートル位に切って使用する。

特記情報：材料代が高くなってしまうが、雁皮繊維を二〜三割、楮に混ぜて使うと、修復した紙の張りが出て品格も良くなる。

◇修復材料の計測

失敗例：計測は面倒だから経験でこの位でというのは、失敗の元。経験は重要な判断材料だが、修復文書の密度や厚み、繊維によってかなり材料量が違うので、まず計測数値を信頼しよう。

失敗しないためには：計測と経験を積み重ねて総合力を養う。

◇修復材料のミキシング

失敗例：ミキサーの刃に繊維が付着しているのをそのままにして材料量が不足する。

失敗しないためには：ミキサーの刃に付着した材料を洗い流して材料不足にならないようにする。

◇使用する水

失敗例：適切な地下水がなく水道水をそのまま使うと弱酸性となる。
失敗しないためには：純水装置を使って文書にとって安全な水を使う。

◇ネリ剤の作り方

ネリ剤には保存しやすいポリエチレンオキサイトやポリアクリルアミドなどの化学ネリ剤をもちいている。
失敗例：水温が高い（二〇度以上）とネリが効かない。
失敗しないためには：水温が高くならないように冷蔵庫に保管してその都度使う。

◇ネリ剤の濾し方

失敗例：ネリ剤を濾すのを忘れて使用すると、漉きはめられた部分に小さな穴があく。
失敗しないためには：使用する前にネリを濾す。台所の三角コーナーなどに使うストッキング様のものを二重にして使うなどしている。

◇ネリが不足すると

失敗例：修復材料に純水を加えた溶液を、すきはめ台の被修復文書の上から投入した時に、溶液が溜まらずに注いだところから流下してしまう。

失敗しないためには：材料の繊維と純水の溶液にネリを投入したらよく攪拌し、溶液全体が牛乳状に均質になっているか確認する。

◇ネリが不適切で溜めができない場合

失敗例：慌てて修復文書を触る。

失敗しないためには：すきはめ台上で水に濡れた文書は、絶対に触らずにそのまま乾燥させてから文書に付着した繊維を除去する。

◇すきはめ台の準備

失敗例：台に傾斜があると、水溶液は低いところに集中するので繊維が均質にならない。

失敗しないためには：修復作業を始める前に、必ず水準器で台が水平であることを確認する。

◇すきはめ台にメッシュシートを敷いて、文書を裏返しに置く（図5）

失敗例：すきはめ台の銅網の上にメッシュシートを敷かないで文書を載せて噴霧器で水分を与えてしまった。または、吸引してしまった。

失敗しないためには：一旦水分を与えてしまったら、とにかく触らずにそのまま乾燥させる。

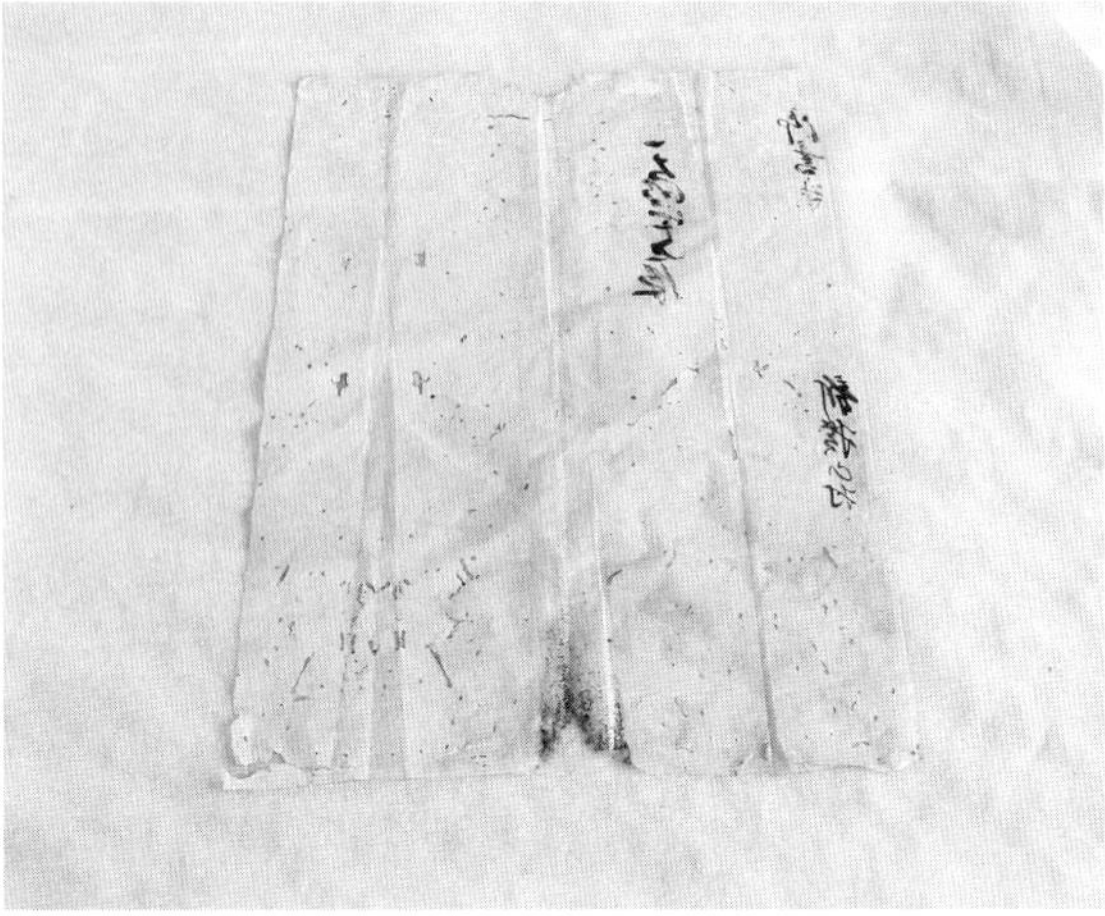

図5　文書を裏返しにシートの上に置く

図6　シートの上にビニールとかテフロンを修復文書との間を空けて敷き詰める

◇すきはめ台の銅網の使用しない部分に薄いビニールやテフロンなどのシートを張る（図6）

失敗例：ビニールシートと銅網の間に隙間があって、溶液を投入して溜めを作って吸引した際に真空ができない。

失敗しないためには：ビニールシートが銅網全体をしっかりと覆っているか確認する。

◇型枠を井桁に組む
失敗例：井桁の角に隙間があって材料が流出する。
失敗しないためには：井桁の接点を軽く押して確認する。

◇銅網の上にシートを貼って、井桁を組んだら材料を投入する（図7）
失敗例：水流で文書が捲れ上がる。
失敗しないためには：吸引しながら材料をお玉で少量づつまんべんなく全体に静かに被せるように置いて、全体を繊維で薄くコーティングする。

◇残りの材料を全体にまんべんなく投入する
失敗例：材料の投入の勢いが強いと文書の端や破損部分が捲り上がる。
失敗しないためには：お玉にワンクッションさせて文書に強い水流が当たらないようにする。

◇井桁の枠を外し、ビニールシートをはずす（図8）
失敗例：枠を外す時に、文書の漉きはめられた外枠の部分が本紙から外れてしまう。
失敗しないためには：ビニールシートをはずす時に、文書を初めは水平に移動してシートを外す。

図7　井桁に組んだ枠内に材料を投入する

図8　漉き嵌められた文書

◇すきはめられた文書をタオルなどで余分な水分を取り除く

失敗例：接着箇所を強く押し過ぎると、文書の形が崩れることがある。

失敗しないためには：吸水のタオルを被せて吸水するときに、手で強く押さないようにする。

◇余分な水分を取り除いたら、脱水乾燥のためにプレスする

失敗例：文書の大きさによっては、均等に圧力がかかりにくいことがある。

失敗しないためには：長尺の文書の場合、長尺用の吸湿紙と挟む板を用意しておく。

◇吸湿のパルプシートを取り替える

失敗例：取り替えを忘れるとカビが発生してしまうことがある。

失敗しないためには：吸湿のパルプシートを、すきはめ後、数時間経過したら取り替える。室温や湿度が高い時は、エタノールを噴霧しておく。

◇プレスで加重して乾燥する（図9）

失敗例：加重が少ないと、すきはめられた部分が外れやすい。

失敗しないためには：電動プレス機を用いるのが良いが、天秤型や漬物石の場合は、一〇〇キログラム程度の加重をするとよい。

◇プレス乾燥の時間は、一昼夜が目安である

失敗例：湿度の高いときには十分乾燥していない場合がある。

失敗しないためには：扇風機を使って乾燥を促進させる。

◇ポリエステルのシートから文書を剝がす

失敗例：剝がす際に、枠取りの部分と本紙との間が離れてしまう。

図9　手造りプレス機のよる乾燥作業

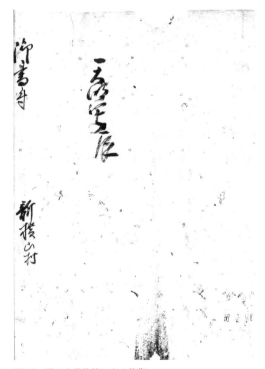

図10　図4上段数値による修復

失敗しないためには：乾燥を十分することと、竹ベラなどを使って剥がす際に隅からゆっくりと剥がす。それでも剥がれた場合は、メチールセルロースの糊で離れた断面を接着するか、薄紙片で裏張りする。

◇原本通りに整形する（図10）

失敗例：継紙の場合、元々文書が歪んでいるので、真っ直ぐに継げないことがある。

失敗しないためには：文書全体が長方型の紙に貼ったような形に整形する。

◇帳や綴りは、元の綴じの穴を使って、元の材料、例えば紙縒や麻糸、絹糸などで綴じ直す

失敗例：元の綴じ穴がどこなのか判然としなくなってしまう。

失敗しないためには：修復前の記録をする際に、綴じ穴の位置を、天地および左右の計測値を正確に記録紙に記入しておく。

◇修復した文書のデジタル画像保存

失敗例：付箋や裏書きを撮り漏らす。

失敗しないためには：記録紙の付箋や裏書きの記録を確認しておく。

◇完成した修復文書の保存

失敗例：保管場所に合った容器に入れないと、カビや虫損またはネズミなどの生物被害を被る。

そのためには：保存の環境によって文書の保存方法は異なる。資料館や文書館などのような温湿度管理や虫やネズミなどの防除設備が整備された収蔵庫で保管する場合には、アルカリバッハの紙の容器でも良い。しかし、土蔵や一般の家屋で、湿気と虫やネズミの害から文書を守るには、茶箱が最適である。木製の長持ではネズミの害は防げない。茶箱に薄手の和紙を敷いて文書を保管することが、保存設備のない環境では適切である。一年に一度、防虫剤を取り替えることは必要で、文書の点検ともなる。

むすびに――文化大国NIPPONの裏側

神戸大学奥村弘教授を代表とする大規模自然災害から歴史資料を救済する共同研究の成果として、二〇一四年に東京大学出版会から『歴史文化を大災害から守る』を刊行した。私もこの共同研究の一員として二本の論文を寄稿した。ひとつは「多仁式漉き嵌め修復法」の紹介と冷蔵庫を使用した場合の水損文書の脱水試験結果。もう一つは「文化大国NIPPONの裏側」と題して、福井県池田町を事例に、集落消滅という社会変動が歴史資料の喪失を招いていることを示した。実は、センセーショナルな表題は、出版社の編集者が創ってくれた。確かに日本国はGDP世界第三位で、オリンピック・パラリンピックでも多くのメダルを獲得し、世界文化遺産を多く有した国である。一方、足下の当たり前の文化遺産である町や村の歴史資料には、指定文化財以外には保存修復の光が当てられていない。これこそ世界に誇る文化遺産と、世界の学者が指摘しているにも関わらず。

昨年までは区画整理された田圃に稲が実っていたが、今年は青草しか生えていないところが多く見受けられる。集落の消滅はすぐ目の前に迫っている。福井県で私が扱った最近の例では、福井市の赤谷（二軒）、小浜市の上根来（廃村）の集落の文書群を救済した。名田庄の廃村永谷には貴重な石造遺物が取り残されている。これからは、もっと多くの廃村となる集落に取り残された歴史資料が救済の手を差し伸べられることを待っているようになる。

しかし、その救済の「手」が、そもそも失われかけている。県庁所在地にある国立大学でも人文系学部の廃止が迫っている。まして人口一〇万人にも満たない地方小都市とその周辺町村では、あらゆる分野の人材が枯渇してきている。小学校から高等学校までの教員が、校務で時間を制約されているために、郷土の歴史研究を行う人は極めて少なくなっている。従来は地方の文化は少なからず退職教員で支えられていたが、今日既にそれは望める情況にはない。

一方、近年、地方自治体の学芸員採用は驚く程増加している。それも学位を所得した研究者が応募して採用されている。しかし、採用目的が観光客の増加に資するためであって、決して地域の歴史資料保全や研究に自由に取り組める訳ではなく、余分な仕事は認められていないのが現状だ。したがって、彼らの次の世代が供給されることは難しい。なぜならば、大学などの研究職に就職出来る可能性が低くなったので大学院進学者が留学生ばかりで、日本人がめっきりいなくなっている。したがって、拠るべき大学を失っても地方に居続ける私たちのような研究者が、がんばって後継者を育成しなければならないという、実に過酷な責務を背負っている。しかし、年齢からみて後一〇年以内が限界。〝文化大国ＮＩＰＰＯＮ〟の抱える文化の貧困は、行き着く所まで行き着き、そして歴史資料を失った地域の文化は根底から崩壊していく。

若狭路という地方にいる私たちの努力は、まるで大きな壁に蟻が穴をあけようとしている感じだ。資金のない私たちの努力が及ばずに、若狭路に研究拠点を形成しえないことも考えて、現在、私が開発した修復法は、解体クリーニング技術を含めて東北大学災害科学国際研究所に技術移転している。神戸大学にも用具も含めて修復法を移転してある。今後は、左右ページの厚みや長尺を気にせずに撮影できる撮影台、絵図を広げる程度の場所があれば大きな絵図を分割撮影できる器具と技術、一眼レフ赤外線デジタル撮影技術、地籍図の分筆図などの光の透過性の必要な紙の修復用フィルムなど、デジタル撮影技術も含めて希望に応じて技術移転をはかり、持っている技術と知識の遺伝子を絶やさないような、バックアップ体制を作っていくことも大切なことだと考えている。

最後になったが、一九九七年の全史料協高松大会での報告主旨は、実はデジタルカメラとコンピュータ・ＭＯドライブという機器のシステムではなく、マイクロフィルムからデジタルデータへの変更を促すことと、現物史料の保全の大切さだった。ノート型コンピュータにデジタルカメラをつなぎ、古文書をカメラで撮影し、その画像をリアルタイムにプロジェクターでスクリーンに投影して、否定句のついた文章と、否定句がない同じ文章を画面で入れ替えてペーストしてみせた。つまり信号化されたデジタルデータは改竄が可能であり、裁判資料としては難しいという指摘であった。これは税務大学校租税資料室で巨額の国家賠償請求を取り消させた経験が基本となっている。発表後、国立公文書館アジア歴史資料センターの方が、一週間前にマレーシアの国立公文書館に行った折り、館長から日本ならばマイクロではなくデジタルでできるでしょう、と問われ、まだマイクロですと答えたが、できるのですね、と感想を伝えられた。国立公文書館で開催されている公文書館等職員研修会で、二〇〇一年度から二〇〇四年度まで、「行政とアーカイブズ」の講座を担当し、税務大学校租税資料室での国民の権利を一冊の保存規程もない資料が守った経験を伝えた。実は、二〇〇一年度の「デジタル・アーカイブズ」の講座も担当し、CANONのDCSデジタルカメラのシステムを持ち込んで実演した。日本銀行でも実演を行った。

地方小都市の短期大学という小さな組織だからこそ自由さがあり、周りの人々の協力で開発できたとも言える。大学には資金はなく、個人で多額の研究開発費を賄うのは大変だったが、その分知恵を絞った。CANONの初期のレーザーコピー機を改良し、一〇〇フィートマイクロフィルムをA3までの大きさで連続的にプリントできるようにしたので、専門業者よりも格安にフィルムからのプリントができたことによって、その費用を賄えて十分なお釣りを得ることができた。

現在、地域での歴史民俗学研究の中核となることを目的の一つに、若狭路文化研究会を母体に「若狭路文化研究所」を、敦賀市に隣接する美浜町菅浜という小さな集落の廃校を借りて立ち上げている。しかし、もはや、地方の地域歴史資料の保全と研究は、個人の努力では克服できないところまで追いつめられている。企業を含めた官民の知恵と資金を集めて、地域の歴史資料を保全研究する施設と研究者を、地域ごとに育てなければ、この国の文化は足下から崩壊してしまう。まさしく〝文化大国ＮＩＰＰＯＮ〟の危機である。最先端科学技術である原子力発電所が集中して巨額なお金が動く若狭路でさえ（もしかすると、だからこそ、かも）、残り一〇年で地域を支える中核的な歴史研究者が皆無となる。北陸新幹線の敦賀までの開業と若狭から京都までの延伸が迫る中、観光とか、インバウンドとか、流行りの言葉が行き交っている。人々の日常の暮らしを守るための足下の地域の歴史資料を守ることができなければ、すべては虚ろにしか聞こえない。

デジタルアーカイブから見る文書

後藤　真

はじめに

本稿では、特にデジタル化という観点から見た文書資料（ここでは、近世・近代文書といわゆるアーカイブズのような現代文書の両者を視野に入れる）の現状を取り扱う。「Ｗｅｂの時代」に入り、資料や文書のデジタル化の進展は著しく、デジタル化の動向を踏まえずに文書や様々な資料等の議論を進めることは難しくなっている。そこで、本章では、デジタルデータの特徴が、どのように文書資料の保存と活用に役立つのか、そして文書資料のあるべき姿とＷｅｂの社会における現状とを述べることとしたい。

具体的には、共有・保存、そして活用という三つが、特にデジタル化に関わるキーワードとして重要になる。そこで、本稿では、この三つのキーワードを基本とし、いくつかの事例・トピックによって、議論を展開することとする。

一、デジタル化による「共有」と文書資料

まずは、資料の「共有」という観点から述べてみたい。ある文書類を複数の組織ないし個人が共有するためには、紙資料を中心とする限りは、それをハードコピーする以外に方法はなかった。図書館やアーカイブズは、資料をシンプルに自由にアクセス可能にすることで、複数の人から見てもらうことを担保し、共有という機能を果たしていたと言える。それは資料の劣化との背中合わせの課題であり、空間的な距離が障壁となっていた。また、博物館のように資料の出納を主たる機能として持たない組織の場合、そもそもアクセス自体が難しいといった状況があった。

しかし、デジタル時代に入り、複製が容易であり、インターネットを介して空間に関係なくどこからでも同じ情報にアクセスすることができるという点から、資料の共有は、飛躍的に進展した。そのため、デジタル化とWebの可能性に早くから挑戦した組織は、この「共有」を重要なものと位置づけ、データ化を進めてきた。

例えば、人間文化研究機構は、文書資料ではないものの、早くから「資源共有化」をキーワードとしたデータベースの構築を行なっている（https://int.nihu.jp）。この資源共有化は、人間文化研究機構を構成する六つの機関（国立歴史民俗博物館・国文学研究資料館・国立国語研究所・国際日本文化研究センター・総合地球環境学研究所・国立民族学博物館）のデータベースを同時に検索できる。このように一つの機関のデータベースを閉じたものではなく、可能な限り外に開き、多くの人々の目に触れ、データを共有することを目指すのは、デジタルの時代、インターネットの時代の重要な特徴であるといえる。

では、同じように文書資料のようなものをなぜ「共有」という観点からなぜ語らなければならないのだろうか。

これは、資料へのアクセス可能性の向上という観点があげられる。少し詳しく見ていきたい。

資料へは可能な限り多くのアクセス経路があることが望ましい、というのは多くの人が首肯する部分ではないだろうか。もちろん、様々な理由（プライバシー、競争（商品開発や研究上の最新情報）など）によってアクセスを制限される例はあるが、それでも複数の目によってチェックを行う体制を作り、ある一定の期間を経過したのちは可能な限り多くの人々にアクセスされる状況を作るべきであるというのは、近代社会にとっても重要な機能であり、その価値観の中では「望ましいこと」とされる。

そのような前提に立った場合、資料そのものが何らの情報も与えられずに「そこにある」のと、複数のデータベースから適切に検索され、発見されるようになっているのでは、どちらが望ましいかは言うまでもない。それは単に「チェック」というネガティブな点においてのみ語られるわけではなく、多くの人々に自由に使ってもらえる「人間の知」が潜在的に多い状況を担保しているともいえるのである。

特にチェックという観点からは、学術資料については、近年「オープンサイエンス」という言葉が盛んに用いられるようになってきている。これは、歴史学のみならず、現在の観測・自然科学的な分析によって得られたデータなどを、論文の公開など適切な時期を過ぎた後に、アクセスできるように整えるというものである。これは学術論文の再現性という観点からも重要なものであるし、既存のデータを活用することで生まれる新たな研究の可能性という観点からも重要なものである。このような状況の中で、歴史学や様々な活動の資料となる根拠となる文書資料をいかに共有するか、ますますクローズアップされていると言えるだろう。

このような情報の共有は、単にアクセスやチェックといった観点だけではない。すでに多く指摘されてきていることであるが、日本にある多くの文書資料は、日々消失の危機にさらされている。災害による消失のみならず、開発や代替わり等をきっかけとした資料の消失の例は、枚挙にいとまがない。公的機関であっても、博物館や資料館が財政難や過疎化にともない、日々閉館の危機にさらされている。このような資料の消失を防ぐためには、まずは、その資料が「そこにある」ことを知ってもらう必要があるのである。そのためには、個人やコミュニティによる情報の共有を超えて、多くの人々の目に留まる可能性を高めておく必要があるといえる。そのためには、閉じたデータベースではなく、より多くのデータベースで検索可能としたり、開かれたデータ構築を行うことが重要であるといえる。この実践については、のちの章で人間文化研究機構の取り組みを中心に紹介することとしたい。

二、文書資料の「共有」のいま

このような多くの機関の情報を集約し、共有するという点では、すでによく知られていることではあるが、図書館は大きく進んでいる。国立国会図書館は、「国会図書館サーチ」（http://iss.ndl.go.jp/）によって、多数の組織やデータベースの資料を同時に検索するモデルを広く構築している。また、都道府県立図書館は多くの場合、その県内の公共図書館のＯＰＡＣの横断検索の機能を有している。このような書籍の共有と同様の仕組みを文書資料に関しても持つことが一般的には望ましいといえる。

博物館については、現在は、文書資料単体ではなくモノ資料全体を対象として、文化庁が行う「文化遺産オンライン」（http://bunka.nii.ac.jp/）などでデータベースの構築が進められている。また、大学などの資料に関しては、詳細は後述するが筆者が中心となって進めている国立歴史民俗博物館が進めている「総合資料学の創成」（https://

metaresource.jp）という事業の中で複数の大学のデータ公開等を開始したところである。

また、文化資源全体にさらに目を広げると、内閣府知的財産戦略本部と国立国会図書館を中心とした「ジャパンサーチ」という動きが進められている。これは、上記で述べたような、人間文化研究機構の資源共有化・NDLサーチ・文化遺産オンラインなどのデータベースのみならず、漫画やアニメなどのデータベースまで取り込んで、広く共有化し、国際的に発信しようというものである。このように、様々な分野で「共有」という議論は進みつつある。

では、文書資料の総本山たるアーカイブズはどうであろうか。国立公文書館が複数のアーカイブズや前述の国会図書館サーチなどを含む統合検索を実現させている（https://www.digital.archives.go.jp/globalfinder/cgi/start）。ここを介して、複数のアーカイブズを探すことができる形式としているのは、重要な意味がある。一方で、多少気になるのは、やや専門的な議論になるが、アーカイブズのメタデータ国際標準であるEAD（Encoded Archival Description）での連携ではなく、Web等で多く使われるシンプルな国際標準メタデータであるダブリンコアによる統合メタデータ検索の形式を取っているように見える点である。EADの特徴である文書の階層構造を表現するといったメリットを活かし、一定の資料レベル同士での連携等を行うことも、発想としてはありうるのではないかと考えられる。しかし、実際には、アーカイブズごとに、どのレベルでの統合検索を行うのかといった部分での設計が煩雑になったり、EADの中の階層を読み取りつつ検索を行うなどのモデル設計の困難さがあったりするのではないかと、推測できる。無論、技術的に不可能ではないが、「技術的に不可能ではない」ことと、実際に運用を行うこととの間には大きな懸隔があるのも事実であり、結果的によりシンプルなシステム構成となるであろうメタデータを採用することになったのではないだろうか。

実際の文書資料群の形態に合わせ、システムや既存のデータの形式に強くこだわることなくシステムを構築することは、実務的にも重要であると同時に、文書資料そのものの構成からデータを組み立てるという発想としても重要である。

三、Ｗｅｂによる「共有」の理想と現実

次に、本来求められていたこのような共有の世界における「Ｗｅｂの理想」と現状の関係について述べてみたい。本来、Ｗｅｂが求めていた理想と、アーカイブズなどが求めていた理想の世界は近しい関係部分がある。それは、万人がアクセスでき、万人が情報を発信でき、知をつなぐことで、人々により良い社会をもたらそうというものである。この点において、アーカイブズの目指した理想と、Ｗｅｂの理想は極めて近い。

現在のＷＷＷを作り出したとされる、ティム・バーナーズ・リーが構想したＷｅｂの世界は、分散型のデータをハイパーリンクでつなぐというものである。そして、このリンクを機械がたどり、分析することでＷｅｂの中でより高度な知的世界を構築しようとした。この機械による知の連携の仕組みをLinked Dataと呼ぶ。当初、ティムがこの仕組みを考案した時には、データも整備されておらず、それを実現するための技術も成熟したものであるとは言えなかった。しかし、近年にいたり、そのような技術の熟成と、大量のデータが生み出されたことにより、Linked Dataは改めて注目されつつある。

Linked Dataの基本的な発想では、データは細かく独立してあり、他とのリンクがあることが望ましいとされている。そしてそのつながりを機械や人が読み解き、構成していくことで大きな知を成立させるのである。

しかし、実態は簡単ではなかった。分散したデータの中から情報は断片的に取り出され、その断片のみを元にした議論が行われることも頻繁に起こってしまった。本来はリンクがあり、データをつなぎ、全体像をつかむことが重要であるのだが、そのようにはデータが作られていない。また、データの分散という観点からも現実にはなかなか難しい部分が生じてしまっている。近年の傾向では、多くのデータを一つのプラットフォームに集中させる傾向が強い。一括して統一された管理が行われ、かつ検索等においても優位であるという観点からはたしかに集中管理のメリットはある。一方で、一つのプラットフォームが何らかの事情で失われた場合には、一挙に全てのデータが失われる。また、データや資料情報の多様性という観点からも、必ずしも望ましいものであるとは言えない。無論、効率性や予算等の問題と制約から、一つのプラットフォームにデータを預けるモデルは有益であるものの、その中で、可能な限り多様であったり、他のプラットフォームとの連携を図ることのできるプラットフォームにデータを預けるなどの工夫が求められるのではないだろうか。

一つだけ事例に触れておくことにしたい。東京大学附属図書館は、画像の公開に際し、当初はflickrと呼ばれる画像共有サイトを用いてデータを公開していた。flickrにデータをアップすることは、極めて簡易であると同時に費用はかからず公開できるという点においては、面白い取り組みではあった。しかし、その後、これらの画像データについては、IIIF（International Image Interoperability Framework）という枠組みに移行してしまうことになった。IIIFとは、画像の相互運用の国際標準であり、現在では広く複数の資料保存機関が採用している。この枠組みは同様の標準を用いることで、他機関の画像データについても同様に表示するなどの処理も可能になる。そのため、自機関と他機関の画像データを同じビューアに表示させ、比較させることなども可能になるのである。IIIFは全体として分散型のモデルを採用している。複数機関がそれぞれに画像を持ち、それを相互に表示させるなどの運用を行うことを目指しているのである。

この転換自体、著者としては、評価できることであると考えている。Flickrは簡易で安価ではあるが、やはり集中型プラットフォームの指向性を持っており、たとえ、そのデータをオープンにしたとしても、Ｗｅｂやアーカイブズが本来持つ方向からは逆を向いている部分があったのではないかと考える。また、flickr自体が画像共有サイトとしての存在感を失いつつあり、プレゼンスの低下とともに、画像の長期保存が危ぶまれる可能性もある。それは当初より指摘されていたＵＲＬやデータへのリンクの安定性などからも望ましくないといえるであろう。

ＩＩＩＦは、メタデータ表記の問題や検索などに課題が残されているが、少なくとも分散型・相互運用という指向性自体は、Ｗｅｂ的であり、アーカイブズの本来向いている方向に近いのではないだろうか。

四、デジタル時代の「保存」

次に「保存」について触れることとしたい。文書のデジタル化の保存は、まず対象を三つに大きく整理できる。一つ目は最初からデジタルで生成された（ボーンデジタル）の文書、二つ目は紙の文書でデジタル化されたもの、三つ目はデジタルデータによって指し示された紙そのものである。さらにこれらは前者の二つを取り巻く「デジタルデータそのものの保存（デジタル保存）」と後者の一つが特に対象となる「デジタルによって指し示された紙そのものの保存」に分けられる。

このうち、デジタル保存については、杉本重雄氏が、詳細に整理をされている（https://ipres2017.jp/wp-content/uploads/jtutorial_sugimoto.pdf）。その整理を前提に著者なりに説明を行いたい。

まず、デジタルデータの保存は、いくつかの層に分かれる。

1．データを入れている媒体・もしくは機械そのものの保存
2．データを収納し、表示するためのアプリケーションソフトウェアとそれを支えるオペレーティングシステム（OS）の保存
3．アプリケーションデータを読み込むための拡張子等のファイル形式の保存
4．情報発見と検索のためのメタデータの保存
5．コンテンツそのものの保存

などである。これらはすべて別の文脈で整理されなければならない。

とりわけ1～3と4・5は、観点が大きく異なることは、想定できるのではないだろうか。1～3は特に資料管理を行う機関や組織などでは対応しがたいものが並んでいる。機器そのものは保存していても、いずれは壊れるものであるとともに、媒体などのみを持っていても、あまり意味をなさないものも多い。機器メーカーの動向に大きく依存する。例えばフロッピーディスクがたとえディスクがあったとしても、それを読み込むドライブ等の入手がすでに困難になりつつある。ましてや他の比較的マイナーな媒体となると、さらに困難になるであろう。

2と3は、もはや一つの組織どころか一定以上のサイズの組織の集団であっても制御の難しいものが含まれる。OSの変遷はソフトウェアメーカーの問題ではあるが、例えばWindowsから別のOSにスタンダードが変わる、などの状況は、ソフトウェアメーカーの制御すら超えてしまったものである。これは例えばPDFなどのファイ

ル形式も同様である。このような状況を考え合わせれば、データ保存に関しては、以下のように整理されなければならない。

A．機器の保存については、媒体だけではなく読み込むための機械等も合わせたマネジメントを行う必要がある。

A―1　ただし、基本的には機器の互換性がなくなることを想定し、長期的な保存を考える際には常にマイグレーション（データの新たな媒体への移行）を行うことを考えるべきである

A―2　その状況を踏まえ、どの媒体にどのような資料があるかという一覧を適切な形式で保存すべきである。

B．OS・ソフトウェア等については、自機関では制御できないものであることを前提とし、これらに依存しないデータ保存モデルを考える必要がある。

C．Bを踏まえ、システムから独立したメタデータとコンテンツを保存すると同時にメタデータの適切な保存と、コンテンツ情報を別の文脈で管理することを行い、「どこに何があるか」を常に把握できる運用を確立する。

このように書くと、一見大変繁雑に見える。しかし、これらは本来どのような資料群であっても同様の管理が必要なものであり、アナログ資料であっても「どこに何があるか」を把握するのは基礎作業である。むしろ、物理的な制約が少ないという点では、管理情報の適切な運用さえ可能になれば、データとして保存を行うのは、アナログ資料より容易である部分もあるだろう。

これらの作業で最大の問題は、これらの運用ノウハウが確立していないという点である。データ自体を保存するための枠組み自体が、いまだに手探りであるということ自体に問題がある。国際的にはデータベースについては、ＯＡＩＳ参照モデルという形式が提案されている。これは、のちの時代でも確認できるようなデータのかたまりを「情報パッケージ」として整理し、情報パッケージをシステム全体として取り扱うことようにしたものである。そのうえでデータを受け入れ、保存、公開という三つに分け、それぞれ別の運用をすることで、更新の少ないデータを保存しようというものである。このような運用が普及してくれば、より保存は容易になると考えられる。実態として日々デジタルデータは増大し続ける。それらに対応するための手段の確立は必要であろう。

このような説明を踏まえると、「デジタルデータは保存に弱い」という議論が出てくるかもしれない。しかし、実態としては必ずしもそのようなことはない。紙資料であっても、適切な管理が行われないものは日々失われていることを忘れてはならない。単に管理の手法が確立していないという、もっぱら運用上の問題と、デジタルデータは消失という観点が目立ちやすいというだけであり、それをデジタルの本質としてはとらえられない。

事実、これまでのいくつかの文書管理等で社会的話題となったもののうち、「ない」とされていたものが見つかるのは、すべて「データ」である。データは完全な意味で消えてしまうためには、コピーされたすべての媒体を破壊する以外には方法はない。しかし、実際にはそのような処理は難しいため、何らかの事情で「発見」されるのである。このように、データはむしろ「消しにくい」とすら言える特性を近年は持っている。適切な管理と運用を行うことで、データを長期的に保存することは、文書保存はより進展するのではないかと考えられる。

五、データの「共有」による「保存」の例

次に述べるのは、データ蓄積が資料そのものを救済する可能性があるということである。これは前章の共有で述べたものとほぼ同じ話題となるが、より具体的な事例をここでは示す。二〇一〇年以降、大きく変わったことに、「歴史資料の救済」という観点があることは、本書の各章でも触れられることであろう。阪神淡路大震災以来、各地で歴史資料ネットワークがち立ち上げられてきた。これらの動きの中で、資料の基礎的な所在情報をデータとして緯度経度を付して記録することで、レスキューの際にもより役に立つ可能性がひらかれてきた。共有の文脈において述べた「資料の情報を知る」ことに、より具体的な情報を付すことで地域資料へのアクセス環境を改善させ、結果的には保存につなげようというものである。

このような仕組みを実現する動きとして、人間文化研究機構に「歴史文化資料防災ネットワーク事業」が立ち上げられている（https://www.nihu.jp/ja/research/rekishi）。これは、日本全体の史料ネットをネットワーク化し、災害時の支援の相互レスキュー体制を整えるとともに、それらを支える情報基盤を整備するものである。そして、災害の起こってない時期には、それらのネットワークと文書資料等に関わる情報を活用することで、地域歴史文化の理解を深めることを目指した事業である。この事業の重要な柱として、「所在情報の記録化」というプロジェクトがある。これは、歴史資料の所在情報をデジタルデータとして記録し、災害時に役立てようとするものである。このようにデータ化が本体となる資料の保全に役立てられるという可能性が出てきたのも、新たな兆候であるといえるであろう。

このような作業の萌芽として、国立歴史民俗博物館では、前述の「総合資料学の創成」事業において、文化庁

が一九七〇年代前半に調査したカード（歴史民俗調査カード・歴民カード）をデジタル化し、緯度経度を付したうえで個人情報をマスキングしたものを公開している（https://khirin-ld.rekihaku.ac.jp）。このカードの情報を見ることで一九七〇年代の文化財の状況がわかるとともに、それらの変遷を追うことができる一つのパイロットケースとなっている。このようなデータの蓄積を今後、広く実施していくことで、データが実際の資料を守るということもできるようになると考えられる。

六、デジタルデータの「活用」と文書資料

最後に活用について述べたい。

これらのデータは活用されることで、保存と共有の意義を深める。また、デジタルのもっとも優位な点とも言えるのがこの「活用」でもある。

ここでは、大きく二つの事例を取り上げ、その可能性を述べることとしたい。一つ目は、国立歴史民俗博物館の橋本雄太氏が開発し、「古地震研究会」で運用している「みんなで翻刻」である（https://honkoku.org/）。「みんなで翻刻」は、システムとしては「古文書の画像情報を画面で見ながら、その隣の画面にテキストを翻刻して入力する」ものである。この古文書の画像として、地震関係の資料（現在は東京大学地震研究所のデジタル化された画像データが中心）を入れ、特に歴史的な地震の分析の元となるテキストデータを入れる作業を行なっている。そして、このシステムとプロジェクトの最大の特徴は、このデータを「不特定多数の読める人」によって入れてもらうことにした（このような不特定多数の人による問題解決をクラウドソーシングと呼ぶ）点にある。この「みんなで翻刻」には、

クラウドソーシングをより快適に行うための工夫が随所に行われているのも特徴である。「みんなで翻刻」は、公開から約一年半で五〇〇万文字を超えるテキストが入力されることとなり、大量の資料のテキストデータが蓄積されることとなった。橋本氏によると正確性については、今後の検討によるところも大きいが、最初のドラフトとしては可能であるという水準ではないかとの報告がある。

このクラウドソーシングによるテキスト翻刻は、単に「読める資料」が増えるだけではなく、以下のような可能性を秘めている。

1. 地域の歴史資料など、多様なデータを対象にすることができれば、地域の文書資料を単に「そこにある」ものからより身近なものとして受け入れるようなことも可能となる。さらに、これらの文書資料のテキストが少しでも生まれることで、地域歴史への理解が深まるとともに、これらの資料の消失の可能性が下がるのではないかと考えている。

2. テキスト解析による新たな歴史学研究の手法の開発などが可能になりうる。これまで、歴史学におけるテキスト解析は、データ量の少なさと、資料の性質等の問題により、大きく進んでは来なかった。しかし、大量のテキストデータが生み出されることで、これらの課題が解決される可能性がある。

3. 新たな「資料理解」の可能性が開かれる。これまで、文書資料といえば、原則としてまず研究者が扱い、それを市民に還元するという構造になりやすいという現実があった。しかし、「みんなで翻刻」はそれらの構造を転換する可能性がある。より多くの人が触れる「歴史」の可能性を作り出すことができる。いわば「パブリックヒストリー」の可能性をここに見いだすことができる。

次に触れるのは東京大学の渡邉英徳氏が構築している、一連の「アーカイブ」シリーズである。渡邉氏は広島(http://hiroshima.mapping.jp/index_jp.html)・長崎(http://nagasaki.mapping.jp/p/nagasaki-archive.html)の原爆投下、沖縄戦(http://okinawa.mapping.jp/)などに関わる当時の資料やオーラルヒストリーなどをコンピュータの地図上に落とし込んだ「デジタルアーカイブ」を構築している。例えば、広島の原子爆弾投下時の当時の人々の記憶などを広く地図に落とし込んでいる。さらに、渡邉氏は、これらの「アーカイブ」をもとに、地元の高校生などとともに、実際の経験者などにデータを見せ、当時の記憶などを共有することを試みているのである。

このシステムは必ずしも長期保存を可能としたアーカイブという言い方は当てはまらないかもしれない。しかし、この「デジタルアーカイブ」は、極めて重要な機能を持っている。それは当時の歴史を、その時代を生きた人々からより深く聞くことができるとともに、若い世代の人々と共有できる仕組みとしている点である(渡邉氏はこれを「記憶の解凍」という表現をしている)。無論、これまでも展示や書籍などを介して、そのような行為はなされてきた。しかし、このシステムは、それらの展示や書籍の機能を超えて、記憶の喚起と歴史の理解を深める可能性を持っているのである。このデジタルアーカイブは、そのもののみではアーカイブの機能を果たしていないかもしれない。しかし、この活用が、既存の歴史学とは異なる文脈におけるアーカイブを作り出しうる存在となっているのである。このような形での資料情報を活用した新たな「デジタルアーカイブ」も生まれつつある。

この両者の「活用」事例が示すことは、歴史資料を、これまでと異なる文脈による利用を行うとともに、より広い文脈での「アーカイブ」を行うことができることを示している点である。デジタルアーカイブが共有する資料の質を転換しうるものが、ここにはあるのである。

既存の歴史学や文書の保存・理解に携わる人々も、これらの動向に向き合うことも重要になってくると思われる。このような動向に対応せず、単に拒絶するだけでは、どちらが優位かといった議論になり、最終的にはこのような活動が持つ未来の可能性を捨てるか、既存の歴史学そのものの社会的な力を落とすことになるのではないかと懸念している。既存の歴史学は、このようなこれまでとは異なる「デジタル活用」の動きの中で、これまでの価値を再度定義し直し、これらと共存し、人文学としての思考をうまくデジタルの中に取り込んでもらうような、議論を行う必要がある。

おわりにかえて——デジタル時代に向き合う

ここまで、共有・保存・活用という三つの文脈で文書資料へのデジタル技術適用について触れてきた。最後にこれらの有用性と課題について述べて終わることとしたい。

著者が常に主張していることであるが、デジタル化が進むという現状は、すでに現実として受け入れざるを得ないという前提で、様々な議論を組み立てなければならない。二十世紀の間においても、文書の情報を紙に書き、書籍以外では複製できない時代から始まり、ガリ版による共有、そしてコピー機ができ、デジタルデータでもCD等の媒体での共有へと進んできた。そこからインターネットによる共有と、歴史学の基本的な目的や、文書資料の保存という目的はかわらずとも、その手法は少しずつ変化してきているのである。たしかにデジタル化とWebの浸透、そしてそれを前提とした社会への変革という速度は、他の媒体と比較すれば「速い」のは事実かもしれない。しかし、その変革の中で、私たちは間違いなく思考や行動様式を変化させてきているのである。その中で、社会の基盤たる文書を扱う環境もなんらかの形で影響を受け、それに対応した展開を行う必要があるのではないかと考えている。

その際、これも著者が常に述べていることであるが、紙やアナログとデジタルは対立する関係にないということである。両者は、あくまでも補完的な関係である。紙の文書は、その現物としての意義と価値を持ち、人が見てわかるという重要な機能を持っている。一方デジタルデータは、大量のデータ処理（検索による情報発見、紙では不可能な量の蓄積）などが可能であり、様々な可視化が可能である。この両者は、補完的な関係であり、その中でメリットとデメリットを衡量しつつ、文書の共有と公開を進めていくものである。

無論、紙にせよデジタルにせよ「まずい運用」が、その機能を損ねてしまうことがある。デジタルに関する運用や活用例は少しずつ蓄積を増やしつつあるが、未だに熟成しているわけではない。しかし、紙も万全と言えるかといえば、必ずしもそうではなく、様々なほころびが見えてきているのが現状であろう。

デジタルデータの運用を積み重ねていくことで、文書の保存と活用はより良くなり、今後のデジタル時代の重要な基盤となりうるであろう。そのためには、資料研究と同様、動きをキャッチアップし、その動向と向き合い続ける必要がある。

◉インタビュー◉

本の価値を見いだす古書店

一誠堂書店三代目社長　酒井健彦
聞き手　三村昌司

三村　本日はよろしくお願いいたします。今回は、古書店も資料を伝えるひとつのルートではないかと考えて、お話をうかがいたいと思っています。資料が残るルートには、色々あると思うんです。公文書であれば役所であるとか、あるいは地域に残された資料であれば地域の人たちであるとか。古書店もそういったルートのひとつして考えられないかと思っています。

そういうことをふまえながら、古書店がこれまでどういったお仕事をされてきたのかとか、これからどういったお仕事をしていくのかということを、お聞かせいただければと思います。

まず最初に、一誠堂さんの歴史からうかがいたいのですが、創業してもう一一〇年以上ですよね。

酒井　一一五年くらいになるのかな。祖父が明治三十六年に創業したということなんですが、もともと新潟の長岡の出身で、上京して東京堂書店さんで丁稚奉公をして、数年お世話になります。その後、いったん長岡に戻り「酒井書店」を兄と一緒に始めたのがはじまりです。

三村　長岡から神田のほうに移ってこられて、社長は三代目ということですね。最初のころから、お仕事をするなかで心がけていることはかありますか。

酒井　何しろ本を大事にしろと。当然のことなんですけど、さんざん言われてましたし、われわれの仕事というのは、今まで残ってきた資料である本を、いかに次の世代に引き継いでいくか、それが一番大事だと思っています。

三村　本を大事にするというのは、具体的にはどういうと

一誠堂書店　外観

ころでしょうか。

酒井　保存の仕方も、本の種類によっていろいろですが傷めない、汚さないようにするのが鉄則です。特に和本の場合は、虫食いと湿気が一番大敵ですからその点に気を使って保管をしっかりするようにしています。

三村　そうやって大事に扱った本が、どういうふうに次の世代に引き継がれていったらいいかな、と考えたりはしますか。

酒井　われわれの仕事のひとつは、お客さまや古書の市場から買い集めてきたものを、必要とする方に渡していくというのが大事だと思ってますね。どういう内容で、どういう価値があるのか、そういうことを調べて、カタログに載せたり、イベントに出品したりすることで、お客さまに買っていただく。喜んで買って下さり大切に利用される。結果として、次の世代に引き継がれるということになりますね。

三村　そういった姿勢でお仕事をされるというのは、若いときからですか。

酒井　どうなんだろう。そんなことはあまり考えなかったんだと思いますね。

三村　お仕事をしていくうちに、だんだんと。

酒井　売れればいいな嬉しいなという感じでね。

編集部　商売のほうを考えておられた。

酒井　どちらかというと、そういう気持ちでいたと思うんですけどね。でもだんだんとこの仕事の意義、重要性を自覚するようになりました。

三村　商売でいうと、古書の値段を見極める能力はどうやって身についていくんですか。

酒井　売買を通じてお客さまに教えられたんだと思います。

強烈な印象に残るのは、小汀文庫の売り立てです。小汀利得が亡くなって、彼の厖大な古典籍の蔵書がオークションで売り立てられました。それの下見を三越でやったんですね、その会場にいたら山田忠雄先生に会い「ちょっと来てくれ」と。そこで先生についていったら、三越の特別食堂でビールを飲まされて「ちょっといっぱいやれ」と。逆らうわけにいかないですよね。

三村　昼間ですけど（笑）。

酒井　ほろ酔い気分になった所で、売立目録を出されて「これはいくらだ」と、何点も予想価格を聞かれました。

酒井健彦氏

まだ、仕事に入って一、二年のころ。

編集部　怖いですね。

酒井　恐ろしくて震え上がりました。まだ品物を見てもいない。えいっと腹をくくって、当てずっぽうな値段を言いましたけどね、今から思えば山田先生に試され、又鍛えられたんだと思っています。そういうことの繰り返しで、価値があるとかないとかというのを、だんだん覚えてきたのかな。でも多くのお客様、先生方から色々な角度からの本の見方、価値の見分け方を教わったはずですが、ほとんど何も分っていません。もっと勉強しなくてはと思っています。

三村　絶対的なものではないですしね。大学の先生ということでいえば、大学も最近研究費が少なくなっていますが、古書店から見てもそういうことを感じることはありますか。

酒井　学校からの注文は減ってますね。国内の大学図書館からの注文というのはほんとになくなってきて。今はむしろ、ヨーロッパ、アメリカの大学のほうが増えています。

三村　アメリカやヨーロッパ以外もあるんですか。

酒井　顕著なのは中国です。中国は図書館だけじゃなくて、個人の注文も多い。うちはあまり好きじゃないんだけど、ブローカーみたいな人も、結構いるみたいです。

三村　変化の激しいこの世の中で、古書店として、守っていきたいなという部分はどうでしょうか。

酒井　心がけとして、本の本来の価値を少しでも正確に見出していくことですね。

三村　商業的な価値だけではなくて、文化的な価値とか学術的な価値とかですね。

酒井　そういう価値を見出して、それを見逃さないように、お客さまにお伝えする。あとはネットだとピンポイントで見たい本がサッと出るんですけれども、その周辺が何も見えないんですよね。だけど古書店に来ると、例えば『源氏物語』の研究書を欲しいなと思ったら、棚を見れば、その周辺の『源氏物語』に関係した本もいろいろあるわけです。それが目の前で、手に取って見られるわけですよね。視野が広くなる。やっぱり、本屋に来なければ分からないことって、あると思うんですよね。

編集部　たくさんいろいろな分野を扱ってらっしゃると思うんですけれども、時代の変化やお客さまのお求めに応じて、扱う分野を変えて、新しいものを扱ったりとかしていらっしゃるんでしょうか。

酒井　その時代、時代によって、少しずつお客さまの興味が変わることもあります。例えば国文学の世界では、最近「時雨亭文庫」（冷泉家時雨亭文庫）が一般に公開されました。あれは大きな影響を及ぼしているんじゃないかなと思うんです。もともと『古今和歌集』でも『伊勢物語』でも、当時定家が編纂し直して、それが世の中に定家本として流布していったわけです。ただその大元が出てきちゃったので、そうすると定家本とはなんぞやという研究が成り立たなくなって、必要がなくなってしまったんですね。そうすると、中古・中世文学へのかつてのような興味が薄れてきて、今は江戸時代の文学とか、そういうものの研究が盛んになってきたかなと思っています。さらに言えば、浮世絵も、いいものが出回らないせいもあるかもしれないですけど、明治、大正、昭和初期ぐらいの近現代の版画に、お客さまの興味が移っているような気がしますね。川瀬巴水とか、伊東深水とかですね。そういうような変化があり、やっぱりつねにその時流にある程度沿っていかないと、なかなか商売としては成り立たないんですよね。かと言って、流行ばかり追いかけて、こっちはやめて、こっちへ乗り換えるとか、そういうことをやってしまうと、蛇蜂取らずで結果はよくないでしょうね。人の興味や関心は廻り廻ってまた元に戻ったりしますからね。だからなんにでも興味を持つ。やっぱりそれが大事かな。知らないっていうことを自覚するのが大事だと思ってるんですけどね。本の世界は奥深く、安易に分かったと言うことはない。だからもっと知りたいと思う。何かわかったつもりになっちゃうと、そこで進歩が止まります。そういうことはないように、気をつけてますけどね。

三村　お話を伺っている中で、多様な関心をもっている古書店があって、それが人が出会う具体的な場所になったときに、古書や資料を受け継いでいくときに大事な役割を果たしているのかなと思いました。

酒井　そうですね。無関心じゃ面白くないですから。

三村　売れりゃいいっていうので、無関心でとにかく市場の価格だけに目を配ってというのでは、文化的な価値や学術的な価値が古書店を通じて伝わっていかないですよね。

編集部　やっぱり、だれかが喜んでくれたりとか、ということもうれしさですか。買っていただいたときに。

酒井　うれしいですよ。だいぶ前の話なんですけど、ある外国の人が店に来て、すごく驚いて、一冊の本を持ってきて「これを買います」と言ってくれたんですね。「ぼくが大学を卒業したときに売り払った本が、ここに並んでるんです」と。

三村　その方の名前が書いてあったんですね。

酒井　すごい偶然ですよね。喜んで買ってってくれましたけどね。そんな高いものじゃないんですけれども。それでも、それはすごくうれしかったですね。ああ、こういう偶然というのがあるのかと。本も世界を巡って……るのですね。

三村　情報だけじゃなくて、思いとか、そういったものも一緒に乗っかって本が動いてるんですね。もし海外の人がネットで買ってそれが自分の売った本だとしても、すぐにお店の人に言えないですものね。

長くお仕事もされてますし、色々な話があると思うのですが、いまのお話はとても印象的なお話でした。そろそろ時間になりますので、お忙しいところ、お時間をいただきましてありがとうございました。

あとがき

現在は「ポスト真実の時代」といわれる。客観的な事実よりも、感情や個人的信条へのアピールのほうがより影響力があるような状況のことをさすという。この言葉は、歴史をつかさどる学問にとっても決して無縁ではないように感じている。というのも、歴史学の成果や歴史資料の存在を無視したような「歴史」が、かつてない広がりを見せているように思われるからである。いわば、「ポスト真実」的な歴史像の氾濫である。

そのような「歴史」に対抗することは、簡単ではない。それでもやはり、いやだからこそ、「ポスト真実」的な歴史像に対抗しうる、冷静で客観的な歴史像を構築する手続きを大切にすべきではないか。つまり、歴史像の根拠となる歴史資料を明らかにし、そのアクセスを開かれたものとし、多くの人が検証可能とすることによってその妥当性を高めていくことが欠かせない。そしてさらに、その妥当性をいっそう高めるために、その歴史資料がどのように今日に伝わってきたかを明らかにすることが意味をもつ。本書を貫く「文書の管理・保存のされ方」に着目するという視点は、「ポスト真実の時代」たる現代社会に対する問題意識へとつながっているように思う。

最後になるが、本書の企画を立ち上げてくださった元勉誠出版の根岸直史氏、編集を担当してくださった黒古麻己、吉田祐輔両氏に感謝を申し上げたい。なお本書に掲載されている一誠堂書店の酒井社長のインタビューに登場する「編集部」は、インタビューに同行していただいた黒古氏のことである。インタビューを読んでくださった方がこの「あとがき」を読むかはわからないが、感謝の意をこめてお名前を挙げさせていただいた。

三村昌司

二〇一九年一〇月

執筆者一覧

編者

佐藤孝之（さとう・たかゆき）

一九五四年生まれ。東京大学名誉教授。

専門は日本近世史。

著書に『近世前期の幕領支配と村落』（巖南堂書店、一九九三年）、『近世山村地域史の研究』（吉川弘文館、二〇一三年）、『近世駆込寺と紛争解決』（吉川弘文館、二〇一九年）などがある。

三村昌司（みむら・しょうじ）

一九七六年生まれ。防衛大学校人文社会科学群准教授。

専門は日本近代史、地域歴史資料学。

論文に「とらえなおされる地域歴史資料」（奥村弘編『歴史文化を大災害から守る』東京大学出版会、二〇一四年）、「近代日本における多数決の導入」（『史潮』新八四号、二〇一八年）などがある。

執筆者（掲載順）

小宮木代良（こみや・きよら）

一九六〇年生まれ。東京大学史料編纂所教授。

専門は日本近世史。

著書に『江戸幕府の日記と儀礼史料』（吉川弘文館、二〇〇六年）、『近世前期の公儀軍役負担と大名家——佐賀藩多久家文書をよみなおす』（編著、岩田書院、二〇一九年）などがある。

鈴木　満（すずき・みつる）

一九六二年生まれ。秋田県立由利工業高等学校教諭。

専門は日本中世史。

論文は「鎌倉幕府の給恩地に関する一考察——日本封建制を検討するための一つの試み」（『中央史学』一四、一九九一）、「『酒出文書』と奉公衆佐竹氏」（『秋田県立博物館研究報告』二三、一九九八年）などがある。

胡　光（えべす・ひかる）

一九六六年生まれ。愛媛大学法文学部教授、四国遍路・世界の巡礼研究センター長。

専門は日本近世史。

論文に「高松藩の藩政改革と修史事業」（『香川史学』二八、二〇〇一年）、「四国の大名」（四国地域史研究連絡協議会編『四国の大名』岩田書院、二〇一一年）、「近世大名の思想と菩提寺造立の意義」（岩下哲典・「城下町と日本人の心」研究会編『城下町と日本人の心性』岩田書院、二〇一六年）などがある。

西村慎太郎（にしむら・しんたろう）

一九七四年生まれ。人間文化研究機構国文学研究資料館准教授。

専門は日本近世・近代史、地域歴史資料の保全。

著書に『近世朝廷社会と地下官人』（吉川弘文館、二〇〇八年）、『宮中のシェフ、鶴をさばく』（吉川弘文館、二〇一二年）、『生実藩』（現代書館、二〇一七年）などがある。

柳澤　誠（やなぎさわ・まこと）

一九七七年生まれ。中央大学文学部兼任講師。

専門は日本中世史。

論文に「室町期興福寺寺門雑掌の活動——柚留木氏を例として」（日本史研究会編・発行『日本史研究』五五三号、二〇〇八年）、「鳥居家譜の成立——近世伝承と中世の実態」（坂田聡編『禁裏領山国荘』高志書院、二〇〇九年）などがある。

末岡照啓（すえおか・てるあき）

一九五五年生まれ。住友史料館副館長。

専門は近世史・近代史。

共編著に『住友別子鉱山史』上巻・下巻・別巻（共著、住友金属鉱山㈱、一九九一年）、『近世の環境と開発』（共編、思文閣出版、二〇一〇年）、『住友の歴史』上巻・下巻（共著、住友史料館編、思文閣出版、二〇一三・二〇一四年）などがある。

松岡資明（まつおか・ただあき）

一九五〇年生まれ。ジャーナリスト。

専門はアーカイブズ法制。

著書に『日本の公文書』（ポット出版、二〇一〇年）、『アーカイブズが社会を変える』（平凡社新書、二〇一一年）、『公文書問題と日本の病理』（平凡社新書、二〇一八年）などがある。

松沢裕作（まつざわ・ゆうさく）

一九七六年生まれ。慶應義塾大学経済学部准教授。

専門は日本近代史。

著書に『明治地方自治体制の起源』（東京大学出版会、二〇〇九年）、『自由民権運動』（岩波書店、二〇一六年）、『生きづらい明治社会――不安と競争の時代』（岩波書店、二〇一八年）、『森林と権力の比較史』（編著、勉誠出版、二〇一九年）、論文に「官有地・御料地と無断開墾問題」（『三田学会雑誌』一〇九―一、二〇一六年）などがある。

松岡弘之（まつおか・ひろゆき）

一九七六年生まれ。尼崎市立地域研究史料館職員。

専門は日本近現代史。

論文に「小川正子の晩景――近代日本のハンセン病隔離政策と臨床医」（『市大日本史』二一号、二〇一八年）、「鈴木重雄への旅」（神奈川地域資料保全ネットワーク編『地域と人びとをささえる資料』勉誠出版、二〇一六年）などがある。

林　美帆（はやし・みほ）

一九七五年生まれ。公益財団法人公害地域再生センター研究員。

専門は環境教育、アーカイブズ学、日本近現代史。

著書に『西淀川公害の40年　持続可能な環境都市を目指して』（除本理史と共編、ミネルヴァ書房、二〇一三年）、論文に「公害資料館利用拡大の試み：西淀川・公害と環境資料館と公害教育」（『アーカイブズ学研究』二三巻、二〇一五年）などがある。

大門正克（おおかど・まさかつ）

一九五三年生まれ。早稲田大学教育・総合科学学術院特任教授。

専門は日本近現代史。

著書に『全集日本の歴史15 戦争と戦後を生きる』（小学館、二〇〇九年）、『語る歴史、聞く歴史――オーラル・ヒストリーの現場から』（岩波新書、二〇一七年）、『増補版 民衆の教育経験――戦前・戦中の子どもたち』（岩波現代文庫、二〇一九年）などがある。

川内淳史（かわうち・あつし）

一九八〇年生まれ。東北大学災害科学国際研究所准教授。

専門は日本近現代史、資料保全論。

著書に『「生存」の歴史と復興の現在――三・一一 分断をつなぎ直す』（共編、大月書店、二〇一九年）、「阪神・淡路大震災被災地における震災資料の現状と課題――民間資料と行政文書について」（『日本歴史学協会年報』三二号、二〇一七年）などがある。

多仁照廣（たに・てるひろ）

一九四八年生まれ。若狭路文化研究所所長。

専門は若者と青年の社会集団史。

著書に『若者仲間の歴史』（日本青年館、一九八四年）、『青年の世紀』（同成社、二〇〇三年）、『山本瀧之助の生涯と社会教育実践』（不二出版、二〇一一年）などがある。

後藤　真（ごとう・まこと）

一九七六年生まれ。国立歴史民俗博物館准教授。

専門は人文情報学。特に歴史資料の高度情報化等を専門としている。

著書に『〈総合資料学〉の挑戦』（吉川弘文館、二〇一八年）、『歴史情報学の教科書』（文学通信、二〇一九年）、論文に"Constructing Methodology of Research Resource Information in Premodern Japan: Spatial Information and Linked Data"(PROCEEDINGS OF THE 2017 PACIFIC NEIGHBORHOOD CONSORTIUM ANNUAL CONFERENCE AND JOINT MEETINGS (PNC), 2017）などがある。

編者略歴

佐藤孝之（さとう・たかゆき）

1954年生まれ。東京大学名誉教授。

専門は日本近世史。

著書に『近世前期の幕領支配と村落』（巖南堂書店、1993年）、『近世山村地域史の研究』（吉川弘文館、2013年）、『近世駆込寺と紛争解決』（吉川弘文館、2019年）などがある。

三村昌司（みむら・しょうじ）

1976年生まれ。防衛大学校人文社会科学群准教授。

専門は日本近代史、地域歴史資料学。

論文に「とらえなおされる地域歴史資料」（奥村弘編『歴史文化を大災害から守る』東京大学出版会、2014年）、「近代日本における多数決の導入」（『史潮』新八四号、2018年）などがある。

近世・近現代 文《もん》書《じょ》の保《ほ》存《ぞん》・管《かん》理《り》の歴《れき》史《し》

編者　佐藤孝之
　　　三村昌司
発行者　池嶋洋次
発行所　勉誠出版㈱
〒101-0051 東京都千代田区神田神保町三―一〇―二
電話　〇三―五二一五―九〇二一㈹

二〇一九年十月二十五日　初版発行

印刷製本　太平印刷社

ISBN978-4-585-22253-8 C1021

パブリック・ヒストリー入門
開かれた歴史学への挑戦

歴史学や社会学、文化人類学のみならず、文化財レスキューや映画製作等、さまざまな歴史実践の現場より、歴史を考え、歴史を生きる営みを紹介。日本初の概説書!

菅豊・北條勝貴 編・本体四八〇〇円(+税)

社会変容と民間アーカイブズ
地域の持続へ向けて

地域アーカイブズを取り巻く環境、存在形態、調査・保存に対する現実的アプローチなどを、現場の最前線からの視点で捉え、保存・活用の論理と実践のあり方を提示する。

国文学研究資料館 編・本体八〇〇〇円(+税)

地域と人びとをささえる資料
古文書からプランクトンまで

地域社会を形成する資料のあり方に着目し、文献や伝承、自然史資料など多様な地域資料の保存の現場での経験から、地域と人、資料と社会との関係の未来像を探る。

神奈川地域資料保全ネットワーク 編・本体三五〇〇円(+税)

アーカイブズと文書管理
米国型記録管理システムの形成と日本

米国型の記録管理システムの形成過程を分析し、日本の戦前・戦後におけるシステム受容から現在までの、民・官・学の取り組みを追う。

坂口貴弘 著・本体六〇〇〇円(+税)